P. SAINTYVES

Le Discernement du Miracle

ou le Miracle et les quatre Critiques

1. LE MIRACLE ET LA CRITIQUE HISTORIQUE
2. LE MIRACLE ET LA CRITIQUE SCIENTIFIQUE
3. LE MIRACLE ET LA CRITIQUE PHILOSOPHIQUE
4. LE MIRACLE ET LA THÉOLOGIE CRITIQUE

PARIS
LIBRAIRIE CRITIQUE
ÉMILE NOURRY
14, rue Notre-Dame-de-Lorette, 14
1909
Tous droits réservés

LE DISCERNEMENT DU MIRACLE

DU MÊME AUTEUR
A la même Librairie

La réforme intellectuelle du clergé et la liberté d'enseignement. — P. 1904, in-12 de XI 341 p. — Franco... 3 fr. 50

Les Vierges Mères et les Naissances Miraculeuses Essai de Mythologie comparée P. 1908 in-12 de 286 p. Franco... 3 fr. 50

Les Saints successeurs des Dieux ; Essais de Mythologie chrétienne. — L'origine du culte des Saints. Les sources des légendes hagiographiques. La Mythologie des noms propres. P. 1907 in-8° de 416 pages Franco...,.... 6 »

P. SAINTYVES

Le Discernement du miracle

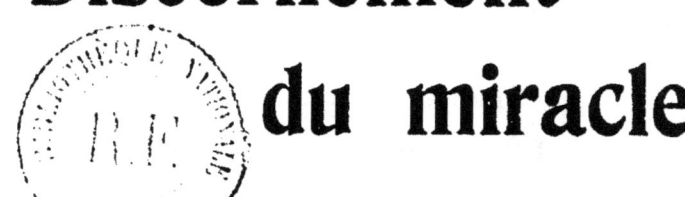

LE MIRACLE ET LES QUATRE CRITIQUES :

1° Critique historique ; 2° Critique scientifique
3° Critique philosophique
4° Théologie critique

PARIS
LIBRAIRIE CRITIQUE
EMILE NOURRY
14, rue Notre-Dame-de-Lorette, 14

1909

INTRODUCTION

LE FAIT MIRACULEUX ET SES DIVERS ASPECTS

J'appellerai fait miraculeux un fait rare ou même unique, considéré par celui qui le rapporte comme surpassant les forces de la nature sensible, animée ou inanimée, impliquant par suite l'intervention d'un être surnaturel : diabolique, angélique ou divin et attestant de plus la valeur religieuse d'un personnage, d'une doctrine ou d'une révélation.

On ne saurait accepter la définition courante qui se contente de souligner la rareté, la singularité et l'incompréhensibilité tout au moins provisoire des miracles et de présumer ou d'affirmer qu'ils sont dus à une intervention surnaturelle. Si les miracles ont provoqué de si longues et si passionnées discussions, ce n'est pas en tant que faits extraordinaires; mais parce que leurs historiens prétendaient les prendre à témoin de la sainteté d'un personnage, d'une confrérie ou d'un sanctuaire, de la vérité d'une secte, d'une Eglise ou d'une religion (1).

Parmi les faits historiques ce sont donc des faits absolument à part; ils sont attestés, il est vrai, par des témoignages comme tous les autres faits historiques; mais de plus, les historiens y ont presque tou-

---

(1) Le chanoine Didiot s'exprime ainsi sur la fin du miracle : « Personne ne s'y trompe : par le miracle, Dieu prend parti pour ou contre quelque chose, pour ou contre quelqu'un, et le bon sens n'admettra jamais qu'il compromette ses infinies perfections par une intervention fortuite et sans but qui serait aisément en certaines rencontres une intervention scandaleuse. » *Logique objective*, n° 286.

jours vu des faits apologétiques et nous les ont rapportés comme tels. Les historiens du miracle sont des historiens tendancieux et le fait miraculeux est un fait tendancieux.

Si vous attestez avoir vu un évènement singulier ou quelque peu déconcertant, on ne manquera point de vous regarder avec une attention sourcilleuse ; si l'on ne vous connaît point et que la chose intéresse votre auditeur, il cherchera à s'assurer que vous avez un esprit clair, lucide, nullement facétieux, mais pondéré, grave et véridique. Mais si vous ajoutez que ce fait est une production surnaturelle dont le but évident était d'obtenir pour telle personne ou telle proposition un respect sacré, il se demandera si cette conviction qui vous a été dictée par vos opinions, ne vous a pas conduit à déformer le fait que vous rapportez et à en exagérer le côté surprenant et tout d'abord inexplicable. C'est qu'en effet cette seconde assertion qui s'ajoute à l'affirmation du fait suppose à la fois une philosophie de l'univers et une théodicée, j'allais dire une théologie de l'intervention de Dieu.

Devra-t-on par suite suspecter *a priori* la vérité ou tout au moins le bien vu d'un fait réputé miraculeux ? Ce serait aller un peu vite ; mais il faudra tout au moins exiger des témoins des miracles, des garanties non communes (1).

Le fait miraculeux relève de quatre disciplines distinctes : l'histoire, la science (2), la philosophie et la

---

(1) « Id unum ex illa fraudis et fanatismi suspicione concludendum est, nempe, miracula, quæ in gratiam alicujus religionis proferuntur, exploranda esse juxta legitimas criticæ regulas, quas si patiantur, admittenda, sin minus, repudianda sunt. » Bonal, *Institutiones Theologicæ*, Tolosæ, 1879, in-12, I, 109.

(2) La première étude que j'avais publiée en 1907 : *Le Miracle et la critique historique*, est complètement épuisée. La seconde : *Le*

théologie. Chacune d'entre elles a ses méthodes, ses procédés et par suite ses limites. Elles sont d'ailleurs toutes assez complexes pour demander chacune un entraînement presque exclusif. L'universelle compétence étant impossible, chaque spécialiste devra demeurer dans sa sphère et surtout ne point demander aux méthodes qu'il pratique des réponses qu'elles ne sauraient fournir.

Le fait miraculeux, pour recevoir une complète appréciation, devra être soumis successivement à l'historien, au savant, au philosophe et au théologien. Au premier l'on demandera de nous attester la vérité du fait et de nous en donner une description complète. Le second nous dira s'il peut être reproduit à volonté ou si la science permet d'en fournir une explication, et sinon il nous indiquera tout au moins ses analogues plus ou moins lointains. Au troisième, qui spécule aussi bien sur les choses invisibles que sur les choses visibles, sur les causes premières que sur le causes secondes, on pourra demander si un fait attesté par l'histoire, inexpliqué par la science requiert l'in tervention de la cause première ou de quelques cause invisibles. Au quatrième, qui prétend être juge de causes spirituelles et posséder le discernement des es prits, on laissera le soin définitif de reconnaître l griffe du diable ou le doigt de Dieu.

Miracle et la critique scientifique, parue également en 1907, va l'êtr incessamment. Ces deux études sont reproduites avec de nombreuse corrections en tête de ce volume. Les deux autres sont entièremen inédites.

PREMIÈRE PARTIE

Le Miracle
ET LA
Critique Historique

« Les Religions se donnent comme des faits et doivent être discutées comme des faits, c'est-à-dire par la Critique Historique ». Renan, Discours et Conférences. P. Lévy in-8°, p. 82.

« Le jour où la crédulité quitterait la stalle qu'elle s'est appropriée dans le chœur de l'église, et où, tranquille, résolue, bien accueillie de tous, la critique historique viendrait prendre sa place, ce jour marquerait dans les annales religieuses une date plus importante que le concile de Nicée ou la bataille de Lépante. » P. Sabatier, Tractatus de Indulgentia S. M. de Portiuncula. P 1900, in-8° p. XXXI.

CHAPITRE PREMIER

HISTOIRE ET CRITIQUE

L'histoire est une science de faits; elle vérifie les documents; examine les faits qu'ils attestent; enquête sur les témoins, leur véracité ou leur insincérité et conclut à la réalité ou à la fausseté de leurs affirmations.

Ce n'est là que la première démarche de l'histoire. En second lieu, elle enchaîne les faits et s'efforce de les expliquer. Elle les montre surgissant les uns des autres, déterminés par ceux qui précèdent, déterminant ceux qui suivent et constituant une suite serrée et continue. L'histoire n'est plus alors une science, mais un art, art savant sans doute, mais conjectural, auprès duquel l'art médical lui-même jouit d'une grande certitude. L'historien constate et explique ; lorsqu'il constate, il fait œuvre purement technique et vraiment scientifique, la critique historique tend de plus en plus à devenir une science. Lorsqu'il explique, l'historien fait œuvre d'architecte et presque de créateur, sans doute vise-t-il plus haut que le roman historique ; mais sans toujours y réussir. Taine n'a vu, et non sans raison, qu'un poème sublime dans l'*Histoire de France* de Michelet (1). Demandez à M. Aulard ce qu'il pense de la psychologie géométrique de ce dernier dans l'application qu'il en a fait à la Révolution française (2).

---

(1) *Essais de critique et d'histoire*, Paris, 1900, in-12, p. 105.
(2) Il n'est pas jusqu'à Fustel de Coulanges dont on n'ait justement critiqué les constructions historiques. Cf. Langlois et Seignobos, *Introduction aux Etudes historiques*, Paris, 1899, in-12, p. 115.

Dans une œuvre de synthèse, l'historien apporte presque inévitablement toute son âme. Le *Discours sur l'Histoire universelle* ou l'*Histoire du peuple d'Israël et des Origines du Christianisme* impliquent deux philosophies de la nature et de Dieu. Le Bossuet du Discours n'est plus que le héraut de Iaveh dont il montre la main dans la suite des évènements, l'élévation et la chute des empires. Le Renan des Origines nous apparaît comme le prophète du progrès. Son scepticisme affiché ne peut dissimuler tout ce qu'il attend de l'Avenir et de la Science. Sa foi profonde en l'humanité et en l'Idéal qu'elle élabore éclate à chaque livre, elle soutient toute son œuvre (1).

De tels historiens ne sont plus des critiques, mais des poètes, et les faits sollicités par leur génie s'émeuvent, s'ébranlent, se groupent et s'échafaudent en de vivantes évocations qui pour être éloquentes ou splendides n'en demeurent pas moins irrémédiablement incertaines.

On ne saurait trop se défier de ces vastes dioramas historiques, surtout si leur auteur, tel Michelet ou Bossuet, n'a point soumis tout d'abord les faits qu'il utilise à une critique serrée, délicate, j'allais dire scrupuleuse. L'historien capable de ces résurrections prodigieuses peut-il s'empêcher de voir les faits dans la perspective de cette marche géante, de cet éploiement merveilleux dont il s'est tracé dès l'abord une émouvante esquisse ? C'est peu probable. Raison de plus pour être sévère dans la première partie de son œuvre : la critique des témoignages et des faits. Que

---

(1) La théorie du *progrès* nécessaire et continu se retrouve chez presque tous les tenants de l'école positiviste; mais on ne doit pas oublier que c'est là une hypothèse métaphysique. Cf. l'ouvrage de P. Lacombe, De l'*Histoire considérée comme science*, Paris, 1894, in-8°.

sera-ce quand il s'agira de faits réputés miraculeux ? On ne saurait oublier que de tels évènements sont capables de changer non seulement la couleur des décors et des toiles de fond, mais de muer les nuances de la vision, de modifier le dessin du récit, de transformer une histoire en une leçon de philosophie ou de morale, de politique ou de religion.

Mais si les règles de l'histoire constructive ou de la synthèse historique sont encore très flottantes et permettent cette liberté d'allures, il n'en est pas ainsi des règles de l'histoire analytique ou de la critique historique. Celle-ci exige dès maintenant une rigueur proportionnée aux ressources techniques qu'elle a inventées peu à peu et mises à la disposition des érudits.

La critique historique nécessite une série d'opérations assez délicates pour que chaque catégorie de recherches constitue en quelque sorte une critique spéciale (1). *La critique textuelle* a charge de reproduire les textes primitifs tels, s'il est possible, qu'ils sont sortis de la plume de l'auteur, de les établir avec une minutieuse exactitude, au besoin de les corriger, et enfin d'en préciser, par des notes explicatives, le sens littéral.

La critique de provenance, ou critique d'origine, s'occupe de déterminer les auteurs des textes ainsi édités, de faire le départ de ce qui leur appartient en propre ou de ce qu'ils ont emprunté. Elle s'efforce de situer les documents dans le temps et dans l'espace et si elle ne peut arriver à l'auteur même, de déterminer sa nationalité et le temps où il a vécu. Pour un document anonyme, la critique de provenance fait

(1) Sur la nécessité de la division du travail en histoire. Cf. Langlois et Seignobos, *Introduction aux Études historiques*, p. 197.

un travail analogue, elle tâche de fixer le temps et le lieu de la rédaction, ses sources assurées ou probables. Elle s'efforce enfin de démasquer les apocryphes et d'identifier les pseudonymes.

La critique d'interprétation a pour but de déterminer non plus le sens littéral d'un texte, mais son sens réel. Il peut être, en effet, plus ou moins dissimulé par suite de différentes sortes d'artifices littéraires. Et celui qui s'en tiendrait au sens littéral risquerait de faire dire à un auteur ou à un texte exactement le contrepied de ce qu'il veut dire. On arrive au sens réel : 1° en précisant le genre littéraire auquel un écrit appartient; 2° en déterminant la façon dont les écrivains des diverses époques, et spécialement l'écrivain qu'on étudie, ont conçu le genre littéraire qu'ils ont adopté.

Enfin, *la critique réelle* s'attaque à l'objet même du livre, discute sa véracité non seulement d'après les garanties de sincérité, mais d'après ce que nous savons de certain en histoire. Elle s'efforce de déterminer la valeur de chaque affirmation des textes soumis à son examen et indique pour chacune d'elles son degré d'exactitude : certaine, probable, douteuse, fausse.

Nous n'avons pas l'intention de faire ici un traité de critique historique, si abrégé soit-il; mais il était nécessaire de donner une idée des diverses opérations de la critique avant de poser devant elle la question du miracle.

CHAPITRE II

LA CRITIQUE TEXTUELLE ET LES PRINCIPES « A PRIORI » : INSPIRATION ET VRAISEMBLANCE

Nous n'avons plus les manuscrits originaux de l'Ancien et du Nouveau Testament. Il ne nous reste que des copies assez tardives et contenant des divergences plus ou moins considérables que l'on nomme des variantes (1). Parmi ces variantes, l'une d'elles peut apparaître comme préférable par suite de son homogénéité avec le contexte qu'elle éclaire, tandis que les autres le rendent obscur ou même inintelligible.

Il semble tout d'abord que ce genre de recherches textuelles n'a rien à voir avec le miracle et bien certainement il devrait en être ainsi. Tout le monde cependant n'en tombe pas d'accord. « En matière de critique textuelle, écrit le R. P. Lagrange, on ne peut, sans atteindre la foi, préférer le texte du manuscrit syriaque du Sinaï, si du moins on l'entend dans ce sens que Jésus est vrai fils de Joseph (2). » Il pourrait se faire qu'un incrédule qui rejette tous les miracles raisonne absolument à l'inverse et dise : « En matière de critique textuelle on ne peut, sans mépriser la raison ou la vraisemblance préférer aucune copie évangélique au texte du manuscrit syriaque qui reconnaît que Jésus est vrai fils de Joseph. » Le raisonnement

---

(1) On estime à 200.000 les seules variantes du Nouveau Testament. Ch. Guignebert, *Manuel d'Hist. Anc. du Christian. Les Origines*, Paris, 1906, in-12, p. 10, note 1.
(2) M. J. Lagrange, *La méthode historique surtout à propos de l'Ancien Testament*, Paris, 1903, in-12, p. 17.

ne serait certes pas meilleur ; mais il vaudrait exactement celui du Révérend Père.

On pourrait se contenter de faire observer à l'un et à l'autre qu'ils ne doivent pas se baser sur ce qui leur paraît préférable au nom de la foi ou au nom de la raison, mais sur le contexte, sur le sens général du passage ; et qu'enfin même s'ils croient pouvoir trancher entre les deux variantes par des raisons techniques, ils doivent les rapporter l'une et l'autre et donner en note celle qu'ils n'adoptent point (1).

Le premier choisit la variante qui s'accorde avec le miracle de la naissance virginale parce qu'elle lui apparaît liée au dogme qu'il reçoit et par suite à l'inspiration ; le second préfère la variante qui fait Jésus fils de Joseph, précisément parce qu'elle élimine le miracle et l'inspiration. Que penser de ces deux attitudes ?

Nombre de livres, voire de livres d'histoire, se présentent comme inspirés. C'est le cas des antiques annales de la Chine. Est-ce une raison pour préférer une variante du Chou-King qui impliquerait le miracle plutôt qu'une variante qui ne l'impliquerait point ? Cela paraîtra douteux à tout autre qu'à un fils du Ciel. On pourrait observer d'ailleurs que ses rédacteurs recevaient facilement les miracles. On ne peut donc décider *a priori* en faveur de telle variante parce qu'elle favorise ou rejette le miracle. Il faut s'en rapporter à l'étude du texte lui-même, à l'examen de son sens général, aux règles de la critique textuelle. C'est

---

(1) « Les *Éditions critiques* faites à l'aide de plusieurs copies d'un original perdu doivent fournir au public les moyens de contrôler le *Stemma codicum* que l'éditeur a dressé, et contenir en note la liste des variantes qui ont été rejetées. De la sorte, au pis aller, les gens compétents y trouvent, à défaut du meilleur texte, ce qu'il faut pour l'établir. » **Langlois** et **Seignobos**, *Introd. aux Études historiques*, Paris, 1899, in-12, p. 53.

ainsi que le classement chronologique des manuscrits conduit ordinairement à adopter le texte le plus ancien, le temps ayant multiplié les chances d'erreur et donné le loisir d'ajouter des fables ou de modifier le texte dans un sens légendaire. Mais il est évident que le choix d'une variante ne doit être déterminé par aucune préoccupation dogmatique ou philosophique. Ce que nous disons à propos d'une variante est tout aussi vrai s'il s'agit de rectifier les erreurs textuelles, alors même qu'elles seraient répétées dans les divers manuscrits (1).

Si l'on insistait et que l'on prétendît que la Bible en vertu de sa « transcendance » a droit à un traitement à part, nous aurions beaucoup à dire, car ce que l'on appelle ainsi, c'est l'impression qu'on éprouve en comparant la Bible aux autres livres sacrés. Jadis, on soulignait tout particulièrement la supériorité du code mosaïque sur les législations païennes. Depuis que le code d'Hammourabi nous a fait connaître un autre code sémitique, on a dû singulièrement en rabattre (2). En toute hypothèse, la transcendance his-

---

(1) « La plupart des erreurs accidentelles se laissent deviner, lorsqu'on en connaît les formes ordinaires : confusion de sens, de lettres et de mots, transposition de mots, de syllabes et de lettres, dittographie (répétition inutile de lettres ou de syllabes), haplographie (syllabes ou mots qu'il aurait fallu redoubler et qui ne sont écrits qu'une fois), mots séparés, phrases mal ponctuées, etc... » Langlois et Seignobos, *Introduct. aux Etudes hist.*, p. 57. Pour ces sortes d'erreurs dans l'Ancien Testament, voir A. Loisy, *Histoire critique du texte et des versions de la Bible*, Amiens, 1892, in-8°, t. I, ch. II, p. 250. *Addition de mots ou de phrases*, p. 251. *Omissions et lacunes*, p. 259. *Substitutions et transpositions*, p. 265. *Erreurs de transposition provenant de la ressemblance des sons et des lettres*, p. 274. *Erreurs provenant d'addition, omission ou transposition de lettres*, p. 289. *Erreurs provenant d'un groupement défectueux des lettres en mots, de la vocalisation ou de la ponctuation*, p. 296. *Altérations diverses qui se sont produites dans le même mot ou le même passage*, p. 301.

(2) Voici ce qu'écrit le P. Lagrange à ce propos : « Grâce à une merveilleuse découverte, nous pouvons mettre dans son plein jour historique la législation civile des Hébreux. La part que Dieu y a prise nous apparaît moins sensible, nous ne pouvons plus parler avec tant d'assurance de la supériorité de cette loi; elle est moins avancée

torique de la Bible est un point de vue éthique ou religieux qui n'a pas à intervenir dans l'établissement du texte. Une semblable attitude fait dépendre l'autorité historique de la Bible de son inspiration. Mais comme l'a très bien dit M. Loisy :

« L'autorité historique de la Bible ne résulte pas de son inspiration et ne se prouve pas non plus par elle. Le sens historique de la Bible ne résulte pas de l'interprétation ecclésiastique, et ne se prouve pas non plus par l'autorité de l'Eglise. S'il en était autrement, la démonstration chrétienne et l'enseignement chrétien n'auraient pas de fondement réel, puisque l'Eglise elle-même veut s'autoriser des témoignages historiques de la Bible et que si la Bible n'avait ni autorité, ni sens historique que par l'Eglise, elle ne serait plus un témoignage valable par lui-même. La raison exige, comme la tradition sainement comprise l'admet, que le témoignage biblique ait une valeur propre, indépendante du témoignage ecclésiastique et supportant celui-ci, faute de quoi le témoignage ecclésiastique reposerait sur le vide (1). »

Il est bien certain que l'infaillibilité de l'Eglise étant prouvée par la vérité de l'histoire biblique, le premier souci de l'apologiste doit être d'en obtenir un texte exact aussi rapproché que possible du manuscrit primitif. Il doit à ce moment oublier qu'il le considère comme inspiré. Il est d'ailleurs censé s'adresser à des gens qui ne lui accordent point ce privilège. S'ensuit-il qu'il doive se laisser guider par une sorte de sens rationaliste qui préférera une variante qui n'atteste

---

dans l'ordre de la civilisation qu'une loi plus ancienne de mille ans. » Lagrange, *La méthode historique surtout à propos de l'Ancien Testament*, 1903, in-12, p. 159.

(1) A. Loisy, *Etudes bibliques*, 3ᵉ éd., Paris, 1903, in-8°, p. 37. Même note dans Ch. Guignebert, *Manuel d'Hist. anc. du Christian. Les Origines*, Paris, 1906, in-12, p. 43-44 et p. 204.

pas le miracle à celle qui l'attestera. Nullement. Si le texte biblique appartient à une époque où l'on admettait facilement le miracle, il n'est pas étonnant qu'il en rapporte. Au reste, le rationaliste part également d'un principe *a priori* que l'on peut énoncer ainsi : Tout ce qui apparaît comme impossible ou invraisemblable ne saurait être historique. Ce principe s'oppose à sa manière à celui du croyant qui affirme : Tout ce que rapporte un texte inspiré est vrai et par suite vraisemblable : « Pindare racontera très gravement l'histoire de Persée et de la tête de la Gorgone, en ajoutant, à peu près dans les mêmes termes que Bacchylide, qu'il n'est chose qui le surprenne ni qui lui paraisse incroyable, quand ce sont les dieux qui l'accomplissent; pour les dieux, les miracles sont un jeu (1). » Les deux principes sont inadmissibles comme principes de critique textuelle.

Hume eut connaissance des miracles qui se produisirent au tombeau du diacre Pâris (2) par l'admirable ouvrage que leur a consacré Carré de Montgeron (3). Je ne sais rien pour ma part d'aussi solide et de

---

(1) P. Decharme, *La critique des traditions religieuses chez les Grecs*, Paris, 1904, grand in-8°, p. 94.

(2) Sur ce sujet : P. F. Mathieu, *Histoire des miracles et des convulsionnaires de saint Médard*, précédée de la vie du diacre Pâris et d'une notice sur Carré de Montgeron, Paris, 1864, in-12, et au point de vue scientifique : Dr Bourneville et Voulet, *De la contracture hystérique permanente. Appréciation scientifique des miracles de saint Louis et de saint Médard*, Paris, 1872, in-8°; Dr Regnard, *Les miracles de saint Médard* dans *Les maladies épidémiques de l'esprit*, Paris, 1887, grand in-8°, ch. II, p. 99 à 200.

(3) M. de Montgeron, *La Vérité des miracles opérés par l'intercession de M. de Pâris*, démontrée contre Mgr l'archevêque de Sens. Utrecht, 1745, 3 vol. in-4° avec pl. et encore : *Recueil des Miracles opérés au tombeau de M. de Pâris, diacre*, Utrech, 1733, 3 vol. in-12; et enfin : *Éclaircissements sur les miracles opérés par l'intercession de M. de Pâris* où l'on répond par des exemples tirez de la tradition aux difficultés formées par Mgr l'archevêque de Paris dans ses mandements du 15 juillet 1731 et 30 janvier 1732, contre les miracles et les convulsions, Paris, 1733, in-12.

mieux appuyé parmi les recueils de guérisons miraculeuses. On eut beau enfermer l'auteur à la Bastille, on ne put nier la réalité des faits en faveur desquels il avait réuni tant et de si sérieux témoignages.

Hume entraîné par ses principes, en arrive à écrire : « Qu'opposer à cette nuée de témoins si ce n'est l'impossibilité absolue, c'est-à-dire la nature miraculeuse des évènements qu'ils attestent ? Certainement cela seul en est une réfutation suffisante aux yeux de tout homme raisonnable (1). » Bien plus, il triomphe de l'arrêt des guérisons après la fermeture du cimetière de Saint-Médard. Il dut certainement applaudir l'auteur inconnu des vers célèbres qui furent charbonnés sur les murs :

> De par le Roy défense à Dieu
> De faire miracle en ce lieu.

Il eût sans doute fait particulièrement bon marché de la guérison surprenante de la demoiselle Coirin. Comment croire, en effet, qu'une femme affligée de vomissements de sang, atteinte de paralysie des membres, avec atrophie consécutive, et le sein rongé par un cancer pût recouvrer en deux séances l'usage de ses membres et la netteté de sa poitrine ?

Et pourtant, quelque cent ans après Hume, voici ce qu'écrivait J.-M. Charcot dans sa retentissante étude sur *La Foi qui guérit*.

« J'avoue qu'il y a deux ans seulement, l'interprétation de tous les éléments de cette curieuse observation eût offert bien des difficultés; la nature hystérique des vomissements sanglants et de la paralysie n'eût pas fait de doute; mais cette paralysie s'accompagnait d'atrophie.

---

(1) Hume, *Essai sur le miracle* dans *Œuvres phil.*, Londres, 1788, II, 47-48.

Eh bien ! il est péremptoirement démontré aujourd'hui que l'atrophie musculaire accompagne assez souvent la paralysie ou la contracture hystérique pour qu'il ait été déjà publié plus de vingt cas analogues à celui de la demoiselle Coirin.

« Mais, dira-t-on, le cancer au sein, ce cancer ulcéré, était-il une manifestation hystérique ? Parfaitement, pourvu qu'on veuille bien concéder que le terme « cancer » ne doit pas être pris ici au pied de la lettre dans son acception histologique moderne. Les ulcérations persistantes de la peau ne sont point rares dans la névrose, témoin les plaies de saint François d'Assise et les stigmates de Louise Lateau.

« La demoiselle Coirin présentait au niveau du sein ces phénomènes d'œdème hystérique, mentionnés pour la première fois par l'illustre Sydenham, œdème dur, œdème bleu ou violacé, comme je l'ai appelé, et l'on sait aujourd'hui, après les travaux de M. le professeur Renaut, de Lyon, que l'œdème, lorsqu'il est porté à un certain degré d'intensité, peut entraîner avec lui des gangrènes cutanées dont les escarres laissent à leur suite des ulcérations analogues à celles qui avaient détruit le mamelon dans le cas précité...

« Ce cas et aussi tous les autres montrent bien que la guérison dite ou non surnaturelle, survenue sous l'influence de la *faith-healing*, obéit à des lois naturelles et celles-ci sont encore plus évidentes lorsqu'on pénètre plus avant dans l'analyse des faits (1). »

L'attitude de Charcot fait éclater l'illogisme de celle de Hume. Le même fait, rejeté jadis par le philosophe anglais en raison de son « impossibilité absolue », est accepté par le médecin français en raison de sa ressemblance avec des guérisons analogues, obtenues d'ailleurs par des médecins et cela sans miracle.

Le premier rejetait ce prodige parce qu'il ne savait

(1) J. M. Charcot, *La Foi qui guérit*, Paris, 1897, in-8°, p. 29-32.

l'expliquer et le croyait à jamais inexplicable ; le second, au contraire, persuadé qu'il rentre dans une classe définie et nullement miraculeuse de faits cliniques, lui cherche une explication qui convienne à tous les faits de la même classe et la trouve dans *la foi qui guérit* sans se soucier d'ailleurs de distinguer entre la confiance que le malade accorde à son docteur, ou la foi en la puissance du saint Diacre.

Les idées de Hume en matière de critique historique sont loin d'avoir disparu. Des historiens contemporains de grande valeur sont encore tentés de rejeter les miracles, comme scientifiquement invraisemblables, sous prétexte que l'invraisemblable scientifique contredit aux données de la science (1).

Il y a là une grosse confusion. Le miracle ne contredit en rien les observations directes de la science, il y ajoute simplement une observation indirecte (2) qui pose un problème scientifique. Si l'observation indirecte est historiquement certaine comme les guérisons du cimetière Saint-Médard, on ne peut la rejeter au nom de la science. Cela supposerait un principe qu'il suffit d'énoncer pour le réfuter : Tout fait qui pose un problème d'explication doit être rejeté.

« Le progrès des sciences directes, écrit M. Seignobos, modifie parfois l'interprétation historique ; un fait établi par l'observation directe sert à comprendre et à critiquer les documents : les cas de stigmates et d'anesthésies nerveuses observés scientifiquement *ont fait admettre les récits historiques analogues* (stigmates de quelques saints, possédées de Loudun). Mais

---

(1) Langlois et Seignobos, *Introduction aux Etudes historiques*, Paris, 1899, in-12, p. 177.
(2) L'Histoire n'est en somme, comme l'indique l'étymologie du mot ιστοριχ expérience), qu'une des formes de la connaissance expérimentale de l'univers.

l'histoire ne peut pas servir aux progrès des sciences directes. Tenue par des moyens indirects d'information, à distance de la réalité, elle accepte les lois établies par les sciences qui ont le contact direct avec la réalité (1). »

Je me demande en quoi les chroniques qui affirmaient jadis la réalité des stigmates de saint François ou les convulsions et l'insensibilité des religieuses de Loudun avaient à s'inquiéter des lois des sciences directes et s'il y eut un moment où des historiens, même sévères, pouvaient ne pas admettre des faits aussi parfaitement établis (2).

A ce qu'il paraît, nous voilà bien loin de la critique textuelle et du choix d'une variante. Ce n'est point notre faute si nous sommes amenés dès le début de cette étude à constater que les passions religieuses ou rationalistes, dissimulées derrière le principe de l'inspiration ou celui de la vraisemblance, tendent à s'immiscer partout. Il ne faut sous aucun prétexte y céder; ce serait s'abandonner à l'esprit de crédulité ou à l'esprit d'incrédulité, tandis qu'il faut s'en tenir aux principes techniques de la critique textuelle.

M. Seignobos écrit très justement : « Quiconque, lisant un texte, n'est pas occupé exclusivement de le comprendre, arrive forcément à le lire à travers ses impressions; dans le document, il est frappé par les phrases ou les mots qui répondent à ses propres conceptions ou s'accordent avec l'idée *a priori* qu'il s'est formée des faits; sans même s'en apercevoir, il déta-

---

(1) *Loc. cit.*, p. 178. Cf. Les réflexions de V. Meunier dans *Les Excentricités physiologiques*, P., 1889, in-12, p. 173.
(2) Il n'en est pas moins vrai que l'idée de vraisemblance est un des guides de l'historien et que la science la modifie en l'élargissant sans cesse. Mais on ne saurait en faire un critérium décisif et c'est ce que semble supposer tout le passage de M. Seignobos.

che ces phrases ou ces mots et en forme un texte imaginaire qu'il met à la place du texte de l'auteur (1). » C'est précisément ce qu'ont fait certains copistes et certains traducteurs. Personne ne pensera qu'on doive les suivre dans cette voie.

Une fois le texte matériel fixé, l'œuvre de la critique textuelle n'est pas finie : il lui faut déterminer par des notes le sens littéral. Là encore, nous devons éviter de nous laisser guider par des principes *a priori*. Le livre de Josué (2) nous parle de pierres qui tombèrent sur les Cananéens et détruisirent un grand nombre des leurs. Faut-il, avec certains annotateurs, y voir de véritables pierres ou, avec d'autres, une simple chute de grêle ? Une semblable question peut se résoudre par l'étude du texte. Dom Calmet, exposant la dernière opinion, écrit : « L'auteur de l'*Ecclésiastique* (3) confirme ce sentiment lorsque, parlant de ce prodige, il dit que *Dieu exauça Josué et fit tomber sur ses ennemis des pierres de grêle*. Ce qui fait croire que, parmi les Hébreux, c'était une expression commune de nommer la grêle simplement des *pierres* ou des *pierres de grêle* : à peu près de même qu'ils appelaient des *pierres de boue*, les mottes de terre; des *pierres d'étain*, le plomb dont les architectes se servent pour mettre à plomb la muraille des bâtiments (4). »

Dom Calmet nous indique, ici, un double procédé de la critique textuelle dans l'établissement du sens littéral : 1° l'étude des expressions propres à la langue du document; 2° l'étude comparative des passages parallèles. Il établit d'abord que l'expression pierres

---

(1) Langlois et Seignobos, *Introduction aux Etud. hist.*, p. 119.
(2) XX, 11.
(3) XLVI, 6.
(4) Dissertation sur la pluie de pierres dans *Discours et Dissertations sur tous les livres de l'Ancien Testament*, Paris, 1715, in-8°, p. 506-507.

de grêle pourrait bien être un hébraïsme signifiant la grêle, de même que pierre de boue en est un autre, qui signifie une motte de terre. Par l'étude des passages parallèles, il éclaire singulièrement le texte de Josué et nous sommes tout à fait édifiés lorsqu'il ajoute :
« Le prophète Habacuc (1) et l'historien Josèphe (2) marquent clairement l'orage, le tonnerre et les éclairs que le texte de Josué n'exprime point ici (3). »

Dans ce cas, l'incompréhension du sens littéral a fait voir un miracle où il n'y en avait point (4). Ce pourrait être le contraire dans d'autres cas.

« Les erreurs historiques sont innombrables dont la cause est un contresens ou une interprétation par à peu près de textes formels, commis par des travailleurs qui connaissaient mal la grammaire, le vocabulaire ou les finesses des langues anciennes. De solides études philosophiques doivent précéder logiquement les recherches historiques (5). »

On ne se permettrait plus aujourd'hui, comme on le fit durant le Moyen-Age, d'essayer de comprendre la Bible sans connaître l'hébreu et les langues sémitiques. Richard Simon, parmi les catholiques, fut l'un des premiers qui réagit contre cette tendance (6).

Orientaliste savant et probe, il s'efforça d'établir les

(1) III, 2.
(2) *Antiquités judaïques*, l. V, ch. 1.
(3) Dom Calmet, *loc. cit.*, p. 507.
(4) Pour d'autres exemples d'expressions impropres ou équivoques ayant provoqué des interprétations miraculeuses. E. Salverte, *Des Sciences occultes*, I, 37-49.
(5) Langlois et Seignobos, *Introd. aux Etudes hist.*, p. 32.
(6) L'abbé Loisy, abordant ces questions de critique textuelle en 1892, se voyait encore obligé de consacrer tout un paragraphe à défendre : « Le droit de la critique textuelle ». A. Loisy, *Histoire critique du texte et des versions de la Bible*, Amiens, 1892, in-8°, t. I, p. 203-211. « Corriger avec prudence le texte de l'Ecriture, ce n'est pas traiter l'Ecriture avec irrévérence, c'est la purifier des scories que l'humaine faiblesse y a introduites et témoigner aux livres saints le respect le plus éclairé », p. 210.

règles d'une bonne traduction ; mais traduire lorsque ce n'est pas trahir, n'est-ce pas fixer dans une autre langue le sens littéral du texte que l'on étudie.

Il demandait que l'on ajoutât à toute traduction un dictionnaire des mots incertains, spécialement lorsqu'il s'agit de termes techniques ayant rapport aux arts, aux mœurs, aux sciences.

« Par ce moyen, dit-il, on aura (un texte) une version de l'Ecriture, où sera distingué, ce qui est certain, d'avec ce qui est douteux et incertain, et même d'avec ce qui est entièrement inconnu... Il se peut faire qu'on ne saura pas exactement ce que signifiera quelque chose soit de plante ou d'animal ; mais on saura toujours qu'ils ne signifie point telle ou telle chose. Je doute par exemple de la signification du mot hébreu que ceux de Genève et quelques autres interprètes ont traduit *baleines*... Par le moyen de ce dictionnaire, je connaîtrai aisément que cette traduction est fausse, non seulement dans le chapitre premier de la *Genèse* ; mais dans le passage du Nouveau Testament où plusieurs traducteurs français ont mis : Que Jonas fut trois jours dans le ventre de la baleine, ce qui n'est point dans le texte de l'Evangile. Cette créance commune n'est fondée que sur une fausse traduction du mot *ceto* qui signifie simplement un grand et long animal et en cet endroit-là un grand poisson et non pas une baleine.

« Si l'on veut prendre la peine de remonter plus haut et de consulter le texte du prophète Jonas, on trouvera qu'il ne fait point mention d'une baleine en particulier, mais en général d'un grand poisson.

« Ceux qui ont vu des baleines savent que cet animal ne peut pas avaler un homme tout entier (1). »

(1) R. P. Richard Simon, *Histoire critique du Vieux Testament*, Rotterdam, 1685, in-4°, p. 362, voir aussi p. 366.

Sans doute nous considérons aujourd'hui l'animal qui avala Jonas comme un animal légendaire, mais nous n'en voyons que mieux combien l'opinion de Richard Simon était raisonnable. Ici encore la précision du sens littéral du mot *thannin*, traduit par *ceto* dans la Vulgate, fait évanouir le miracle. N'oublions point que ce pourrait être le contraire.

« Comme donc, la plupart des mots sont équivoques, écrit-il encore, principalement dans la langue hébraïque, il est nécesaire de savoir toutes leurs différentes significations pour en appliquer celle qui convient le mieux à la matière dont il est traité. Mais on ne peut savoir les différentes significations de chaque mot, que par une longue étude de la langue et en conférant les différents endroits où ces mots se trouvent : et de plus, l'application du sens dépend beaucoup des notions que la religion nous donne (1). »

Certes dissiper les équivoques des mots, c'est bien l'œuvre du grammairien ou du lexicologue ; mais il n'y réussira qu'autant qu'il connaîtra les croyances saines et superstitieuses des écrivains dont il explique la langue. Maimonide donne au mot apparition le sens de vision ou songe parce que les Hébreux ne distinguaient point entre une apparition objective ou une apparition du rêve. « C'est ainsi qu'il interprète l'apparition des anges d'Abraham sous les chênes de Mambré, la lutte de Jacob avec le Seigneur, l'histoire de Balaam où il est dit que son ânesse parla, et un grand nombre d'autres apparitions (2). »

---

(1) *Histoire critique du Vieux Testament*, 1685, in-4°, p. 376-377. — Il a suffi à Fustel de Coulanges de préciser le sens d'une centaine de mots pour renouveler l'étude des temps mérovingiens Aussi ne manquait-il jamais l'occasion de souligner l'importance des études de mots pour la science historique. Cf. Langlois et Seignobos, *loc. cit.*, p. 124-126.

(2) *Histoire critique du Vieux Testament*, 1685, in-4°, p 378.

Tout le monde connaît le récit dans lequel Isaïe (1) nous montre l'armée de Sennachérib détruite par l'ange exterminateur.

Faut-il voir dans cet ange de mort un être corporel semblable au saint Michel du Moyen-Age frappant avec une épée les ennemis des Hébreux ?

« Les Hébreux modernes, nous dit Dom Calmet, enseignent qu'à la mort de chaque homme, *Satan ou l'ange de mort se trouve au chevet du malade, tenant en main une épée nue*. C'est cet ange de mort que David vit, armé d'un glaive, qui frappait son peuple et qui en fit mourir soixante-dix mille en si peu de temps.

« Lors donc que l'Ecriture nous dit que l'ange exterminateur pourrait donc se traduire par ce simple mot : la mort. Ceux qui l'ont imaginé comme une sorte de guerrier céleste et miraculeux se sont mépris sur l'idée que s'en forment les Hébreux, ou du moins, n'ont pas vu qu'ils adoptaient un préjugé populaire parmi ce peuple (2). » Croient-ils que la mort apparaît parfois sous la forme d'un squelette armé de faux, comme on la peignait au Moyen-Age ?

C'est ainsi que la seule étude du sens des mots permet de faire évanouir une foule de faux sens qui, il faut l'avouer, aggravent ordinairement la signification miraculeuse d'un texte.

Ce n'est pas tout : la critique textuelle, en déterminant les mille variantes et le sens précis des mots équivoques, a fait réaliser à la notion des livres dit inspirés et par suite à celle de l'inspiration, un notable progrès. Les protestants et les catholiques de l'époque de la Réforme expliquaient l'inspiration par

(1) XXXVII, 36.
(2) D. Calmet, *Discours et Dissertations sur tous les livres de l'Anc. Test.*, 1715, in-8°, t. III, p. 222-223.

une sorte de dictée et par une impulsion intérieure grâce à laquelle l'écrivain sacré ne jouait guère d'autre rôle que celui d'une machine à écrire. Dieu frappait sur les cellules cérébrales comme le dactylographe sur les touches.

L'étude des altérations de textes a démontré combien cette notion était fausse. Aussi bien Richard Simon n'hésita pas à rejeter les miracles jadis imaginés pour expliquer les transpositions de textes (1), tous ceux que l'on y ajoutait encore pour la conservation du texte primitif d'ailleurs perdu et de ses diverses copies (2) ; et enfin les miracles destinés à garantir l'authenticité des versions de l'Ecriture et en particulier celle des Septante (3).

Qui croit encore aujourd'hui à la légende des septante deux traducteurs, enfermés dans septante deux cellules, et ressortant avec septante deux traductions grecques de la Bible hébraïque, aussi semblables que 72 exemplaires tirés d'un unique cliché (4) ?

Nous sommes loin de ces enfantillages. Un texte critique de la Bible, par le seul fait qu'il indique les variantes des diverses copies et les essais de restitution des divers éditeurs, témoigne suffisamment de la nécessité d'une notion nouvelle de l'Inspiration. On ne la représente plus comme une dictée, mais on la compare volontiers à une sorte de concours divin. C'est au nom de la doctrine religieuse de la Bible qu'on atteste sa supériorité, ce n'est plus au nom d'une véracité d'inspiration.

(1) Richard Simon, *Hist. critique du Vieux Testament*, p. 7.
(2) Richard Simon, *Hist. critique du Vieux Testament*, p. 555-556.
(3) Richard Simon, *Hist. critique du Vieux Testament*, p. 565-568.
(4) Philon, *Vita Mosis*, II, 6.

De plus en plus, désormais, lorsqu'il s'agira d'éditer un texte contenant des récits miraculeux, que ce soit la Bible ou telle légende hagiographique, on ne se préoccupera que des seules règles de la grammaire et de la philologie comparée.

CHAPITRE III

LA CRITIQUE DE PROVENANCE
LA VALEUR DES COMPILATIONS, DES OUVRAGES ANONYMES ET DES LIVRES APOCRYPHES

En présence des récits miraculeux il est très important de savoir si l'auteur rapporte des faits dont il a été le témoin personnel ou non. Nous aurons à revenir sur le premier cas; dans le second, ou bien il rapporte un fait d'après d'autres documents écrits (citation avouée ou plagiat) ou d'après une tradition orale.

La critique de provenance a précisément pour but de nous faire connaître quelles sont les diverses sources d'un récit. Elle procède par comparaisons et rapprochements minutieux. Chacun sait qu'on est arrivé à démontrer la pluralité des sources du *Pentateuque*.

Il est composé de quatre grands documents qui se caractérisent par des différences de vocabulaire et de style, par la diversité des institutions au milieu desquelles ont vécu chacun des quatre rédacteurs, par des divergences dans leur façon de comprendre l'histoire et enfin par des dissemblances considérables dans leurs idées morales et théologiques.

Personne ne doutera que cette démonstration suffise si j'ajoute qu'au seul point de vue du vocabulaire chaque rédacteur compte au moins une centaine de termes que ne reproduisent pas les autres. Mais il y a mieux. Si l'on classe chronologiquement ces quatre documents : *Elohiste, Iahviste, Deutéronome* et *Code sacerdotal*, on s'aperçoit que vocabulaire, style, institutions, précision historique, morale, théologie, tout progresse en même temps d'un document à l'autre de l'*Elohiste* au *Iahviste*, du *Iahviste* au *Deutéronome*, et de celui-ci au *Code sacerdotal*. Le progrès simultané de toutes les catégories de différences et de tous les caractères particuliers constitue la plus puissante des preuves cumulatives.

Enfin, on comparant les quatre grands documents du *Pentateuque* aux autres livres de la Bible, spécialement sous le rapport des institutions, de la morale et de la théologie, on constate que « le document que nous appelons E. (*Elohiste*) marche d'ordinaire avec les prophètes du royaume d'Israël, Amos et Hosée (vers 800); le document J. (*Iahviste*) avec les premiers prophètes de Judah (vers 740); D. (*Deutéronome*) a pour plus proche voisin Jérémie (et date probablement de 628) et P. (le *Code des Prêtres*), Ezéchiel et les Chroniques (et ne peut avoir été composé avant l'an 400) » (1).

Il est bien évident que la valeur du livre mosaïque (qui d'ailleurs ne saurait être de Moïse puisqu'il vécut au plus tard vers l'an 1300) ne dépasse point la valeur des quatre sources juxtaposées d'une façon assez grossière. Mais ces documents sont anonymes.

Que valent les récits de miracles anonymes? La crédulité des foules et surtout des foules religieuses est incommensurable; les exemples surabondent. Nous nous contenterons d'en citer deux observations dues toutes deux à des auteurs catholiques.

L'abbé de Marolles, dans ses *Mémoires*, rapporte le fait suivant arrivé à Paris en 1644 : « Un homme tira

---

(1) Rev. Briggs et F. von Hugel, *La Commission Pontificale et le Pentateuque*, Paris, 1907, in-8°, p. 18. Sur ce même sujet, voir l'opinion de M. Loisy, dans *Rev. d'Hist. et de Littér. Relig.*, 1907, XII, 620-621.

un coup de pistolet contre une enseigne de boutique où était peinte une image de la Vierge Marie. Les voisins, alarmés d'avoir ouï tirer, sortirent pour voir ce que c'était. Il y eut quelqu'un qui s'aperçut que la balle avait percé la bonne Vierge. Là-dessus on s'imagina que ce coup ne pouvait venir que d'un hérétique ou de quelque impie. Cette populace fut d'abord si frappée de cette hardiesse et de cette bravade qu'il se trouva sur-le-champ quelqu'un qui *vit sortir du sang de la blessure.* Il n'en fallut pas davantage pour que cette multitude en fût bientôt entièrement convaincue. Cette persuasion alla si loin qu'il se trouva des milliers de personnes prêtes à déposer qu'elles avaient vu le sang de leurs propres yeux. Cette histoire fit tant de bruit qu'on ne tarda pas d'en graver une estampe qui eut cours et se débita jusqu'à ce qu'enfin des gens de bon sens en ayant fait voir le ridicule, la planche fût supprimée et le miracle tomba comme un conte. »

Le célèbre écrivain J.-K. Huysmans témoigne qu'il n'en est pas autrement de nos jours.

A Lourdes, « les journaux n'ont plus de raison d'être, on ne les achète plus; une feuille que l'on vend sur l'esplanade les remplace tous : le *Journal de la Grotte*; il s'agit de savoir combien il y eut de miracles hier et, hormis cette question, plus rien ne vaut. Une note du bureau des Constatations insérée dans le journal même, prévient le public que ces annonces de guérisons sont hâtives et non contrôlées; *ces réserves ne sont admises par aucun lecteur; tout individu qui entre dans la pièce du Dr Boissarie ou qui en sort doit être un miraculé; les prêtres sont encore plus enragés que les autres pour vouloir discerner le miracle partout;* j'en ai vu qui se précipitaient sur des femmes que l'on emportait de la clinique médicale et que l'on prétendait guéries, pour leur faire toucher leurs chapelets, et c'étaient de simples hystériques! — Comment s'entendre avec des gens d'une mentalité pareille ? — et des bruits courent, issus d'on ne sait où, de prodiges extraordinaires que l'on n'a pas eu le temps de vérifier, car ils se sont produits au moment où les pèlerinages partaient ; et les détails deviennent de plus en plus confondants à mesure qu'ils sont racontés par de nouvelles bouches ; la barrière de bon sens que la clinique s'efforce d'opposer à ces divagations est vite rompue ; l'on pense que le Dr Boissarie met de la mauvaise volonté quand il n'accepte pas, d'emblée, l'origine miraculeuse d'une cure ; c'est une véritable débâcle de la raison (1). »

Que signifie le témoignage d'un contemporain s'il n'a point vu et se contente de rapporter ce que la foule a vu ; mais que sera-ce s'il s'agit non plus d'un fait contemporain, mais d'un fait attesté par une tradition ?

On peut épiloguer au sujet de la fidélité de la tradition orale et s'extasier sur la conservation millénaire de tel nom de lieu (2) ; mais osons nous demander sincèrement quelle est sa valeur en matière de miracle et l'on conviendra qu'elle est bien près d'être nulle. L'imagination des foules contemporaines est respectueuse des faits en regard de l'imagination des foules postérieures et des scribes qui constituent les anneaux de la tradition. Tout le monde connaît la fable de notre La Fontaine intitulée : *La Femme et le secret* (3). Un œuf en moins d'une journée en a produit un cent ; mais c'est là l'œuvre de commères contemporaines. La Tradition ressemble mieux à l'inventive Perrette :

(1) J.-K. Huysmans, *Les foules de Lourdes*, Paris, 1906, in-12.
(2) R. P. Lagrange, *La méthode historique*, p. 190-192.
(3) La Fontaine, *Fables*, VIII, 6.

d'un œuf elle fait un bœuf. En réalité, la tradition est le véhicule par excellence de la fable et du conte, de la légende et du mythe; mais c'est folie de l'interroger sur un fait tant soit peu ancien (1). Ce qui la caractérise c'est d'être admirablement renseignée su les très vieilles histoires, mais en général elle ignor ce qui s'est passé il y a trente ou quarante ans (2) Cependant, chose curieuse, celui qui rejettera le réci d'un miracle contemporain n'hésitera pas à recevoi l'histoire de quelque merveille très ancienne (3).

Si l'auteur d'une histoire qui contient des miracl est inconnu, et incertaine l'époque de la rédaction, i appert qu'on ne saurait y ajouter foi. Une telle his toire n'est qu'un moment de cette tradition flottante propre sans doute à conserver le souvenir du passé mais non moins propre à le déformer et à le grossir

Nous ignorons quel fut le rédacteur du livre d *Juges* (4), ce livre ne représente donc pour nous qu'un tradition d'ailleurs assez tardive. Le R. P. Lagrange exégète orthodoxe, n'écrit-il pas :

« L'histoire d'Ehoud est parfaitement une et cara téristique. Celle qui lui ressemble le plus est celle d Samson... Il est vrai que dans l'histoire de Samson tel trait peut être rédigé ou *stéréotypé dans la mémoir populaire* avant d'être écrit comme partie d'une hi toire religieuse... Ces deux épisodes attribuent

---

(1) « La tradition orale est par sa nature une altération continu aussi dans les sciences constituées, n'acceptera-t-on jamais que transmission écrite. » Langlois et Seignobos, *Introduction*, p. 15 Cf. Renan, *Hist. du peuple d'Israël*, t. I, p. XVI-XVII.

(2) Sur la valeur historique de la tradition on peut voir : R. P. Smedt, *Principes de critique historique*, Liège, 1883, in-12, ch. X « la tradition orale », p. 161-181; ch. XI, « Autorité de la traditi populaire », p. 182-202.

(3) Langlois et Seignobos, *Introduction*, p. 174-175.

(4) M. J. Lagrange, *Le Livre des juges*, Paris, 1903, grand in-8 p. XX-XXII.

Iahvé la même gloire que les autres, cependant on ne voit son intervention que dans des actions de force ; le héros est l'instrument de la divinité, mais il n'est pas instruit par elle, transformé par elle en agent conscient et religieux. *Le récit est populaire avec une teinte d'humour satirique qui paraît dans la mort d'Eglon et dans un autre trait de la lutte de Samson contre les Philistins.* Il est donc probable que ces deux récits du moins sont sortis de la même plume (1). »

Il est vrai que d'autres épisodes semblent empruntés à des rédactions plus anciennes ; mais qu'étaient ces rédactions sinon encore un moment de la tradition populaire. Aussi ne comprendrions-nous point qu'on cherchât encore aujourd'hui l'explication des miracles de force attribués à Samson : l'enlèvement des portes de Gaza, la destruction de dix mille hommes avec une mâchoire d'âne, l'ébranlement, à force de muscles, des colonnes de la salle du festin.

Les Grecs racontaient qu'Hercule, arrivé en Egypte, fut enchaîné par les habitants du pays et conduit, pour y être immolé, vers l'autel de Jupiter. Le héros d'abord se laisse faire et marche en silence. Mais devant l'autel, il brise soudain ses liens, se précipite sur la foule accourue pour assister au sacrifice et tue tout le monde. Hérodote n'admettait point la réalité de cette histoire (2). Celle de Samson est-elle mieux assurée.

Libre à d'autres de s'étonner des miracles qui illustrent les exploits de Gédéon, ce ne peut être pour nous que des récits agencés par l'imagination des foules.

La recherche des sources suppose le classement des

---

(1) M. J. Lagrange, *loc. cit.*, p. xxix. — Samson entraîné par Dieu vers les prostituées philistines, n'est-ce pas un trait éminemment légendaire ?
(2) *Histoires*, II, II, 45.

manuscrits d'un même texte. Dans le cas le plus fréquent, si les manuscrits présentent des différences importantes, on constate que le récit primitif n'a fait que s'accroître d'une façon constante et que les rédacteurs ont procédé plus ou moins comme la tradition populaire. Deux cas peuvent se présenter : les manuscrits postérieurs contiennent des additions dues soit à la tradition, soit à l'intervention du copiste, ce sont des interpolations ou bien les additions provenant d'une source écrite que l'on a pu identifier : ce sont des plagiats (1).

Si les interpolations rapportent quelque fait miraculeux, on a tout lieu de le rejeter puisque dans l'hypothèse la plus favorable ce ne peut être qu'un emprunt à une tradition populaire ou à une source perdue, ce qui pour l'histoire est exactement la même chose. On sait que des interpolations se sont produites dans les manuscrits du Nouveau Testament. Le verset dit des trois témoins célestes, sur lequel s'appuie principalement la démonstration scripturaire de la Trinité, est une addition tardive : c'est aujourd'hui un fait absolument acquis. Ce que l'on sait moins c'est que les versets sur lesquels s'appuie le miracle de l'Ascension du Christ sont également interpolés.

Il y a déjà quelque quarante ans que L. Leblois écrivait : « Si je lis attentivement les quatre évangiles dans le *Sinaïtique* (2), je remarque qu'aucun de leurs auteurs ne sait rien de « l'ascension » de Jésus ; du moins aucun des quatre ne la raconte. Matthieu fait même déclarer à Jésus : « Voici, je suis toujours avec vous, jusqu'à la fin du monde (3). » Les quelques

---

(1) M. J. Lagrange, *loc. cit.*, p. XXIX.
(2) Les deux plus anciens manuscrits des Évangiles sont le *Sinaïtique* et le *Codex Vaticanus*. Ils remontent tous deux au IV° siècle.
(3) Math., XXVIII, 20.

mots de Luc : « et il fut enlevé au ciel », manquent précisément non seulement dans le *Sinaïtique*, mais aussi dans des manuscrits postérieurs ; de sorte que l'orthodoxe Tischendorf, même avant la découverte du *Sinaïtique* déjà, ne les admettait point dans son *Nouveau Testament grec* (1). Voilà donc dans Luc une addition évidente.

Marc en présente une plus remarquable encore. Le 16e et dernier chapitre de Marc renferme 20 versets dont le 19e parle de l'ascension de Jésus. Or, dans *Sinaïtique* et dans *Vaticanus*, ce 16e chapitre s'arrête avec le 8e verset. Tout le reste manque, c'est-à-dire les versets 9 à 20. Qui est-ce qui a ajouté ces 12 versets ? L'historien Eusèbe (IVe siècle) nous apprend qu'ils existent dans « quelques copies », mais, ajoute-t-il, les *manuscrits exacts* terminent le récit de Marc aux mots : « elles étaient effrayées », verset 8. Ainsi, non seulement les manuscrits « exacts » de Marc nous apprennent que cet auteur, tout comme Matthieu, Luc et Jean, n'a pas fait la moindre mention de l'ascension de Jésus ; mais, pour le dire en passant, ils nous apprennent en outre que le fameux passage, verset 16 : *Celui qui ne croira point sera condamné*, dont on a tant abusé pour légitimer les anathèmes prononcés contre des frères qui professent une foi différente, n'est pas authentique (2) !

Certes, on peut voir dans les versets ajoutés le témoignage d'une tradition mais on ne saurait en faire état pour fournir une preuve historique de cette miraculeuse élévation.

L'antiquité traitait l'histoire avec une liberté que

(1) Voir par exemple la 7e édition, Leipzig, 1859, p. 329.
(2) L. Leblois, *Des additions légendaires, dogmatiques et liturgiques faites au texte primitif du Nouveau Testament*, Paris, 1869, in-8e, p. 9 et 10.

nous ne connaissons plus. Le Moyen-Age n'a d'ailleurs rien à lui envier sous ce rapport. « Des passages d'Eginhard, chroniqueur du IX⁰ siècle, sont empruntés à Suétone : il n'y a rien à en faire pour l'histoire du IX⁰ siècle (1). » Les hagiographes pratiquaient le plagiat avec passion et empruntaient avec une diligence particulière les beaux miracles d'une autre vie de saint pour en orner celle qu'ils écrivaient et rehausser ainsi l'éclat de leur héros. Ces plagiats sont parfois flagrants et reproduisent tantôt des passages entiers, tantôt nombre d'expressions du texte pillé. Il est évident qu'on ne saurait accepter ces miracles empruntés. On n'est même pas autorisé à y voir les reflets d'une tradition comme dans le cas des miracles interpolés.

Lorsqu'il n'y a pas reproduction littérale et retour des mêmes expressions, la ressemblance générale qui existe entre divers récits d'un semblable miracle, suffit pour jeter la suspicion sur les récits postérieurs. C'est ainsi que les Bollandistes se refusent à voir des histoires véritables dans les légendes des saints qui nous montrent les cadavres de martyrs qui ont subi la décapitation, portant leurs têtes dans leurs mains.

N'y a-t-il pas lieu de se demander si la résurrection opérée par le prophète Élisée n'est point apparentée à celle qu'opéra le prophète Élie. La méthode employée par les deux nabis qui s'étendent l'un et l'autre sur le cadavre, le premier répétant cette opération trois fois et le second sept fois, constitue une analogie frappante. On sait d'ailleurs que les nombres trois et sept sont substituables dans les récits légendaires. Pour trancher une semblable question, il faudrait d'ailleurs faire une étude minutieuse des deux textes,

---

(1) Langlois et Seignobos, *Introduction aux Études hist.*, p. 73.

qui ne serait pas en sa place ici. Mais il était juste d'indiquer comment la question se posait.

Le plagiat hagiographique atteignit parfois des proportions étranges. La vie d'un saint était mise entièrement au compte d'un autre saint dont on ignorait l'histoire et constituait ainsi un doublet (1). Il est évident que les miracles, que l'on attribuait au saint dont on ignorait la vie, ne sont pas plus recevables que cette légende d'emprunt. Ce procédé, fréquent dans la littérature pieuse, se trouve-t-il dans les livres sacrés. Leur nature permet de le supposer; mais les solutions particulières sont choses délicates.

Nous savons que, les livres saints contiennent un certain nombre de livres apocryphes (2). Le plagiat est ici renversé : le rédacteur n'emprunte plus son texte mais le nom dont il prétend l'autoriser. Peut-on admettre la vérité des miracles rapportés dans les livres apocryphes? Le miracle ayant un but apologétique dès qu'il est produit en faveur d'un homme de Dieu ou d'une doctrine divine, nous nous défierons nécessairement de tout témoin qui, dans ce même but d'apologie, aura plus ou moins altéré la vérité.

En conséquence, nous n'hésiterons pas à rejeter comme insincères tous les livres apocryphes. Signer un écrit d'un nom glorieux afin de lui donner un plus grand poids et le faire plus facilement recevoir de ceux auxquels on l'adresse, implique un singulier mépris de la simple vérité. Cela peut n'être point très coupable et s'expliquer par les mœurs du temps; mais si la moralité de semblables témoins est défendable (3),

---

(1) P. Saintyves. *Les Saints successeurs des Dieux*, p. 185-191. p. 132-133.
(2) Ch. Guignebert, *Manuel d'Hist. anc. du Christian. Les Origines*, Paris, 1906, in-12, p. 6-7.
(3) R. P. Lagrange, *Méth. historique*, p. 84-85.

il n'en est pas de même de leur véracité. Les prétendues apocalypses d'Hénoch et d'Esdras ont été contées par des gens qui savaient fort bien qu'ils n'étaient ni Hénoch ni Esdras. L'Eglise n'a pas hésité à les rejeter de son canon, de même que maints évangiles attribués à Jacques, à Thomas, à Nicodème et à tant d'autres. Ils ne sauraient être utilisés en matière de miracles. Si donc nous admettons que le livre de Daniel, est un livre historique, il restera à établir, ce qui est fortement contesté par les critiques, que ce livre est véritablement de Daniel. On est en droit de récuser ce contemporain d'Antiochus Epiphane, qui se fait passer pour un contemporain de Nabuchodonosor, quand il raconte l'histoire des trois jeunes hommes dans la fournaise ou le festin de Balthasar. Soutenir aujourd'hui que les cinq livres dits de Moïse sont réellement de lui ne serait pas moins ridicule que de défendre l'authenticité des écrits attribués à Orphée et à Musée (1). Mais par suite comment garantir l'historicité des merveilles de la *Genèse* et des miracles de l'*Exode*?

Si nous n'avions pas d'autres raisons pour rejeter les miracles que ces livres contiennent, celle-là suffirait.

A la seule lumière de la critique externe (c'est ainsi qu'on est convenu d'appeler la critique textuelle et la critique de provenance), on voit combien de miracles, que l'on croyait pouvoir historiquement affirmer, sont entachés d'incertitude et irrecevables pour le critique.

---

(1) P. Decharme, *La critique des traditions religieuses chez les Grecs*, Paris, 1904, grand in-8°, p. 36.

CHAPITRE IV

LA CRITIQUE D'INTERPRÉTATION

1° *Du genre littéraire des livres qui racontent des miracles.*

Les limites entre les différentes branches de la critique historique sont assez indécises et on serait très embarrassé pour préciser la ligne qui sépare la critique externe de la critique interne. Il n'importe guère d'ailleurs, il suffit qu'elles tendent toutes au même but : déterminer la valeur de chaque affirmation des textes supposés historiques.

La critique d'interprétation qui précède la critique réelle ou la critique d'exactitude s'appelle aussi parfois herméneutique ou exégèse. On voit de suite quels étroits rapports elle entretient avec la critique textuelle. Elle ne saurait d'ailleurs s'en passer puisque celle-ci doit lui fournir des textes exacts et que d'autre part, elle collabore déjà avec la critique des textes pour préciser leur sens littéral. La critique d'interprétation pourrait aussi s'appeler la critique littéraire. Son but est de déterminer d'après l'examen même des textes quelles ont été les intentions générales de leurs auteurs.

Notre premier soin sera donc de définir le genre littéraire auquel appartiennent ces sortes de récits. Il serait, en effet, puéril de nous demander si l'auteur de telle production est digne de foi quand, d'autre part, il est visible qu'il n'a point visé à l'exactitude historique. On ne recherche pas dans quelle mesure on peut se fier aux récits merveilleux d'un poète ou d'un romancier (1). Personne n'a écrit, que je sache, pour défendre la réalité des miracles qui se rencontrent dans la *Chanson de Roland*. Quel est le prêtre qui ne se moquerait si on lui objectait les miracles de l'Odyssée ou de l'Enéide ?

Il est donc de toute évidence qu'on ne saurait attacher aucune valeur historique aux productions littéraires dont le genre comporte une part plus ou moins grande de fiction.

C'est pour avoir négligé cette indispensable et préliminaire question que l'on a vu des gens s'embarquer en des discussions absolument oiseuses et se donner le ridicule de défendre des miracles nés de la fantaisie d'un artiste doublé d'un moraliste ou d'un théologien.

Est-il possible de voir un livre d'histoire dans le livre de Tobie ? C'est un récit pieux mais évidemment romanesque. Les sept maris de Sara sont un véritable thème de conte populaire et toute l'allure du livre en révèle le genre. A quoi bon alors s'ingénier à expliquer l'apparition de l'ange Raphaël, la pêche miraculeuse qu'il fit faire au jeune héros, la guérison singulière de la cécité du vieux Tobie avec du fiel de poisson, la mise en fuite du démon par des fumigations magiques et son enchaînement merveilleux dans le désert ?

Nous avons déjà signalé les procédés de la littérature hagiographique. Les clercs, les prêtres ou les moines auteurs de ces productions littéraires ne se croyaient pas tenus à faire œuvre véridique ; ils écrivaient *ad Sancti gloriam* comme jadis l'auteur du roman de sainte Thècle pour l'amour de Paul. Poussé

(1) « La valeur des jugements qui paraissent affirmer ou nier dépend entièrement du genre littéraire où figurent ces propositions d'apparence catégorique. L'important est de bien déterminer quels sont ces genres littéraires que nous retrouvons dans la Bible avec l'apparence d'une histoire. » R. P. Lagrange, *La méthode historique*, p. 185.

par ce louable sentiment ils n'hésitaient point à orner leurs histoires de récits miraculeux qu'ils puisaient aux sources les plus inattendues, non seulement dans les vies de saints plus anciennes, mais dans Hérodote ou dans Suétone dans l'Inde ou dans l'Egypte, dans quelque récit grec ou latin. De telles pratiques permettent d'écrire un conte, une légende, un roman, mais non pas une biographie. Pour l'historien il ne saurait accepter le moindre miracle des mains de tels garants.

Ne sait-on pas aujourd'hui, que le livre de Tobie lui-même est emprunté dans son fond essentiel à un très vieux conte babylonien (1) ? Croyez-vous que l'histoire de Judith soit autre chose qu'une fiction ? Elle contredit les données les plus certaines de l'histoire, soit qu'on la place avant ou après la captivité. La géographie de l'auteur est de pure fantaisie. Et l'on ne voit pas, en conséquence, qu'il faille glorifier Dieu d'avoir rendu Judith plus belle au moment où elle partait pour le camp d'Holopherne.

Le livre de Jonas est un conte dont les emprunts au folklore ou à la tradition populaire sont incontestables (2).

Le roman n'est point de l'histoire ni non plus la poésie. *Job*, les *Psaumes*, les *Proverbes*, l'*Ecclésiaste*, le *Cantique des Cantiques*, l'*Ecclésiastique* sont des

---

(1) Cosquin dans *Revue Biblique*, 1899, p. 50-82 et 510-531. — Th. Reinach, *Un conte babylonien dans la littérature juive*, Paris, 1899, in-8°. — Halévy, *Tobie et Akhiabar* dans *Revue sémitique*, Janvier 1900. — Abbé Fl. de Moor, *Tobie et Akhiabar*, Louvain, 1902 gr. in-8°. — Pour les parallèles du conte babylonien, voir : *The Story of Akibar from the Syriac Arabic, Armenian, Ethiopic Greek and Slavonic*, version by F. C. Conybeare, J. Rendel Harris and Agnès Smith Lewis, London Clay, 1898.
(2) H. Schmidt, *Jona eine Untersuchung zur vergleichenden Religiongeschichte*, Göttingen Vandenbroeck, 1907, grand in-8°, VIII, 194 p.

poèmes ou des recueils de poésies. Hymnes religieuses, centons et allégories versifiés, apologues dramatisés, il n'importe, ils ont tous un caractère commun : ce sont œuvres de poètes, écrivant ou chantant en poètes, inventant des épisodes, créant des scènes, utilisant des traditions mais ne visant qu'à édifier et à émouvoir (1).

Pindare, parlant des récits mythologiques de la Grèce, déclarait que certains d'entre eux n'étaient que « fictions pures » et c'est, ajoutait-il, « l'enchantement de la poésie qui seul a pu rendre croyable l'invraisemblable ». Au reste, n'est-elle pas une perpétuelle allégorie ? « La poésie tout entière est de sa nature énigmatique », dit Socrate (2). Pour Hérodote, « les poètes, mettant leur génie au service des hommes d'État, créèrent beaucoup de fables : les unes charmantes, dont l'agrément était fait pour amener à la vertu ; les autres effrayantes, dont les noires couleurs devaient avoir pour effet de détourner du vice (3) ». Ces appréciations des anciens Grecs s'appliquent exactement à certains livres ou certains épisodes de la Bible.

Certes, on a le droit d'être simple jusqu'à la naïveté et de voir des personnages historiques dans *Job* ou dans la *Sulamite*, mais cela ne prouvera jamais qu'ils ont eu une existence plus réelle que *M. Homais* ou la *Jeannie* des *Pauvres Gens*. Il suffit de lire le livre de *Job* ou le *Cantique des Cantiques* pour être persuadé du contraire. Mais alors pourquoi s'étonner de la présence de Satan dans les conseils de Dieu ; des malheurs mi-

---

(1) Le style figuré peut d'ailleurs par la suite être pris dans un sens matériel qui donne au texte l'apparence d'un récit miraculeux. Cf. E. Salverte, *Des Sciences occultes*, I, 49-70.
(2) 2a *Alcibiade*, p. 147 b.
(3) P. Decharme, *La critique des traditions religieuses chez les Grecs*, Paris, 1904, grand in-8°, p. 396.

raculeux qui accablent le serviteur de Iaveh et de son rétablissement non moins miraculeux dans une nouvelle et étonnante fortune ? Il n'y a pas lieu non plus de voir un miracle moral dans la préférence qu'une bergère accorda au berger qu'elle aimait, malgré la sollicitation d'un prince riche et puissant pour lequel son cœur ne battait pas.

Dans la poésie parabolique ou religieuse aux traités de théologie morale ou dogmatique, il n'y a point la distance qu'on pourrait croire. Les théologiens comme les poètes n'ont nul souci de la critique historique (1). Les théologiens n'attachent d'importance réelle qu'à la doctrine qu'ils enseignent, les poètes ne se soucient que des sentiments qu'ils veulent faire naître ; les faits ne sont pour les uns et pour les autres que des illustrations destinées à émouvoir et persuader l'auditeur. En faut-il des preuves ? Quel est le prêtre sérieux qui voudrait se porter garant des histoires miraculeuses qui embellissent les grands catéchismes de Gaume et d'Hauterive ? « Il y a vraiment des recueils d'histoires pour catéchisme, écrit l'abbé Sifflet, qui ne dépareraient pas les contes de Perrault ou plutôt y jureraient, parce qu'au moins les prodiges des fées sont donnés pour des contes (2). »

Quel est l'historien qui voudrait recevoir sans un nouveau contrôle tous les faits rapportés dans la *Mystique* de Gœrres (3) ou de Ribet ?

---

(1) Perrone, *De Locis Theol.*, part. II, c. 11, art. 2, n. 227 ; Milan, 1857, p. 96.
(2) Abbé Sifflet, *La Justice Sociale*, 26 septembre 1901.
(3) Pour Gœrres, voici le jugement qu'en porte un catholique, Th. H. Martin : « Construire *a priori* la nature, au lieu de l'observer et d'en trouver les lois par l'induction ; faire d'abord un système de toutes pièces, puis à l'appui de ce système, compiler avec beaucoup de savoir et peu de critique des faits réels ou supposés : *passer très légèrement sur l'examen de l'authenticité de chaque fait principal ou de ses détails, pourvu que tous ces faits choisis, avec toutes les circons-*

Or, la Bible nous offre deux livres dont le but théologique et mystique est indéniable. Chacun nomme avec moi la *Sagesse* et le *Quatrième Evangile*. On objectera peut-être que ces livres se présentent sous forme historique? Ce n'est là qu'une fiction littéraire employée dans un but démonstratif.

La *Sagesse* se divise en deux parties dont la première (I-IX) est purement didactique et théologique. La seconde (X-XIX, 5) est une revue historique des choses admirables que la sagesse de Iaveh a faites tant pour la gloire que pour la défense de son peuple. Devons-nous accorder à cette énumération une valeur rigoureusement documentaire? Evidemment non ! C'est de l'histoire à la façon dont la racontent la majorité de nos prédicateurs lorsqu'ils font un panégyrique ou enseignent à grand renfort d'apparitions et de miracles la réalité du purgatoire. La conclusion de la *Sagesse* (XIX, 6; XIX, 20) n'est que le résumé de la vieille morale juive : Dieu punit les méchants dès ici-bas et dès ce monde récompense les justes (1). Cette affirmation incertaine et hasardée des moralistes hébreux s'est perpétuée dans la rédaction du quatrième commandement de Dieu : Honore tes père et mère afin de vivre longuement. Les meilleurs fils n'ont pas toujours vécu longtemps et si l'on voulait prouver une semblable thèse par l'histoire, on risquerait fort de n'être point véridique. La thèse de l'auteur de la *Sagesse* n'a pas

---

tances choisies aussi par le compilateur, puisse trouver leur place et leur explication dans la théorie préconçue, telle est la méthode employée dans la *Mystique* de Gœrres. » *Les sciences et la philosophie*, Paris, 1869, in-12, p. 399-400.

(1) Le R. P. Lagrange écrit : « Il se peut qu'on trouve dans la Bible l'expression de sentiments inférieurs... tel est par exemple la morale des Proverbes et de l'Ecclésiastique, très pratique assurément, mais souvent sans grande élévation morale. » *La méthode historique*, p. 91. — On peut en dire autant de la morale de la Sagesse.

dû lui permettre davantage d'écrire équitablement soit des Hébreux, soit des Egyptiens.

Pour le *Quatrième Evangile*, il présente un indéniable caractère théologique. C'est un livre de doctrine. Qui ne se rappelle ce début qui nous transporte en pleine poésie et en pleine métaphysique. « Dans le principe était le Verbe, et le Verbe était en Dieu et Dieu était le Verbe... » Les Pères de l'Eglise nommaient déjà cet évangile, l'Evangile spirituel ; ils avaient comme nous senti l'idéalisme qui le pénètre, après avoir présidé à sa rédaction et à son ordonnance. L'auteur entendait nous montrer le Verbe dans le Christ et justifier la doctrine du Salut par celle de l'Incarnation.

Il ne songe pas à nous raconter l'histoire véritable du Christ, mais ayant conçu un Christ dont tous les actes et tous les discours démontreraient ou feraient éclater qu'il est le Verbe, il a ordonné l'histoire et la tradition populaire de façon à produire en nous cette conviction. Le *Quatrième Evangile* est une théologie de l'Incarnation, c'est le poème du Verbe incarné. L'auteur témoigne à chaque page de l'exaltation d'un poète. Est-ce, en effet, un historien qui eût osé terminer ainsi son livre ? « Jésus a fait, écrivait-il, beaucoup d'autres choses et si on les rapportait en détail, je ne crois pas que le monde même pût contenir les livres qu'on en écrirait. »

L'influence indéniable de l'école judéo-alexandrine a poussé l'auteur à multiplier les allégories. Il n'a fait qu'appliquer au Nouveau Testament la méthode de Philon. Son livre est une association étroite, entre la théologie de l'incarnation et le symbolisme cher à l'Egypte. Les récits de miracles ne sont pas conçus comme des histoires mais comme des paraboles théologiques (1) :

« La guérison du fils de l'officier royal figure la conversion des Gentils et fait valoir la théorie de la foi véritable; on ne doit pas réclamer, comme les Juifs, des miracles pour croire, mais adhérer sans l'avoir vu, dans sa manifestation historique, au grand miracle du salut qui s'est opéré et s'opère par le Christ. Le paralytique de Béthesda qui attend inutilement, depuis des années, sa guérison dans la piscine, aux cinq portiques, figure spécialement le peuple Juif qui a cherché en vain son salut dans la Loi. Par le discours qui s'y rattache, on voit que cette histoire est un symbole de la grande œuvre que le Christ est venu accomplir en ce monde. Le caractère durable de la rédemption, la permanence du don divin sont encore signifiés dans la multiplication des pains. Le miracle de Jésus marchant sur les eaux complète la leçon des pains multipliés, en faisant entendre, conformément à ce qui sera dit après le discours du pain de vie, que le Christ vivifiant est le Christ glorieux, le Christ esprit, le Verbe rentré dans la gloire de l'éternité. L'histoire de l'aveugle-né prêche le Christ-lumière; celle de Lazare, le Christ-vie. Tous ces miracles révèlent une fonction du Sauveur, un aspect de sa mission. Si certains détails peuvent être destinés uniquement à conserver aux récits l'apparence d'une histoire,

---

(1) A. Loisy, *Études bibliques*, 3ᵉ éd., Paris, 1903, in-8°, p. 74 et ss. Origène et les pères alexandrins ne s'étaient point mépris sur ce parabolisme. Cf. Abbé J. Martin, *La critique biblique chez Origène* dans *Annales de Philosophie chrétienne*, 1905-1906. L'Anglais Woolston a écrit de ce point de vue un livre excessif mais rempli d'aperçus ingénieux. *Discours sur les miracles de Jésus-Christ*, s. d., in-12; je cite la traduction française. La préface anglaise est datée de 1727. Les opinions théologiques qu'il y exposait valurent à Woolston d'être mis en prison. Il préféra d'ailleurs y mourir que de signer une promesse de ne plus rien écrire d'analogue.

il n'en est pas moins vrai que la narration s'arrête au point où il convient pour le symbolisme, au risque de paraître suspendue ou incomplète. Le récit du paralytique se perd dans le discours qu'il introduit, de même celui de l'aveugle-né; on ne sait où va Lazare sortant du tombeau. L'Evangéliste laisse là son symbole quand il en a tiré ce qu'il voulait (1). »

Nous avons donc le droit de négliger les témoignages historiques des œuvres littéraires dont le genre comporte la fiction (2). Tel est le cas des romans ou des contes même pieux, des poésies ou des poèmes même religieux, des traités didactiques de morale ou de théologie. Mais si l'on veut appliquer franchement ce premier criterium éliminatoire on sera frappé du grand nombre de prodiges dont inutilement s'alourdit l'apologétique.

(1) A. Loisy, *Etudes bibliques*, 3ᵉ éd., Paris, 1903, in-8°, p. 82-83. — Certes il faut se garder de chercher partout un sens allégorique comme les néoplatoniciens ont fait pour les œuvres de Platon, et les swedenborgiens ont fait pour la Bible. On est revenu aujourd'hui de cette *hyper-herméneutique* : Langlois et Seignobos, *Introduction aux Etudes historiques*, p. 128.

En revanche, quand il s'agit d'une œuvre écrite sous l'influence d'une école philosophique et littéraire qui ne rêvait qu'allégories, on ne saurait négliger de lui faire sa large part.

(2) Dans son livre sur la *Méthode historique*, le R. P. Lagrange fait remarquer que la fiction est compatible avec l'inspiration, p. 86, et plus loin il ajoute : « Il est tel genre littéraire dans lequel *on n'affirme absolument rien quant à la réalité des faits;* ils servent uniquement de base à une leçon morale, telle la parabole. Or, l'inspiration ne change pas les conditions des genres litéraires. Chacun doit être interprété selon ses règles. Je ne crois pas avoir à insister sur cette formule qui a été pleinement admise dans les *Etudes* par le R. P. Prat », p. 94.

CHAPITRE V

LA CRITIQUE D'INTERPRÉTATION (*Suite*)

2° *De l'idée que les rédacteurs
de récits miraculeux se sont faits de l'histoire.*

En présence d'un récit qui s'offre comme une histoire et dont l'auteur semble sensé et véridique, devons-nous enfin tenir pour certains les faits miraculeux qu'il nous rapporte? Pas encore. L'histoire n'a pas toujours été conçue comme nous la concevons aujourd'hui et de l'idée qu'on s'en est formée dépend évidemment la valeur des faits qui y sont rapportés. A côté des fictions historiques dont nous avons déjà parlé, tels la *Sagesse* et le *Quatrième Evangile*, tels si l'on veut *Tobie* et *Judith*, il y a un autre genre de composition littéraire qui, pour viser à être vraiment historique, n'en suppose pas moins une conception de l'histoire assez différente de la nôtre. Il est temps de nous en occuper. Nous ne pouvions le faire plus tôt, car il s'agit d'entrer plus avant dans la psychologie du mémorialiste ou de l'annaliste et de nous demander quelle idée il s'est formée de l'histoire proprement dite.

Pour résoudre cette question il nous faut distinguer entre l'histoire primitive, l'histoire ancienne et l'histoire moderne. Examinons-les tour à tour :

A. *L'Histoire primitive.* — Il n'y a point de nation dont l'histoire primitive ne soit plus ou moins mêlée de fables. Cette histoire d'un temps qui pratiquait peu l'écriture est toujours des plus incertaines et on ne saurait l'accepter que sous bénéfice d'inventaire (1).

Que ce soit l'histoire primitive de Rome, de l'Egypte, de la Grèce, ou même celle des Juifs, il y entre trois catégories d'éléments qu'on ne saurait démêler avec trop de soin : le mythe, la légende et l'histoire proprement dite. Y a-t-il des mythes dans l'*Hexateuque*, c'est-à-dire dans les six premiers livres de la Bible ? La plupart des exégètes considèrent la création en six jours, la transformation d'une côte en femme, le paradis terrestre, l'arbre de vie, l'arbre de la science du bien et du mal, le serpent qui parle et ne rampe point, le jugement de Iahvé et son exécution, comme des mythes (2).

Le déluge de la *Genèse* ressemble littéralement à une page babylonienne tout imprégnée de mythologie. Le Paradis terrestre, l'arbre d'immortalité, le reptile tentateur semblent bien avoir leurs analogues ou leurs prototypes dans le même poème auquel fut emprunté le récit du déluge (3).

Y a-t-il des légendes dans ces mêmes livres ? Cela ne paraît pas douteux : « Une mer qui s'ouvre sur l'ordre de Moïse, le soleil qui s'arrête par l'ordre de Josué, une manne qui tombe six fois par semaine pendant quarante ans, en quantité assez grande pour nour-

---

(1) C'est cette conception de l'histoire que Ch. et V. Mortet appellent la phase *rudimentaire*. V° *Histoire* dans *Grande Encyclopédie*, t. XX, p. 123. Pour Renan toute histoire qui prétend nous conter des faits qui se sont passés avant l'usage de l'écriture est une histoire mythique. Renan, *Histoire du peuple d'Israël*, I, 305.

(2) A. Loisy, *Etudes bibliques*, Paris, 1903, in-8°, p. 45-57, et A. Loisy, *Les mythes babyloniens et les premiers chapitres de la Genèse*, Paris, 1901, in-8°.

(3) Fr. Lenormant, *Les premières Civilisations*, P. Maisonneuve, 1874, in-12, II, p. 3-146. — Le même, *Les Origines de l'Histoire*, 2° éd., P. Maisonneuve, 1880, in-12, I, 382-491. — E. Babelon, *La tradition phrygienne du déluge* dans *Revue d'Hist. des Religions* (1891), T. XXIII, p. 176.

rir plus de deux millions d'hommes, ce sont là des faits qui par eux-mêmes n'entraînent pas la conviction. Ils suffiraient même, ajoute Mgr Mignot, à nous faire regarder comme légendaire un livre profane qui les relaterait (1). » Mais pour l'historien qui cherche à déterminer la valeur des récits miraculeux, la Bible ne peut être considérée différemment d'un livre profane.

Voici comment un catholique apprécie la légende relative à l'histoire primitive de Rome :

« Valère Maxime conte qu'un gouffre s'entr'ouvrit au milieu du forum, puis se referma et que le sol reprit son aspect ordinaire lorsque Curtius s'y fut précipité, tout armé, avec son cheval. On lit aussi, chez lui; qu'une statue de Junon, à qui un soldat romain, lors de la prise de Veïes, demandait si elle voulait venir à Rome, répondit que oui. Tite-Live, historien plus ancien et de plus de poids est en désaccord avec lui sur ces deux faits. Il veut que le gouffre soit resté béant, après que Curtius s'y fut jeté, que de plus ce gouffre ne s'entr'ouvrit pas tout d'un coup, mais qu'il fut ancien, qu'il exista avant la fondation de Rome, et qu'on l'appela le lac Curtius après que Metius-Curtius, Sabin, y fut tombé en fuyant l'irruption des Romains. Quant à la statue de Junon, il dit qu'elle fit un signe affirmatif et non pas qu'elle répondit oui ; que plus tard on compléta la fable en disant que la déesse avait parlé. Pour le signe lui-même, l'imposture est manifeste ; les soldats auront fait faire un mouvement à la statue, qu'ils enlevaient, et le lui ont ensuite attribué, comme si elle l'avait fait d'elle-même, ou bien puisqu'ils interro-

(1) Mgr Mignot, *La Critique et la Tradition* dans *Le Correspondant*, 10 janvier 1904, p. 10.

geaient, par raillerie, ce marbre d'une déesse ennemie et vaincue, par plaisanterie encore, ils simulèrent sa réponse ; aussi Tite-Live ne dit-il pas positivement : « elle fit signe que oui » ; mais : « Les soldats s'écrièrent qu'elle avait fait ce signe ». Les bons écrivains ne défendent pas de pareils fictions, ils les excusent toutefois ; car ainsi que Tite-Live, « *il faut pardonner à l'antiquité humaine d'avoir mêlées aux actions humaines des actions divines et rendu ainsi plus augustes les origines des villes* (1). »

Pendant longtemps on eût cru commettre un sacrilège en traitant ainsi les récits de l'*Hexateuque*. C'est pourtant le devoir de l'historien et les catholiques eux-mêmes y arrivent peu à peu (2).

Cependant le R. P. Lagrange épilogue et n'ose se prononcer de façon ferme au sujet de la femme de Loth changée en statue de sel (3). Il écrit : « Si nous lisions cela ailleurs que dans la Bible, nous dirions tout simplement que l'imagination populaire a donné une physionomie aux choses et que trouvant à quelque bloc de sel une ressemblance humaine, elle l'a mêlée au souvenir d'une femme disparue dans une grande catastrophe. Quand on est changé en pierre, c'est ordinairement un châtiment ; telle Niobé (4). »

Pour notre part, nous hésiterons d'autant moins à y reconnaître une légende que tout le récit a ce caractère (5). La destruction subite d'une ville par un ca-

---

(1) L. **Valla**, *La Donation de Constantin*, éd. Liseux, Paris, 1879, in-16, p. 267-270.
(2) **Lagrange**, *Eclaircissements sur la méthode historique*, Paris, 1905, in-12, p. 60-76. — Rev. Ch. A. **Briggs** et F. de **Hugel**, *La Commission Pontificale et le Pentateuque*, Paris, 1907, in-8°, p. 56-57.
(3) *Genèse*, XIX, 26.
(4) *La méthode historique*, p. 202.
(5) G. **Fulliquet**, *Le Miracle dans la Bible*, p. 110, admet que le récit contient des exagérations et des précisions légendaires.

taclysme effroyable a toujours été jugée par les peuples anciens comme une manifestation de la colère divine. Un orage grandiose, une éruption volcanique, un tremblement de terre étaient alors considérés comme des miracles au même titre que l'arc-en-ciel et que les éclipses. La discussion qui s'établit entre Dieu et Abraham au sujet des justes de Sodome et de Gomorrhe, de même que la pétrification de la femme de Loth sont des épisodes surajoutés, ou tout au moins déformés sous l'influence de l'idée principale. Ils ne font qu'accentuer le caractère légendaire de toute cette céleste vengeance.

L'annaliste, assez présomptueux ou assez candide pour écrire l'histoire des origines d'un peuple, ne pouvait pas compter sur des documents écrits remontant à ces mêmes origines. Il en était donc réduit à concevoir l'histoire comme une tradition écrite et par suite à admettre à peu près sur le même rang le mythe, la légende et l'histoire. En général, il ne semble pas moins assuré des faits qui se sont passés il y a plusieurs millénaires que de ceux dont il a été témoin (1).

B. *L'Histoire ancienne*. — Quand il s'agit d'histoire ancienne écrite ou à peu près par des contemporains quelque vingt ou quelque cent ans après l'événement, quelle fut l'idée la plus ordinaire que les chroniqueurs se firent de l'histoire? Certes chez les

---

(1) Le P. Lagrange dit lui-même que l'histoire primitive biblique n'a pas la physionomie de l'histoire proprement dite, *La Méthode historique*, p. 199, et affirme qu' « il n'y a aucun inconvénient à donner à l'histoire primitive son caractère propre, quoiqu'il n'ait pas été suffisamment compris des anciens », *loc. cit.*, p. 219. Toutefois, après de telles déclarations, l'auteur ne semble pas vouloir appliquer cette vue au récit de la chute originelle? *Loc. cit.*, p. 185. N'est-ce point faire du dogme un principe de discernement et d'interprétation littérale?

Romains du temps des Césars on eût difficilement reçu pour histoire les fables primitives, surtout lorsqu'elles étaient trop mêlées de mythes. Cependant le mythe survivait encore dans les conceptions religieuses de l'époque et pour un rationaliste comme Lucien ou Cicéron on eût trouvé vingt Valère Maxime ou vingt Hérodote.

Les mythes tendent alors à perdre tout crédit historique ; mais ils sont toujours reçus par le peuple, propagés par l'enseignement religieux, et l'atmosphère de merveilleux, qui se perpétue ainsi, véhicule encore des lambeaux mythologiques. Les Synoptiques ne sont pas exempts d'influences de ce genre, les circonstances de la naissance et de la mort de Jésus, sont inspirées par d'autres vies divines mais évidemment mythiques.

Quand aux légendes, elles sont monnaie courante chez les historiens des entours de l'ère chrétienne et par suite les auteurs des Synoptiques n'ont pas eu grand'peine à les adapter à leurs pieux récits. Lors de la naissance du Christ, la venue des mages, l'approche et le chant des anges, l'adoration des bergers relèvent de la légende (1). L'histoire ancienne ne semble donc pas conçue autrement que l'histoire primitive ; mais les auteurs de cette dernière sont devenus plus susceptibles et élaguent volontiers ce qui leur semble par trop invraisemblable. Le fond de leur conception est demeuré identique : L'histoire, c'est ce qui se raconte. On retrouve encore cette idée de l'histoire durant tout le Moyen-Age et jusqu'aux approches des temps modernes.

---

(1) Cf. P. Saintyves, *Les Vierges Mères et les Naissances Miraculeuses*, P., 1908, in-12, ch. IX. *L'idéalisation de la naissance du Christ*, p. 237-268.

En présence de semblables récits, le rôle de l'historien est fort délicat, il ne s'agit plus de tout accepter ou de tout rejeter en bloc mais de discerner et de faire la part du mythe, de la légende et de l'histoire. Il y a beaucoup de chances, il est vrai, pour qu'au terme de cette analyse la plupart des miracles se soient évanouis.

Nous avons reconnu trois sortes d'histoires : primitive, ancienne et moderne. La première comporte une plus ou moins grande part de mythologie. Parmi les traditions qu'elle enchâsse, certaines d'entre elles supposent des croyances qui pour être abolies au moment de leur rédaction n'en ont pas moins constitué jadis l'atmosphère religieuse des très incultes humanités. L'histoire ancienne n'admet plus guère la vraisemblance historique des mythes mais elle abonde en légendes et le merveilleux qu'elle accepte est désormais à base plus ou moins historique. L'histoire moderne tend à éliminer tout merveilleux, on le rencontre encore mais à l'état erratique. Il pourrait se reconnaître aux formules qui l'introduisent dans le récit ; l'auteur, devenu plus scrupuleux ou plus soucieux de vraisemblance, met de tels récits au mode impersonnel : On dit ; on rapporte... (1).

Il ne faudrait point croire cependant que ces trois sortes d'histoires sont nettement différenciées. Ces distinctions, à peu près vraies, lorsqu'il s'agit d'histoire profane, ne le sont plus du tout dans le domaine de l'histoire religieuse. L'hagiographie et les chroniques ecclésiastiques du Moyen-Age, même des temps mo-

---

(1) Les écrivains ecclésiastiques emploient souvent cette façon de parler ; mais ils ont soin de la placer sous la sauvegarde de la religion : *Une pieuse tradition raconte que...* Cf. L'appréciation de M. P. Sabatier dans *Tractatus de Indulgentia S. M. de Portiuncula*, 1900, in-8°, p. xxx.

dernes, surabondent en légendes. Les vies successives de saint François Xavier se sont progressivement enrichies de fictions, voire de miracles éclatants tels que guérisons d'incurables et résurrections de morts.

Si nous rencontrons des miracles ou des faits merveilleux dans l'histoire religieuse moderne, ancienne ou primitive, aurons-nous donc le droit de les ramener indistinctement à des mythes ou à des légendes, ainsi que le pensait Renan ? Il n'en est rien. On serait conduit ainsi à rejeter presque toute l'histoire des Trembleurs des Cévennes, toutes les guérisons opérées au tombeau du diacre Pâris. Ces conséquences inadmissibles nous font pressentir que nous pourrions de la sorte défigurer non seulement l'histoire moderne, mais même l'histoire ancienne et l'histoire primitive. Renan ne me semble pas y avoir échappé.

Il y a des règles qui président à cette analyse des documents. Quand il y a pluralité de récits, leur comparaison et leur classement chronologique peut suffire à déterminer leurs développements successifs. D'autres fois, un texte unique permet de retrouver l'expression métaphorique (1), ou le jeu de mot po-

(1) Le miracle résulte fort souvent du tour et du ton du récit. On peut en juger par le document hagiographique suivant que nous citons d'après les *Analecta Bollandiana* : « In medio mari; irruerunt super nos procella et tonitrua et fulgura per noctem. Atque navis in eo fuit ut mergeretur terrebanturque omnes qui aderant. Tunc episcopus benedixit aquam eamque in mare proiecit. Continuo facta est tranquillitas et omnes qui in navi erant eum ut hominem sanctum venerari cœperunt. » Et le Père Poncelet d'ajouter : « Quel est, pense-t-on, le personnage mis en scène dans ce récit de couleur si archaïque? Un thaumaturge semi-légendaire naviguant sur quelque mer indécise, au temps de saint Phocas ou de saint Syméon du Mont-Admirable? Non, c'est un digne prélat oriental de l'époque moderne, en route vers Marseille, trois quarts de siècle avant Fulton. Ce passager providentiel est Néophytos, évêque de Saïdnaia, mort à Rome, le 19 février 1731, d'un accident survenu au Corso où il s'était arrêté un instant pour voir l'entrée de l'ambassadeur de Malte. » *Analecta Bollandiana*, t. XXVII, 1908, p. 85.

pulaire qui fut le point de départ de l'interprétation miraculeuse. En l'absence de ces indications textuelles, il faut procéder à une enquête de provenance, soit par l'étude des mythologies voisines, soit par celle du folklore des peuples qui furent en rapport avec la nation du rédacteur à l'époque où il écrivit. Certes, l'historien mythologue ou folklorisant ne devra point se contenter d'analogies lointaines, il lui faudra retrouver les traits essentiels ou les détails significatifs qui emportent la conviction (1). Ces analogies ne doivent pas être forcées, mais capables de frapper tout esprit non prévenu. Parfois la parenté de détails sera telle que l'on sera contraint de s'écrier : Ces choses-là ne s'inventent pas deux fois. D'autres fois, les traits essentiels des récits légendaires ou mythiques analogues se retrouvent si semblables dans tous les récits apparentés que l'on est presque forcé de leur donner une commune explication même s'il n'y a pas d'emprunt historiquement constaté. On leur attribuera en toute sécurité un même mécanisme de formation et de développement.

Cela seul qui résistera à ce double effort d'analyse et de comparaison pourra être considéré comme véritablement historique.

---

(1) Un catholique écrit à ce sujet :
« Sans contester que l'appréciation subjective joue nécessairement quelque rôle dans ces recherches délicates, il existe une sorte de *Grammaire de l'assentiment* dont les règles doivent dominer les conjectures particulières. Dans une large mesure, cette *Grammaire aprioristique* est confirmée par l'expérience : le contrôle, sans doute est souvent impossible; mais il y a des cas nombreux où les indices externes ou bien défendent toute affirmation d'emprunt, lorsque, par exemple, on compare le *Pentateuque* et le *Rig Veda*, ou bien ratifient les arguments d'ordre littéraire qui militent en faveur de l'emprunt — comme c'est le cas pour les parallélismes de la légende postérieure de *Krsna* et des *Evangiles apocryphes*. » L. de La Vallée-Poussin. *Le Bouddhisme et les Evangiles canoniques* dans *Revue Biblique*, Paris, 1906, p. 356.

CHAPITRE VI

LA CRITIQUE RÉELLE

1° *La critique de sincérité.*

Le critique qui se croit en présence d'un véritable morceau d'histoire va-t-il dès lors admettre comme tels tous les miracles qui y sont rapportés ? Non pas.

« A l'heure présente et pour beaucoup d'esprits, écrit Mgr Mignot, les miracles sont plutôt un obstacle à croire qu'un moyen de croire. L'intelligence moderne, façonnée dans le moule soi-disant scientifique, devenue très exigeante en fait de démonstration, se trouve plutôt mal à l'aise en face d'un miracle. Chez ceux-là mêmes que le surnaturel n'effraie pas, on devine une gêne, une hésitation, une incertitude, un pourquoi, un peut-être. Tandis que les âmes simples et droites n'éprouvent aucune difficulté à admettre les faits miraculeux, d'autres âmes non moins chrétiennes mais plus raisonneuses, se demandent si les faits allégués comme miraculeux ont été bien vérifiés, si un contrôle a été exercé sur les témoins, si ces témoins, quelque sincères qu'on les suppose, n'ont pas été dupes de leur imagination, de leur sensibilité, de leur crédulité, de leur ignorance des lois de la nature (1). »

Aujourd'hui, tout le monde est d'accord pour demander que les témoins soient exacts et sincères. Tandis que Hume et Renan exigent que l'on s'assure qu'il y

---

(1) Mgr Mignot, *L'Apologétique contemporaine*, dans *Revue du Clergé*, t. XXIV, p. 575.

ait eu de leur part ni illusion ni imposture, les théologiens de toutes les églises, qui s'appuient sur de semblables faits, s'efforcent d'établir que leurs témoins ne furent ni trompeurs ni trompés.

Une première question se pose ou du moins a été posée : Peut-on croire des témoins qui attestent des miracles ? Hume rejetait le miracle comme ne pouvant jamais s'appuyer sur des témoignages sérieux et suffisamment autorisés. Selon lui, l'historien devrait nier *a priori* la valeur de tout récit miraculeux.

« Il n'y a point de témoignage assez fort, écrivait-il, pour établir un miracle, à moins que ce témoignage ne soit de telle nature que sa fausseté serait plus miraculeuse que le fait qu'il doit établir. Quelqu'un me dit qu'il a vu un mort ressuscité : je considère immédiatement lequel des deux est le plus probable, ou que le fait soit arrivé comme on le rapporte, ou bien que celui qui le rapporte se soit trompé, ou veuille tromper les autres; *je pèse ici un miracle contre l'autre;* je décide de leur grandeur; et je ne manque jamais de rejeter le plus grand. C'est uniquement lorsque la fausseté du témoignage serait plus miraculeuse que le fait raconté, ce n'est, dis-je, qu'alors que le miracle a droit de captiver ma croyance et d'entraîner mon opinion (1). »

On pourrait croire tout d'abord que notre philosophe admet des cas tels que l'imposture ou l'erreur des témoins serait plus miraculeuse que n'importe quel miracle. Il n'en est rien.

« Dans le raisonnement qui précède, ajoute-t-il, nous avons supposé que le témoignage sur lequel le miracle est fondé pourrait faire une preuve complète, et que la fausseté de ce témoignage pourrait devenir une espèce de

---

(1) Hume, *Essai sur le miracle*, dans *Œuvres phil.*, Londres, 1788, II, 24.

prodige. Mais il est aisé de faire voir que nous avons trop accordé et qu'il n'y a point d'exemple dans l'histoire qu'un évènement miraculeux ait été établi sur une aussi parfaite évidence (1). »

« Supposons, ajoute-t-il, que tous les écrivains de l'histoire d'Angleterre s'accordassent à dire que la reine Elisabeth mourut le 1er janvier 1500; qu'elle fut vue devant et après sa mort par ses médecins et par toute sa cour, comme l'usage le veut pour les personnes de son rang, que son successeur fut reconnu et proclamé par le Parlement et qu'après avoir été enterrée durant l'espace d'un mois, elle reparut, se remit en possession de son trône et gouverna l'Angleterre pendant trois ans. J'avoue que je serais surpris du concours de tant de circonstances étranges sans cependant me sentir la moindre inclination à croire à un évènement aussi miraculeux. Je ne douterais ni de la prétendue mort de cette reine, ni des circonstances publiques qui l'auraient suivie; je me contenterais de soutenir que cette mort n'était que feinte et qu'elle n'était ni ne pouvait être réelle. En vain m'objecterait-on la difficulté, l'impossibilité même de tromper le monde dans une affaire de cette importance; en vain ferait-on valoir la sagesse et l'intégrité de cette grande reine, le peu d'avantages, qu'elle eût pu recueillir d'un si pitoyable artifice, ou même d'une entière inutilité. Tout cela serait capable de m'étonner, mais *je répondrais encore que la fourbe et la folie des hommes sont des évènements si communs, que j'aimerais toujours mieux attribuer à leur concours les évènements si extraordinaires, que d'admettre une si singulière violation des lois de la nature* (2). »

Ce septicisme, vis-à-vis de tous témoignages humains, est aussi irrecevable que la crédulité d'un saint Thomas d'Aquin.

(1) Hume, *Essai sur le miracle*, dans *Œuvres phil.*, Londres, 1788, II, 25.
(2) Hume, *Essai sur le miracle*, dans *Œuvres phil.*, Londres, 1788, II, 28-29.

La tradition dominicaine rapporte que ce docteur, « sur l'invitation malicieuse d'un mauvais plaisant, sortit de sa cellule pour voir un bœuf qui volait. — Voyez donc, frère Thomas, un bœuf qui vole ! — Et le pauvre grand homme de répondre au railleur : — J'aime mieux croire qu'un bœuf vole que de supposer qu'un religieux peut mentir. Cela va loin (1) ».

Certains chrétiens, semblables en cela à saint Thomas, ne manqueront pas de rejeter toutes nos inductions antérieures sous prétexte que nous avons emprunté nos exemples aux livres sacrés. « Nous ne consentirons jamais, nous diront-ils, à prêter des mensonges à l'Esprit saint. » « Autant vaudrait dire qu'un catholique peut être obligé, dans l'intérêt de la foi, à défendre l'historicité de textes qui ne sont pas historiques. Tactique dangereuse et dont il serait superflu d'apprécier la moralité. Les conditions du témoignage sont ce quelles sont, et l'historien, catholique ou non, ne peut pas les changer. Si les récits ne sont pas historiques, comment justifier l'affirmation de leur historicité ? S'ils ne sont que douteux, comment les fera-t-on passer pour certains ? Qui empêchera la critique indépendante de prouver à tout venant qu'ils ne sont pas suffisamment garantis ?...

« La foi peut aider à mieux entendre les témoignages des évangélistes ; mais on ne voit pas qu'elle puisse en interdire la discussion. Elle ne pourrait craindre cette discussion que si elle n'était pas sûre d'elle-même, c'est-à-dire si elle n'était pas la foi mais une attitude politique à l'égard de la croyance (2). »

Tous les textes, même ceux qui se présentent comme inspirés, doivent donc être soumis à l'examen de la

---

(1) R. P. Lagrange, *La méthode historique*, p. 119.
(2) A. Loisy, *Etudes bibliques*, 3ᵉ éd., Paris, 1903, in-8°, p. 39-40.

critique de sincérité et l'affirmation de leur caractère inspiré pas plus que celle du caractère miraculeux des faits qu'ils supportent ne permettent de préjuger leur véracité.

Il faut examiner les faits dans le détail. On est tenté parfois d'arguer en faveur d'un texte, ce qu'on appelle « l'accent de sincérité » ou « l'impression de vérité ». « C'est une impression presque irrésistible ; mais ce n'en est pas moins une illusion. Il n'y a aucun critérium extérieur de la sincérité ni de l'exactitude. L'*accent de sincérité* c'est l'apparence de la conviction ; un acteur, un menteur d'habitude l'auront plus facilement en mentant qu'un homme indécis en disant ce qu'il croit. La vigueur de l'affirmation ne prouve pas toujours la vigueur de la conviction, mais seulement l'habileté ou l'effronterie (1). »

On ne peut se fier à ce genre d'impression, l'accent qui ne trompe pas, n'est pas inimitable. On en est donc réduit, à propos de chaque texte, à passer en revue la liste des intentions qui auraient pu entraîner un auteur à mentir. N'est-ce pas ce que nous avons déjà fait lorsque nous nous sommes interrogés sur la part de fiction que comportent les divers genres littéraires, y compris l'histoire ? Dans un certain sens, oui ; mais il n'y a pas là, à proprement parler, insincérité. Il n'y a que des façons plus ou moins libres de peindre, de chanter, ou de conter les évènements.

L'insincérité est ordinairement motivée soit par l'intérêt (crainte ou profit), soit par des sentiments (amour ou haine). Les motifs de la seconde catégorie sont les plus nombreux et sont rarement tout à fait désintéressés, qu'ils se rapportent aux individus ou aux collectivités, nation, province, associations, syn-

---

(1) Langlois et Seignobos, *Introduction*, p. 136.

dicats, etc..., ou qu'ils découlent des doctrines politiques ou religieuses que l'auteur professe : royalisme, républicanisme, christianisme, judaïsme, etc., etc.

Notre Moyen-Age n'a pas ignoré les miracles racontés dans un but intéressé. Les vies de saints, ornées de prodiges d'emprunt ou même totalement inventés dans l'intérêt d'un sanctuaire, ne sont point des raretés insignes. Celles qui furent enrichies des dépouilles d'autrui pour l'amour d'un saint ou pour la gloire d'un clocher sont encore plus nombreuses.

En général, tous les pieux récits, toutes les vies saintes, voire divines, par le seul fait qu'elles ont visé à la glorification religieuse d'une personne ou d'une doctrine ou des deux à la fois, même si elles n'obligent pas au soupçon commandent cependant d'être plus sévère lorsqu'il s'agira de la critique d'exactitude.

Hume, parlant de cette résurrection supposée d'une reine d'Angleterre, ajoutait :

« Enfin, si ce miracle était attaché à un système de religion, les hommes de tous les âges ont été trompés par tant de ridicules histoires de ce genre que *cette seule circonstance serait une preuve complète de fausseté frauduleuse;* elle suffirait à tous les hommes sensés pour rejeter le fait, et le rejeter même sans examen ultérieur. La toute-puissance de l'Être auquel on attribue ici le miracle n'augmente en rien sa probabilité, puisque nous ne connaissons les attributs et les actions de cet Être que par l'expérience qui nous découvre ses ouvrages dans le cours ordinaire de la nature. Nous voici donc encore réduits aux observations du passé et à comparer les exemples de la violation de la vérité dans les témoignages humains avec ceux de la violation des lois de la nature par les miracles. Et ce n'est que de cette façon que nous pouvons déterminer ce qui est le plus vraisemblable. *Or, comme la violation du vrai est plus commune dans les témoignage rendus aux miracles religieux qu'en toute autre chose, leur autorité en souffre une diminution considérable.* Et nous sommes portés par là à prendre la résolution générale de ne leur jamais prêter la moindre attention, quelque spécieux que soient les prétextes dont on voudrait les colorer (1). »

On ne saurait méconnaître la valeur de cette argumentation et nier la forte impression qu'elle laisse dans l'esprit, et pourtant on sent tout de suite qu'elle excède. Elle peut entraîner l'historien à prendre une *résolution générale* parfaitement déraisonnable et comme l'on dirait aujourd'hui, hypercritique (2).

C'est, nous l'avons vu, ce qui est arrivé à Hume au sujet des miracles opérés au cimetière de Saint-Médard par l'intercession du diacre Pâris. Or, précisément ces miracles furent allégués en faveur d'une doctrine religieuse, la doctrine janséniste. L'argumentation du célèbre sceptique est donc inacceptable. Mais nous devrons cependant lui concéder que le miracle, par le seul fait qu'il est tendancieux, nous donne droit à une grande sévérité dans l'examen de sa réalité.

(1) *Essai sur le miracle* dans *Œuvres philosophiques*, II, 32.
(2) « Qu'un homme soit abusé par des apparences plus ou moins spécieuses, ou qu'il cherche lui-même à nous tromper s'il a intérêt à le faire, cela est beaucoup plus probable que l'exactitude d'un rapport qui implique quelque chose de merveilleux. Mais si, en des temps et des lieux divers, beaucoup d'hommes ont vu la même chose ou des choses semblables, si leurs récits se multiplient et s'accordent entre eux, l'improbabilité qui les écartait diminue et peut finir par disparaître. » E. Salverte, *Des Sciences occultes ou Essai sur la magie, les prodiges et les miracles*. Paris, 1829, I, 11-12.

CHAPITRE VII

LA CRITIQUE RÉELLE (*Suite*)

2° *La critique d'exactitude.*

Il ne suffit pas d'être assuré qu'un historien n'avait pas de raisons de nous tromper. Il faut encore vérifier l'exactitude de ses diverses affirmations. Lorsqu'un témoin nous rapporte sincèrement un fait, il peut cependant nous induire en erreur s'il a été victime d'une imposture ou d'une apparence. Cette possibilité de fraude ou d'illusion semble d'ailleurs s'accroître lorsqu'il s'agit du miracle. Nous sommes, par suite, conduit à nous poser une question préliminaire. Les faits miraculeux qui nous ont été rapportés sont-ils recevables, si tous ceux que nous pouvons étudier de près s'expliquent par une crédulité que l'on a abusée, lorsqu'elle ne s'est point elle-même abusée ?

« Une règle absolue de la critique, écrivait Renan, c'est de ne pas donner place, dans des récits historiques, à des circonstances miraculeuses. *Cela n'est pas la conséquence d'un système métaphysique. C'est tout simplement un fait d'observation. On n'a jamais constaté de faits de ce genre. Tous les faits prétendus miraculeux qu'on peut étudier de près se résolvent en illusion ou en imposture.* Si un seul miracle était prouvé, on ne pourrait rejeter en bloc tous ceux des anciennes histoires ; car, en admettant qu'un grand nombre de ces derniers fussent faux, on pourrait croire que certains sont vrais. Mais, il n'en est pas ainsi. *Tous les miracles discutables s'évanouissent.* N'est-on pas autorisé à conclure de là que les miracles qui sont éloignés de nous par des siècles, et sur lesquels il n'y a pas moyen d'établir de débat contradictoire, sont aussi sans réalité ? En d'autres termes, il n'y a de miracle que quand on y croit, ce qui fait le miracle c'est la foi. Le catholicisme, qui prétend que la force miraculeuse n'est pas encore éteinte dans son sein, subit lui-même l'influence de cette loi. Les miracles qu'il prétend faire ne se passent pas dans les endroits où il faudrait. Quand on a un moyen si simple de se prouver, pourquoi ne point s'en servir au grand jour ? Un miracle à Paris, devant des savants compétents mettrait fin à tant de doutes ! Mais hélas ! voilà ce qui n'arrive jamais. Jamais il ne s'est passé de miracle devant le public qu'il faudrait convertir, je veux dire devant les incrédules. La condition du miracle, c'est la crédulité du témoin. *Aucun miracle ne s'est produit devant ceux qui auraient pu le discuter et le critiquer. Il n'y a pas à cela une seule exception.* Cicéron l'a dit avec son bon sens et sa finesse ordinaires : « Depuis quand cette force secrète a-t-elle disparu ? Ne serait-ce pas depuis que les hommes sont devenus moins crédules (1)

... Le miracle n'est pas l'inexpliqué : c'est une dérogation formelle au nom d'une volonté particulière à des lois connues. Ce que nous nions, ce sont des interventions particulières, comme celle d'un horloger qui aurait fait une horloge fort belle, il est vrai, à laquelle cependant il serait obligé de temps en temps de mettre la main pour suppléer à l'insuffisance des rouages. Que Dieu soit en toute chose, c'est justement notre théorie; nous disons seulement qu'aucune intervention particulière d'une force surnaturelle n'a été constatée. Nous nions la réalité du surnaturel particulier jusqu'à ce qu'on nous ait apporté un fait de ce genre démontré (2). »

Partant de ces principes fondés, dit-il, sur l'observation, Renan s'efforce de réduire les miracles du

(1) *De Divinatione*, II, 57.
(2) E. Renan, *Les Apôtres*, Paris, in-8°, p. XLIII-XLVII. On retrouve une note analogue dans *Souvenirs d'enfance et de jeunesse*, P. s. d. C. Lévy, in-8°, p. 238; 282-283; 337-338.

Nouveau Testament à ce que peut en supporter un cerveau moderne : « il cherche à les expliquer, à les ramener à des légendes (1) ».

Ce n'est pas, dit-il, mutiler les faits au nom de la théorie; c'est partir de l'observation même des faits... Aucun miracle ne s'est produit devant une réunion d'hommes capables de constater le caractère miraculeux d'un fait. *Ni les personnes du peuple, ni les gens du monde ne sont compétents pour cela.* Il y faut une grande précaution et une longue habitude des recherches scientifiques. De nos jours, n'a-t-on pas vu presque tous les gens du monde dupes de grossiers prestiges ou de puériles illusions ? Des faits merveilleux, attestés par des petites villes tout entières, sont devenus, grâce à une enquête plus sévère, des faits condamnables (2). Puisqu'il est avéré qu'aucun miracle contemporain ne supporte la discussion, n'est-il pas probable que les miracles du passé, qui se sont tous accomplis dans des réunions populaires, nous offriraient également, s'il nous était possible de les critiquer en détail, leur part d'illusion (3).

Cela va loin, cela revient à dire : nous avons étudié de près un certain nombre de faits réputés miraculeux et nous n'avons jamais découvert que l'imposture ou l'illusion; donc tous les faits analogues se résolvent de même. On manque ainsi gravement à la quatrième règle de méthode que s'était imposée Descartes : *Faire partout des dénombrements si entiers et des revues si générales que je fusse assuré de ne rien omettre.* Ce que Renan appelle un fait d'observation est le résultat d'une observation incomplète. Nous avons vu, en effet, que certains faits rapportés

---

(1) *Vie de Jésus*, Paris, 1867, in-8°, Introduction, p. xcv.
(2) *Gazette des tribunaux*, 10 septembre et 11 novembre 1851; 28 mai 1857.
(3) *Vie de Jésus*, Paris, 1867, in-8°, Introduction, p. xcv-xcvi.

comme miraculeux pouvaient se réduire simplement à l'inexpliqué. Les guérisons opérées jadis au tombeau de saint Louis, les guérisons qui se produisent aujourd'hui à Lourdes ne pourraient être traitées en bloc d'illusion ou d'imposture. Autrefois on voyait des impostures dans l'anesthésie des possédés ; on eût volontiers comparé les faits de ce genre à certains tours de bateleurs piétinant des fers rouges ou mangeant des étoupes enflammées. Jusqu'à ces dernières années on traitait volontiers d'illusions dues à des hallucinations, les cas de lévitation que relate la vie de saints personnages. On tend aujourd'hui à les recevoir pour vrais et l'on s'efforce d'en donner l'explication. Un prêtre, dans une thèse sur le miracle, les a présentés comme des faits extraordinaires mais conformes aux lois de la nature.

L'observation sur laquelle prétend s'appuyer Renan n'est donc pas exhaustive et son raisonnement est par suite insuffisant. Mais, chose curieuse, les défenseurs des miracles n'ont pas manqué d'en prendre le contrepied sans se douter qu'ils retombaient dans un autre sophisme. On ne le formule pas d'une façon abstraite, il apparaîtrait trop évidemment tel, il s'étale cependant audacieusement dans la défense du fait de la résurrection de Jésus.

La résurrection du Christ, dit-on, est véritable à moins qu'elle ne soit illusion ou imposture. On montre assez facilement que les apôtres ont dû être sincères ; mais cela fait, la difficulté commence. Il faut choisir entre la réalité et l'illusion.

Comme on ne peut donner une rigoureuse démonstration historique de ce miracle éclatant, on en est arrivé à écrire : « Si la résurrection du Christ est une illusion, la persistance de cette illusion est unique dans l'histoire, et elle-même est un miracle (1). »

Le sophisme est évident. La propagation du christianisme n'est pas plus miraculeuse dans un cas que dans l'autre puisque, dans les deux hypothèses, les apôtres croyaient à cette réalité. D'autres fois, le sophisme ne s'étale point avec cette simplicité, il s'enveloppe. On écrit : Le succès de l'Évangile et le développement de l'Église est un miracle qui dépasse tous les autres si le Christ n'est pas ressuscité. Cependant, encore une fois, ne suffit-il pas que les Apôtres aient cru ? Et la foi sincère n'est-elle pas contagieuse ?

Pour juger sainement de l'exactitude des attestations de miracles, choisir entre la réalité, l'imposture et l'illusion, il faut se reporter aux temps où ces sortes de faits se seraient produits. Lorsqu'en des temps ordinaires et dans des conditions vraiment quelconques, il y a beaucoup à parier pour la fausseté des prodiges que l'on nous rapporte, il n'en est pas de même dans les temps de grande fermentation religieuse ou s'il s'agit de milieux mystiques comme les écoles de prophètes chez les juifs, les monastères chrétiens, les pèlerinages aux sanctuaires de toutes les religions et de tous les temps.

Sans nous arrêter à ces derniers cas, il nous faut insister sur ce que nous avons appelé les temps de grande fermentation religieuse. Ce sont des moments propices aux impostures et aux illusions; mais ils ne le sont pas moins aux épidémies mystiques de foi, d'apostolat, de prière et d'extase.

Ce sont généralement des époques désolées où rè-

---

(1) L. de Gerdtell, *Les miracles du Nouveau Testament sont-ils suffisamment documentés?* Lausanne, Paris, 1906, in-8°, p. 40.

gnent la misère et la tyrannie; le malheur des temps prépare alors les peuples à de vastes et chimériques espoirs; les bornes de la crédulité reculent avec celles de l'humiliation et de la douleur. Il est trop facile, hélas! en de semblables conjonctures, d'abuser la faible et dolente humanité.

L'histoire du Moyen-Age, soit après l'invasion des Normands, soit après l'interminable guerre anglaise, est des plus fertiles en impostures, faux actes, faux serments, fausses histoires, fausses chartes, faux miracles. Et cela s'explique par de longues années, infertiles en terrestre bonheur. L'hypocrisie alors triomphe, s'étale et gouverne. Cependant la guerre de Cent ans avait fait fleurir une figure incomparable : Jeanne d'Arc, messie patriotique absolument pur et désintéressé. En face d'un Pierre Cauchon et des ministres qui signèrent sa mort, la Pucelle, cette faible fille des champs inspirée par la voix de ses saintes, par les cris de son cœur, trouve des traits d'une si sublime simplicité que dans ses réponses nous sentons passer Dieu.

Lorsque l'on parle des miracles du christianisme, on néglige trop volontiers de rappeler les circonstances troublées dans lesquelles il naquit. Les Juifs, réduits en esclavage par les Césars romains, étaient dans l'attente poignante d'un Sauveur. Anxieux, ils interrogeaient tous les horizons de l'espoir. Ils attendaient un messie guerrier envoyé par Iahvé et chargé par lui d'expulser l'étranger. Ce fut Jésus qui vint. Il n'apportait point le glaive attendu; mais il savait que la fin de ce monde de rapines et de conquêtes était proche. Il annonçait la fin des royautés terrestres, l'avènement du royaume de Dieu. Les plus désespérés, ceux qui avaient renoncé à tout espoir de délivrance, se rattachèrent à cet ultime espoir et l'Eglise naquit. Tout cela ne se fit point sans miracles ni prodiges et ceux qui ne comprendront point qu'il y eut autre chose que des illusions et des prestiges dans ce remuement d'âmes, dans ce mouvement d'un peuple de désespérés vers la céleste et définitive espérance, ceux-là feront bien de renoncer à comprendre quoi que ce soit à de telles floraisons.

Est-ce à dire que nous devons accepter tous les faits miraculeux rapportés dans les Evangiles sans les soumettre aux règles de la critique d'exactitude? Il n'en est rien, mais il faut le faire sans préjugés d'aucune sorte.

Les rédacteurs des Evangiles semblent avoir été sincères ; mais ils ont pu s'abuser et voir des miracles où il n'y avait que des manifestations rares, dues à l'influence d'une foi religieuse et d'un entraînement mystique qui, en dominant l'âme et l'esprit, les rendaient moins susceptibles de critique et les inclinait trop à prendre leurs désirs pour des réalités. Au reste, aucun des quatre Evangiles ne fut rédigé par un témoin immédiat.

L'exactitude historique n'est pas ce qu'un vain peuple pense, c'est chose rare (1). Nombre d'hommes instruits et intelligents, même parmi ceux qui se sont adonnés à l'histoire, travaillent mal :

(1) « Des gens ignorants et sans esprit scientifique qui disent faux sur ce qu'ils ont vu, pas sûrs pour cela qu'ils soient des imposteurs. Les Théologiens à gros sabots le répètent, mais c'est une erreur, ou plutôt une indélicatesse. L'imagination chez ces hommes est si dominante, si vague, si facile à changer ses rêves en réalité (conception et perception). C'est comme nous dans le rêve, ils sont eux, dans un rêve perpétuel, un peu plus réel. Voyez, par exemple, la fable de Joinville, sur le Nil et l'Egypte (*Histoire de saint Louis*, éd. N. de Wailly, p. 103). Il l'a vu pourtant. Est-ce un imposteur, le bon Joinville qui oncques ne mentit? Non, mais l'imagination croit avoir vu vingt fois plus qu'elle n'a vu : on est le premier trompé. » E. Renan, *Nouveaux Cahiers de Jeunesse*, 1846, P. C. Lévy, 1907, in-8°, p. 41.

« Leurs catalogues, leurs éditions, leurs registres, leurs monographies fourmillent d'imperfections et n'inspirent point de sécurité : quoi qu'ils fassent, ils n'arrivent jamais, je ne dis pas à une correction absolue, mais à un degré de correction honorable. Ils sont atteints de la « maladie de l'inexactitude », dont l'historien anglais Froude présente un cas très célèbre, vraiment typique. J.-A. Froude était un écrivain très bien doué, mais sujet à ne rien affirmer qui ne fût entaché d'erreur; on a dit de lui qu'il était *constitutionnally inaccurate*. Par exemple, il avait visité la ville d'Adélaïde, en Australie : « Je vis, dit-il, à nos pieds, dans la plaine, traversée par un fleuve, une ville de 150.000 habitants dont pas un n'a jamais connu, et ne connaîtra jamais la moindre inquiétude au sujet du retour régulier de ses trois repas par jour »; or, Adélaïde est bâtie sur une hauteur; aucune rivière ne la traverse; sa population ne dépassait pas 25.000 âmes et elle souffrait d'une famine à l'époque où M. Froude la visita. Ainsi de suite. M. Froude reconnaissait parfaitement l'utilité de la critique et il a même été un des premiers à fonder en Angleterre l'étude de l'histoire sur celle des documents originaux, tant inédits que publiés, mais la conformation de son esprit le rendait tout à fait impropre à la purification des textes : au contraire, il les abîmait, involontairement, en y touchant (1). »

M. Langlois conseille aux gens atteints de cette sorte de daltonisme mental ou maladie de Froude de ne point exercer la profession d'érudit. Mais quand nous ne connaissons un fait que par un seul témoignage, qui nous dit que nous avons affaire à un témoignage exact ? Il y a, d'autre part, des maladies analogues qui déforment tout ce que regardent ceux qui en sont atteints. Ils rappellent les gens qui ont absorbé du *semen contra* et pour qui le monde entier apparaît coloré en vert. Les émotions religieuses produisent des intoxications

(1) Langlois et Seignobos, *Introduction*, p. 101-102.

de ce genre et créent une véritable maladie de Froude.

La simple foi, même calme, se fait volontiers illusion à elle-même, et elle est si peu exigeante en matière de preuves, qu'on pourrait se demander parfois jusqu'à quel point elle a souci de la vérité. Souvent elle se fait des preuves suivant son besoin et elle s'y repose avec autant d'assurance que si elle ne les avait pas elle-même créées. Nos évangélistes étaient des croyants absolus, qui n'écrivaient pas pour faire admettre aux autres certaines choses dont ils n'auraient pas été sûrs eux-mêmes; cependant ils ont *arrangé* les récits de la passion et de la résurrection et à un tel point que la somme d'*irréel* n'est guère inférieure à ce qu'elle aurait pu être dans le cas de fausseté réfléchie et délibérée. La sincérité n'est pas d'abord entière, mais on a vite fait de passer outre aux objections de la raison : cela dut être, donc cela fut ; on le dit, et quand on l'a dit une fois, on le croit (1).

Si, d'autre part, les phénomènes dit miraculeux se sont produits au milieu d'une foule, il faut tenir compte des entraînements extraordinaires auxquels elles sont sujettes. « Il est à peu près impossible, au moins pratiquement, que les témoins se bornent à raconter sans interpréter. Tout langage implique interprétation. Percevoir, observer, c'est toujours construire une théorie. Au fond de ce qui à première vue semble donnée pure, l'analyse critique discerne sans peine l'influence des postulats plus ou moins inconscients, l'intervention de formes préconçues, mille jugements spontanés. D'Instinct, l'homme explique à mesure qu'il enregistre et l'explication qu'il tente réagit sur l'enregistrement qu'il opère. En un mot, le fait brut est presque in-

---

(1) A. Loisy, *Études Bibliques*. Introd., p. 534-36, et *Autour d'un petit livre*, p. 40-45.

saisissable au sens commun naïf (1). » C'est bien autre chose lorsque les cris de la foule, les mouvements de stupeur, d'admiration, de crainte, et d'exaltation créent une atmosphère affolante, désorientant l'attention en l'attirant simultanément dans vingt directions différentes. De cette tête blême au chapeau enfoncé ; à cette face éclairée, les cheveux dressés sur le chef nu, l'œil va au « miracle », s'en détache, y revient ramené par quelque cri annonçant un détail inexact, et dans cette tourmente, personne ne sait plus au juste ce qu'il voit et cependant une fois le fait accompli, la foule a vu et raconte comme raconte la foule. La vision de chacun se complète alors inconsciemment et la vérité, dans sa précision scientifique tout au moins, devient inatteignable.

Malgré tout, ce sera avec la plus grande prudence qu'un historien rejettera le récit d'un miracle s'il ne trouve point dans les textes eux-mêmes de raisons positives de le faire.

Sans doute les faits miraculeux qui résisteront à cette série d'analyses seront rares. Qu'importe? Solidement établis, ils se présenteront à l'historien comme des faits certains dont il lui faudra en conscience affirmer l'indiscutable réalité.

(1) E. Le Roy. *Essai sur la notion du miracle*, dans *Annales de philosophie chrétienne*, octobre 1906.

CHAPITRE VIII

DE L'UTILISATION DES TÉMOIGNAGES MIRACULEUX OU DE LEUR EXPOSITION HISTORIQUE ET CRITIQUE

Après avoir enfin éliminé les faux miracles, les illusions, les faux témoins, les mythes et les légendes, il reste à traiter le résidu historique de cette longue analyse. Le critique est loin d'avoir achevé sa tâche. Il lui faut encore utiliser les faits désormais acquis et les faire entrer dans le cadre d'une histoire plus ou moins étendue. Il ne peut du moins se dispenser d'en donner une description sérieuse, je veux dire véritablement complète et scientifique.

C'est alors, avons-nous dit, que la part de l'art, du roman ou de la poésie risque de devenir tout à fait prépondérante. Or, c'est précisément ce qu'il faut éviter. Le critique digne de ce nom visera à l'exactitude, et non pas à l'effet, il évitera la rhétorique chère aux prédicateurs de la foi ou de l'incrédulité qui ne manque point d'exagérer affirmations ou négations. Bien plus, il évitera de déformer les faits par un exposé tendancieux. Pour cela, il se défiera des inspirations de sa philosophie et de sa théologie personnelles. Il peut choisir entre trois attitudes et de ce choix dépendra presque entièrement la rigueur de ces reconstructions.

L'attitude théologique. — Les historiens qui adoptent cette première attitude peuvent appartenir à des camps philosophiques assez variés : thomisme, traditionalisme, fidéisme, immanentisme, etc., etc.; mais ils s'accordent tous en un point essentiel. La raison seule ou aidée par la tradition, la foi naturelle, l'action (1), peut connaître avec certitude les motifs de crédibilité de la révélation ; bien plus, les miracles et les prophéties sont des faits rapportés par l'histoire et sont par suite certains d'une certitude historique.

En réalité, une semblable doctrine est imposée à l'historien par ses convictions religieuses. Les miracles en tant que ce sont des faits relèvent de la critique historique. Celle-ci peut affirmer après examen des témoignages : ce fait s'est bien réellement produit, celui-là, non. Mais ce n'est plus le rôle de l'historien de décider si ce fait qui a paru jadis merveilleux, qui le paraît peut-être encore, est vraiment surnaturel. Le miracle comme tel est en dehors des atteintes de l'histoire et ne relève point de ses méthodes.

Cependant l'historien, plié à l'attitude théologique, est incapable de dissocier les deux points de vue et dans la pratique il ne manquera point d'exposer le fait merveilleux en soulignant, en exagérant même tous les traits qui pourraient le faire paraître plus inexplicable et plus miraculeux. C'est l'apologétique et la théologie installées dans l'histoire et commandant en maîtresses dans un domaine où elles n'ont rien à faire.

Ne devinez-vous pas de suite les dangers d'une semblable attitude ? Sous l'influence d'une telle discipline, on aboutit aux plus extraordinaires crédulités. N'est-ce point pour faire paraître plus grand le miracle de la propagation du christianisme que l'on voit

---

(1) M. Blondel écrit : « Le principe de la synthèse n'est ni dans les faits seuls ni dans les idées seules, il est dans la Tradition qui résume en elle les données de l'histoire, l'effort de la raison et les expériences accumulées de l'action fidèle. » *Histoire et dogme*, p. 53, et encore : « L'essentielle vérité du catholicisme, c'est l'incarnation des idées dogmatiques dans les faits historiques. » *Ibid.*, p. 57.

les légendaires apostolicistes admettre des récits invraisemblables, emplis de miracles empruntés ou inventés (1), que l'on étale et que l'on proclame comme un mendiant ses plaies.

Cette attitude mérite le nom d'hyperhistorique. Il y a en effet surcroît, et involontairement, en voulant faire saillir le miracle, on sera tenté d'y ajouter quelque chose qui, certes, pourra embellir le récit, provoquer l'étonnement et peut-être la foi des simples mais qui sera contraire à la vérité et pourra ruiner la foi des moins crédules.

Le P. de Smedt écrit : « Nous pourrions citer plus d'un exemple dans l'histoire ecclésiastique où des questions de faits ont été résolues *a priori* par l'application d'un principe de théologie plus ou moins certain. Rien de plus funeste à l'esprit critique que cette déplorable méthode. Elle aveugle souvent bien plus encore que les affections les plus ardentes, et le mal est d'autant plus grave que le calme et la logique, avec lesquels on avance dans les déductions, donnent une paix trompeuse à la conscience de l'écrivain et en imposent facilement au lecteur trop confiant qui l'a pris pour guide. Cependant, pour peu que le principe soit faux ou mal entendu, tout l'édifice des conclusions sera ruineux (2). »

Même parmi les écrivains catholiques qui s'efforcent de fonder l'apologétique sur la tradition ou sur l'action, je n'en connais guère qui ne prétendent imposer

---

(1) Sur la valeur des traditions des églises particulières, consulter : R. P. de Smedt, *Principes de critique historique*, Liège, 1883, in-12, p. 173-176, et sur les traditions apostolicistes. A. Houtin, *La controverse de l'apostolicité des églises de France*, Paris, 1890, in-12.

(2) R. P. de Smedt, *Principes de critique historique*, Liège, 1883, p. 37-38.

à l'historien la tâche de l'apologiste (1). C'est là une erreur dangereuse. L'historien, qui prétend pleinement à ce titre et qui entend faire œuvre de science dans la mesure où le permettent les facultés humaines, ne doit songer qu'à la vérité proprement historique. Après avoir critiqué les faits, il doit nous montrer leurs enchaînements. Rien de plus. Il doit laisser à l'homme spirituel le soin de reconnaître son bien où il le trouve. Lui se comporte comme un cinématographe faisant défiler à son heure le miracle, sans le voiler, sans le grossir. Et ce serait le grossir que de négliger d'en donner les explications saisissables, omettre d'en exposer les antécédents qui le feraient comprendre.

L'attitude naturaliste. — Les historiens naturalistes n'admettent ni le surnaturel, ni le miracle. Il y a parmi eux des gens qui viennent d'horizons assez divers : les uns, athées ou panthéistes, nient Dieu ou tout au moins un Dieu créateur et personnel, les autres

(1) Cf. M. Blondel, *Histoire et Dogme*. Montligeon, 1904, grand in-8°, *passim*, et spéc., p. 65. « Ce qui demeure inébranlable, c'est la vérité de ce prodige : la pureté miraculeusement obtenue et préservée de la foi au Seigneur et Créateur, la ferveur prophétique de l'attente du Messie, la réalisation divinement déconcertante de la grande promesse du Sauveur et du grand espoir des âmes. » Nombre d'historiens à l'encontre de M. Blondel ont cru entrevoir une explication du monothéisme d'Israël dans son esprit d'exclusivisme national qui lui fit rejeter les dieux voisins; d'aucuns en plus grand nombre voient dans l'attente du Messie le cri d'une nation opprimée et ne se résignant pas à l'oppression. Ce royaume de Dieu et cette fin du monde qui forment la substance prophétique de l'enseignement de Jésus, leur réalisation *déconcertante* sont pour beaucoup, non pas un miracle, mais une objection contre la divine science du Christ. Quant à la propagation du Christianisme et au développement de l'Église que l'on présente comme le miracle des miracles, ils ont leur analogue dans la formation de toutes les grandes religions. Ce qui frappe, c'est la disproportion du point de départ et du point d'arrivée. Entre la personne du Bouddha et les 300 millions de sectateurs qui croient en lui, n'y a-t-il pas une disproportion flagrante surtout si l'on songe au néant du nirvana final.

déclarent Dieu et les causes surnaturelles inconnaissables. Enfin, parmi ceux qui admettent Dieu et la création, il en est qui nient la possibilité du miracle. Toutes ces opinions philosophiques s'accordent sur cette thèse : il n'y a point de miracle connaissable.

Et sans doute cette dernière assertion est défendable; mais, fût-elle démontrée, elle n'a pas à intervenir dans l'examen critique des faits historiques. Ce que d'aucuns appellent miracle peut n'être qu'un fait naturel assez singulier, la question de sa réalité historique ne doit se trancher que par des raisons purement historiques. Ce ne semble pas toujours le cas.

Un apologiste protestant remarque : « On dit toujours qu'il faut s'approcher des miracles du Nouveau Testament *sans parti pris;* par où en entend d'habitude qu'il faut avoir, de prime-abord, la conviction philosophique de l'impossibilité du miracle. Il est important que, dans ce cas, l'adversaire avoue franchement n'être pas sans parti pris. Sa position dogmatique lui interdit, en effet, un examen tranquille de la documentation historique. En tant qu'historien, nous n'avons pas à décider ce qui, philosophiquement parlant, est possible ou ne l'est pas (1). »

Un philosophe catholique écrit de son côté : « Parler de mythes, de légendes, d'allégories pris peu à peu au pied de la lettre, j'accorde que cela suffira dans certains cas. Mais toujours ? C'est la question même. Au fond des exégèses qui s'inspirent de cette méthode, il y a comme principe recteur plus ou moins secret, pour fixer les indéterminations, pour résoudre les myriades de petits problèmes que soulèvent les textes, pour rendre les probabilités concourantes et assurer

---

(1) L. de Gerdtell, *Les miracles du Nouveau Testament sont-ils suffisamment documentés*, Lausanne, Paris, 1906, in-8°, p. 9.

leur convergence, il y a une conviction préconçue de l'impossibilité du miracle. Sans cette répugnance *a priori*, je me demande si l'on conclurait toujours de même (1).

Certes, comme nous l'avons vu, l'historien est en droit de rechercher si le fait miraculeux ne se réduit pas à une allégorie, à une légende ou même à un mythe, bien plus, c'est même son devoir rigoureux. Qu'il montre à la base de toutes les déformations analogues le fait naturel plus ou moins inexplicable qui leur a donné naissance, rien de mieux.

Mais, il peut se laisser entraîner à faire davantage. Persuadés que le surnaturel et le miracle n'existent point, il sera tenté de nier tout ce qui lui paraîtra encore inexplicable dans l'état actuel de la science. Cette attitude ne fut point inconnue des Grecs.

« Comment a-t-on pu s'imaginer que Glaucos, le pêcheur, s'était transformé en dieu marin ? C'est que Glaucos, habile plongeur, un jour au fond de la mer, fut dévoré par un monstre. Comme on ne le vit plus reparaître à la surface, on crut qu'il avait voulu rester dans les flots, où depuis ce temps-là il passa son existence, pareil à un dieu de la mer. Autre exemple : La vierge arcadienne Callisto, dit la légende, fut changée en ourse. Palæphatos sait qu'il n'y a rien de vrai dans cette histoire; il connaît et il raconte ce qui s'est passé. Une fois, Callisto, étant en chasse, arrive seule dans une gorge sauvage où elle rencontre une ourse qui se jette sur elle et la met en pièces. Les chasseurs ses compagnons, ne la voyant pas revenir, s'approchent de l'endroit où elle s'était dirigée, et à la vue de l'animal, ils se persuadent que la jeune fille a pris cette forme nouvelle (2). »

(1) Ed. Le Roy, *Essai sur la notion du miracle*, dans *Annales de Philosophie chrétienne*, octobre 1906, p. 29-30.
(2) P. Decharme, *La critique des Traditions religieuses chez les Grecs*, Paris, 1904, grand in-8°, p. 406.

Eichorn et Paulus, à l'imitation de Palæphatos, dénaturant les traditions grecques, ont défiguré les récits évangéliques en voulant les rendre vraisemblables.

« Prenons par exemple le récit de l'Evangile le récit de l'Evangile sur le jeûne que Jésus aurait prolongé durant quarante jours. A en croire les rationalistes, *quarante* était un nombre rond pour signifier plusieurs jours, ou bien cette abstinence ne fut pas complète et n'exclut pas les herbes, les racines... Les autres faits merveilleux de la vie de Jésus s'expliquaient d'une manière analogue. La lumière céleste des bergers de Bethléem ne fut ni plus ni moins qu'une lanterne qu'on leur porta aux yeux... Quand on raconte que Jésus marcha sur la mer, cela veut dire qu'il rejoignit ses disciples à la nage ou en marchant sur le bord. Une autre fois, il calma la tempête en saisissant le gouvernail d'une main ferme. La multiplication des pains s'explique par des magasins secrets ou par des provisions que les auditeurs avaient dans leurs poches. Les anges de la résurrection ne furent autre chose que des linceuls blancs, que les pieuses femmes prirent pour des êtres célestes. L'ascension fut de même réduite aux proportions d'un fait naturel par l'hypothèse d'un brouillard à la faveur duquel Jésus s'esquiva adroitement et se sauva de l'autre côté de la montagne (1). »

Ces façons cavalières de faire rentrer dans le rang les faits extraordinaires sont inadmissibles. On amoin-

---

(1) E. Renan, *Etudes d'histoire religieuse*, in-8°, p. 144-145. L'opinion d'Eichhorn, qui voit dans l'arbre du bien et du mal un arbre vénéneux, eût mérité d'être soulignée par Renan. Cf. Eichhorn, *Repertorium für biblische und morgenländische Literatur*, 1779, t. IV, p. 200-203. Certains commentateurs catholiques, tel que le R. P. de Hummelauer, n'ont pas échappé à cette tendance. A propos de la femme de Loth, « le célèbre exégète imagine que dans l'effroyable bouleversement des choses, la malheureuse femme emportée par une vague, roulée dans une eau très salée, recouverte d'écume et de sel, n'a plus apparu aux yeux troublés de son mari que comme une masse de sel confuse ». R. P. Lagrange, *loc. cit.*, p. 203.

drit, on dissimule tout ce qu'ils ont de singulier, tout ce qui les fait paraître impossibles ; mais n'est-ce point faire passer l'histoire entière dans le lit de Procuste. Certes, tout se simplifie ; mais selon les vues et la méthode de M. Homais (1).

« Dans la solution des problèmes d'un ordre aussi élevé, écrivait Renan, l'hypothèse surnaturelle et les hypothèses naturelles trop simples (celles du XVIII° siècle par exemple), où tout est réduit aux proportions d'un fait ordinaire d'imposture ou de crédulité, doivent être également repoussées. On me proposerait une analyse de Jésus, au delà de laquelle il n'y aurait plus rien à chercher, que je la récuserais ; sa clarté même serait la meilleure preuve de son insuffisance (2). »

Ces paroles sont judicieuses ; mais elles laissent encore supposer que si la théologie et la philosophie brutale ne sauraient gouverner l'histoire, ce pourrait bien être le rôle d'une philosophie plus raffinée. Il nous reste à montrer qu'il n'en est rien.

L'attitude critique ou historique. — Entre ces minimistes et ces maximistes ne peut-on concevoir une attitude qui ne soit commandée ni par des principes religieux, ni par des principes irréligieux, mais uniquement par un amour passionné de la vérité historique (3).

« Un historien sans parti pris est celui dont le jugement scientifique n'est influencé par aucune thèse pré-

---

(1) Cette attitude est en réalité des plus naïves ; rejeter d'un récit les parties miraculeuses pour en recevoir le reste, est un procédé trop commode. Ce n'est pas ainsi qu'un critique opère le départ de la légende et de l'histoire.

(2) E. Renan, *loc. cit.*, in-8°, p. 199-200.

(3) L'expression est du P. de Smedt, *Principes de critique historique*, Liège, 1883, in-12, p. 17. Il ne croit pas d'ailleurs que la vérité historique puisse être en opposition avec la vérité révélée, p. 20.

conçue, par aucun préjugé religieux, ou antireligieux, mais uniquement par la documentation bonne ou mauvaise d'un fait historique. Il faut s'approcher des miracles du Nouveau Testament tout comme si notre enquête portait sur la crucifixion de Jésus ou les voyages missionnaires de Saint-Paul (1). » Cette conception de l'histoire, et spécialement de l'histoire des miracles, constitue précisément la caractéristique de l'Ecole critique.

Le parti-pris se manifeste surtout chez les partisans d'une philosophie de l'histoire théologique ou rationaliste. Ils entendent les uns et les autres nous montrer les causes dernières, la loi suprême des évènements : loi Providentielle ou loi de l'Evolution, Dieu ou le Progrès. En voulant faire éclater le finalisme qui gouverne l'humanité ils assument inconsciemment une sorte de charge prophétique et négligent le but véritable de la science qui est d'établir les liaisons immédiatement atteignables des faits.

L'historien critique se défie de toute téléologie laïque ou religieuse; il ne poursuit point la recherche aventureuse des causes finales, redoutant l'*a priori* qu'elles insinuent lentement et incessamment dès les opérations de la critique textuelle jusqu'aux opérations de la synthèse historique. En histoire comme ailleurs, les causes doivent être reléguées au rang des idoles scolastiques. Le savant ne doit connaître que des faits antécédents et des faits conséquents, rien de plus. Pour écrire l'histoire il ne faut pas avoir de philosophie de l'histoire.

Parmi les tenants d'une telle histoire on trouve des incrédules mais aussi des croyants. C'est ainsi que l'on a vu des protestants s'efforcer d'écrire une his-

---

(1) L. de Gerdtell, *loc. cit.*, p. 9.

toire impartiale des papes, ou des catholiques, une histoire sereine du protestantisme (1). Mais lorsqu'il s'agit des faits fondamentaux d'une religion, du christianisme par exemple, le disciple du Christ qui prend une telle attitude apparaît à ses coreligionnaires comme coupable de trahison. C'est ce qui est arrivé à M. Loisy (2) ; il s'est vu répudié à la fois par tous les tenants divers de l'attitude théologique.

Sans doute il est difficile à l'homme de s'élever au-dessus de ses passions ; même et surtout peut-être de ses passions saintes. Sans doute il faut un détachement non commun pour s'élever au-dessus du diorama gigantesque de l'histoire chrétienne et le considérer dans la gravité sereine d'un homme qui aurait aboli en son cœur et les haines et les amitiés particulières. Cependant telle est la loi de l'histoire.

Cette nécessaire indépendance effraie les chrétiens lorsqu'il s'agit des Évangiles. Les Bollandistes contemporains pratiquent cette méthode sur le terrain hagiographique avec une sûreté, une honnêteté qui fait le plus grand honneur à l'école de Bruxelles. Se soucieraient-ils de soumettre les Synoptiques à la même intraitable critique ? J'aurais grand peur de les voir se récuser et qu'interrogés sur les livres de l'abbé Loisy ils répondissent aux indiscrets : Nous ne nous occupons des miracles qu'après l'Évangile. Le mot est d'un historien catholique éminent et qu'ils ont souvent loué dans leurs *Analecta*.

---

(1) Cardinal A. Perraud, « *De l'impartialité en histoire surtout en histoire religieuse* », dans *Le Correspondant*, juillet 1898, signale l'impartialité des Hurter, des Vogt et des Rank.
(2) Il écrivait encore à la fin de 1906 : « J'ai toujours pensé et je pense encore, que ce qui est faux en histoire est faux partout; ce que j'ai toujours demandé, d'ailleurs inutilement, aux théologiens, était de vouloir bien ne pas trancher au nom de leurs principes *a priori* les questions de fait qui relèvent de la critique historique. » *Revue d'Hist. et de Litt. Relig.*, Paris, 1906, p. 578.

Le R. P. Lagrange a promis de nous expliquer comment la méthode historique, qu'il applique d'ailleurs avec toutes sortes de réticences à l'Ancien Testament ne convient en aucune façon au Nouveau. On se rappelle sans doute cet étrange Post-scriptum à l'Avant-propos de son petit livre sur *La méthode historique*. « Au moment de donner le bon à tirer (2 février 1903), je crois devoir rappeler que le livre de M. Loisy, *L'Evangile et l'Eglise*, n'a paru qu'après que ces conférences ont été données. On verra assez que si la méthode historique est recommandée des deux côtés avec des formules semblables, il y a des différences radicales dans la manière d'envisager le Nouveau Testament. J'espère m'en expliquer plus tard (1). »

C'est ainsi que l'attitude théologique laisse son pli même chez les historiens ouverts et avisés. Mais vouloir ne pratiquer la méthode historique que pour les faits qui précèdent ou suivent le temps du Messie est

---

(1) Il s'en est expliqué depuis et la raison qu'il en a donnée, est qu'il ne faut pas inquiéter la masse des croyants en faveur de quelques âmes troublées. *Bulletin de Litt. ecclés.*, Janvier 1904, p. 6. Mais attaqué à son tour par les intransigeants qui entendent que la critique n'a pas le droit de s'exercer au sujet des livres inspirés, il répond au P. Delattre : « Ces problèmes (ceux que posent l'Ancien Testament), il faut les résoudre sous peine d'abandonner beaucoup de consciences à une douloureuse anxiété. » *Eclaircissements sur la méthode historique*, p. 105. — Le R. P. Lagrange semble croire que, seuls, les miracles de l'Ancien Testament inquiètent l'esprit moderne; c'est mal connaître son temps. Au reste, on peut discerner dans ces explications hésitantes, j'allais dire contradictoires, un aveu de la nécessité d'employer la méthode critique aussi bien pour le Nouveau que pour l'Ancien Testament. Mais l'Index est toujours prêt à interdire, le Saint-Office toujours prêt à condamner, et à distance, ce post-scriptum semble dicté par la prudence ecclésiastique. Il est vrai que les Delattre, les Hetzenhauer sont là. Ils eussent sans doute souhaité que l'on accordât l'Imprimatur au *Pentateuque* du R. P. Ce livre leur eût été une proie et une joie. Cf. A. Houtin, *La question biblique au XX⁰ siècle*, Paris, 1906, in-8°, sur le Père Lagrange, p. 159-107; sur les RR. PP. Delattre et Hetzenhauer, p. 209-217.

une attitude inconséquente et qui ne pourra pas se soutenir encore longtemps.

Essayons donc sans distinction de livres, inspirés ou non, de déterminer avec précision quel sera le devoir de l'historien en présence des livres sacrés : *Avesta, Ancien et Nouveau Testament, Coran*, etc., ou des simples légendes hagiographiques qui rapportent des faits miraculeux.

Lorsqu'un historien aborde un évènement ou un personnage considérable, que fait-il ? Il s'efforce d'en montrer les origines, de décrire les circonstances qui contribuèrent à leur développement ; mais ce n'est pas tout. Après avoir ainsi encadré le personnage ou l'évènement qu'il veut faire revivre en reconstituant sa genèse, en le replaçant dans son milieu il s'applique à le singulariser. Il ne saurait oublier, en effet, que l'histoire n'est pas une science, dans le sens ordinaire du mot ; il n'y a de science que du général, que de ce qui est susceptible de se répéter ou d'être reproduit *ad libitum*. L'histoire est une connaissance des faits individuels et singuliers. Si donc l'historien négligeait de montrer dans un homme l'originalité de sa pensée, de son cœur, de son énergie, il faillirait à tous ses devoirs. Il pourrait nous montrer une sorte d'homme anonyme et moyen mais il ne nous peindrait, par ce procédé, ni Bossuet, ni Napoléon. Il en est évidemment de même pour les évènements. Les actions historiques comme les actes ordinaires peuvent être considérés soit sous l'aspect qui les rend semblables à d'autres, soit sous l'aspect qui les fait uniques (1). Chaque évènement a sa figure personnelle, sa physionomie particulière et si l'explication qu'on en donne était poussée jusqu'à épuisement, il est assuré

---

(1) Cf. P. Lacombe, *De l'histoire considérée comme science*, Paris, 1894, in-8°, voir tout le chapitre I.

que tout le singulier aurait été oblitéré comme à la main et de parti pris.

Que devra donc faire l'historien quand il s'agira pour lui d'exposer des faits réputés miraculeux ? Il devra s'appliquer à faire voir comment ils ne semblent pas impossibles, comment dans une large mesure ils peuvent recevoir une explication, soit qu'ils aient des analogues, soit que les récentes interprétations scientifiques semblent pouvoir s'y adapter.

Avec non moins de soin, le critique sérieux s'appliquera à souligner ce qui reste en eux et malgré tout de singulier et d'inexpliqué. Il n'oubliera pas que l'histoire est une science du particulier et indiquera les conséquents prodigieux de même que les antécédents ordinaires d'un fait réputé miraculeux.

L'historien doit procéder comme le naturaliste. L'historien du miracle doit imiter le tératologiste qui s'adonne à l'étude des monstres ou des singularités. Dans sa description, il devra n'omettre aucun détail, même s'il lui paraît indifférent. La médecine et surtout la pathologie médicale est également une étude de cas anormaux. Combien de fois n'est-il pas arrivé qu'un détail insignifiant aux yeux de celui qui enregistre une observation singulière permît plus tard à une science plus avancée de définir à quelle maladie on eut alors affaire. C'est ainsi que l'exactitude des grands peintres italiens, lorsqu'ils peignirent les possédés, en reproduisant les bubons des aisselles, permit aux neurologistes modernes d'y reconnaître avec assurance des hystériques caractérisés.

L'historien doit étudier la Bible et en utiliser les témoignages sans intention de prouver quoi que ce soit ; mais simplement pour mettre les faits dans tout leur jour et faire saillir aussi bien leur banalité que leur originalité. La Bible ne doit pas être pour lui un arsenal de miracles démonstratifs, mais un texte rapportant des faits. Toutes les recherches historiques tendront à déterminer la nature des récits qui les rapportent : allégorie, mythes, légendes, mauvaises ou bonnes observations, mais sans aucun souci apologétique.

Dans le récit biblique l'exposé des faits et le jugement qu'en porte le narrateur se confondent; mais cette confusion pardonnable chez des écrivains anciens, ne saurait être admise chez un critique moderne. Le fait, c'est la réalité qui constitue l'histoire et c'est la seule chose sur laquelle on interroge le critique; le jugement qui qualifie ces faits de miraculeux est d'ordre théologique et ce n'est plus l'affaire de l'historien.

Sans doute les théologiens naturalistes ou surnaturalistes ne manqueront pas qui, après la lecture d'un exposé critique consciencieux de tel ou tel miracle, déclareront les uns qu'il n'y a point là de miracle, les autres qu'il est patent. Les uns s'attacheront aux essais d'explication; les autres au signalement des singularités; ils feront œuvre de théologiens et leurs appréciations seront autant de jugements théologiques. Aujourd'hui, lorsqu'il s'agit de canoniser un saint, l'avocat du saint joue le rôle du théologien surnaturaliste, l'avocat du diable celui du théologien naturaliste; enfin il est réservé à une congrégation de théologiens de décider en dernier ressort : tel fait peut être ou n'être pas tenu pour miraculeux. Il est vrai que par une sorte d'inconséquence, l'Eglise demande aux fidèles d'être les juges de miracles anciens assez mal attestés et leur refuse aujourd'hui de se prononcer sur ces matières lorsqu'il s'agit de quelque merveille contemporaine.

L'historien, conscient des limites de sa méthode, ne se prononcera donc pas plus sur les miracles anciens que sur les miracles modernes. Une seule chose le préoccupera : donner l'idée juste des faits, les faire bien voir en les éclairant d'une pleine lumière soit par l'évocation des analogues, soit par la notation de leurs singularités. Un seul mot résumera son programme : l'exactitude. Persuadé que la critique lui permet de se prononcer sur la vérité des faits il n'oubliera point que porter un jugement sur leur nature c'est faire de la théologie ou de la métaphysique. Sans abandonner ses droits à cet égard, il se gardera bien d'en user lorsqu'il prétendra faire œuvre d'historien.

Peut-être l'accusera-t-on d'indifférentisme ? Ce sera pour lui le juste témoignage de son indépendance scientifique. Si d'autre part il est croyant, il pourra répondre avec Lenain de Tillemont : « Le critique chrétien doit se contenter de chercher la vérité des faits, et pourvu qu'il la trouve, il ne craint pas que l'on en abuse, étant certain que la vérité ne peut être contraire à la Vérité ni par conséquent à la piété qui doit être fondée sur la vérité (1). »

(1) *Mémoires pour servir à l'Histoire ecclésiastique durant les six premiers siècles*, Paris, 1701, t. I, p. VIII-IX. — Je pense que ces considérations constituaient par avance une réponse suffisante à ce propos plus zélé que subtil de Mgr Batiffol : « Si nous abordons « la critique sacrée », cette exégèse, cette hagiographie, dont la critique simonienne entend faire une science autonome affranchie de toute spéculation théologique, la tâche de l'historien va se compliquer de la question du surnaturel. Le surnaturel historique est-il ou n'est-il pas toujours une formation légendaire? Il faut que vous preniez parti et par suite que vous fassiez rentrer dans l'histoire une « spéculation théologique », ou si vous la réservez indéfiniment, que vous condamniez indéfiniment à une équivoque votre conscience d'historien. » P. Batiffol, *A propos de Richard Simon*, dans *Questions d'Ens. Sup. Ecclésiastique*, P., 1907, p. 295-296.

CONCLUSION

LES MIRACLES BIBLIQUES

Lorsqu'il s'agit des preuves de la vraie religion, non seulement nous pouvons, mais nous devons être sincères. Les miracles de l'Ancien et du Nouveau Testament constituent l'une de ces preuves et nous devons par conséquent n'accepter que ceux qui sont établis d'une façon rigoureuse. Mais la critique historique nous permet-elle d'en conserver un grand nombre ?

La critique de sincérité nous oblige à dénoncer l'incertitude historique des miracles contenus dans les livres pseudépigraphes ou apocryphes. Le *Pentateuque*, *Josué*, les *Juges*, *Daniel*, pour ne citer que ceux-là, doivent être récusés lorsqu'ils attestent des faits miraculeux. Ainsi de ce seul chef, tous les miracles de Moïse et nombre de miracles parmi les plus éclatants sont retranchés du faisceau de la preuve miraculeuse.

La critique littéraire nous a contraint d'éliminer tous les miracles qui sont rapportés par des poèmes, des romans, des recueils de moralités ou des traités de théologie, *Job*, *Tobie*, *Jonas*, le *Quatrième Evangile* ne présentent, en effet, aucune garantie d'historicité. Tous les miracles rapportés par ces seuls livres doivent donc être encore détachés du groupe des miracles apologétiques. Ainsi tombent deux des plus grands miracles de Jésus: la guérison de l'aveugle-né et la résurrection de Lazare.

Ce n'est pas tout, nous avons vu que les livres qui se présentent comme historiques, même s'ils peuvent être réputés pour authentiques, doivent encore être soumis à la critique textuelle, à la critique de provenance, à la critique d'interprétation et à la critique d'exactitude.

Le seul usage de la critique textuelle nous mène à rejeter l'historicité du miracle de l'Ascension qui n'est point rapporté pas les plus anciens manuscrits (1).

Si nous appliquons la critique de provenance aux livres des Rois, aux Paralipomènes et aux Synoptiques, nous sommes astreints à nier la valeur historique de maints récits miraculeux qui ne sont évidemment que des citations de seconde ou troisième main ou manifestement légendaires. Les récits de l'enfance de Jésus appartiennent sans aucun doute à cette dernière catégorie.

Enfin, connaissant par la critique d'interprétation l'incertitude relative de l'histoire ancienne (et toute l'histoire biblique non primitive rentre dans cette catégorie) il nous reste à soumettre les livres proprement historiques à la critique d'exactitude. C'est le moment d'être prudent et d'observer toutes les règles de cet art difficile. La valeur historique de chaque récit miraculeux demande un examen individuel. Les raisons techniques doivent être seules décisives ; mais, en cas d'incertitude, la vraisemblance peut servir de guide.

Il y a là, si l'on veut, trois règles qui dominent tous

(1) Il y aurait bien à dire sur l'ascension. Un groupe de témoins ne le mentionnent pas dans Luc, xxiv, 51; d'autres témoins anciens le contiennent. Y a-t-il eu omission d'un côté ou addition de l'autre ? L'addition est plus probable, pour conformité avec les *Actes*. Mais tout le monde n'en convient pas. L'objection radicale et décisive contre l'ascension est que Luc (ou l'auteur des *Actes*) est seul à la signaler, tandis que Paul et les autres évangélistes conçoivent les choses tout autrement.

les problèmes historiques auxquels collaborent l'histoire et la science.

Prenons par exemple les guérisons de l'Evangile. On sait les difficultés que fait le bureau des constatations à Lourdes ou la congrégation chargée à Rome de la canonisation des Saints pour recevoir les guérisons miraculeuses.

A Lourdes, tout au moins, on exige, de celui qui se prétend guéri, un certificat de diagnostic précisant la maladie dont il était atteint. Ce premier certificat permet d'éliminer tous les malades relevant de la pathologie nerveuse. Un ex-possédé se verrait impitoyablement éliminé par le directeur du bureau des constatations. L'hystérie et ses formes caractérisées relèvent trop évidemment de la thérapeutique mentale. Pour la guérison de maladies appartenant à une autre catégorie on ne manque jamais, nous dit-on, de s'assurer que la guérison a été définitive et ne s'est point bornée à une passagère amélioration.

En fut-il de même à l'époque des Evangiles ? Evidemment non ! Est-ce une raison, parce que les croyants des origines, de même que leurs contemporains, ignorèrent ces méthodes prudentes, pour rejeter les guérisons évangéliques ? Nous ne le pensons point.

Mais, tandis que le bureau de Lourdes écartera les guérisons des maladies nerveuses parce qu'elles peuvent être obtenues par la suggestion, ce sera pour nous une raison qui militera en faveur de l'historicité des guérisons évangéliques.

Un second exemple va préciser notre pensée. Examinons le cas des aveugles guéris par Jésus.

Il est certain que les maladies d'yeux, dont parlent les évangélistes, sont fort mal diagnostiquées et le Dr Boissarie écarterait certainement de semblables

guérisons sous prétexte que ces cas de cécité pou-
raient bien n'être que de simples ophtalmies, ces maladies étant d'ailleurs fort communes en Orient. Il
ajouterait, sans doute, que les guérisons n'ont pas été
contrôlées de manière à établir qu'il n'y a pas eu de
rechute.

Pour nous, reprenant les détails des récits sacrés,
nous remarquerons qu'ils donnent l'impression d'une
sorte de traitement populaire analogue à celui que devaient pratiquer les guérisseurs grecs ou syriens.

« On présente à Jésus un aveugle, au lieu de le guérir
à l'instant, il l'emmène hors de la bourgade. Là, il oint
ses yeux de salive, il pose ses mains sur lui; après quoi, il
lui demande s'il voit quelque chose. L'aveugle répond qu'il
voit marcher des hommes qui lui paraissent comme des
arbres : Sur quoi, jugeant que la première opération n'est
pas suffisante, Jésus la recommence et enfin l'homme
guérit.

Une autre fois, au lieu d'employer de la salive, il la
délaye avec de la terre.

On est quelque peu étonné de voir cette méthode employée par un Dieu. Pourquoi ces reprises ? pourquoi ces
ingrédients ? Ces difficultés sont d'ailleurs secondaires et
s'évanouiraient vite si l'on pouvait attribuer quelque efficacité à un semblable traitement (1). »

On est, en effet, tenté de dire : ou Jésus agissait
comme Dieu et alors à quoi bon cette sorte de mise
en scène et d'hésitation ? ou Jésus a guéri ces aveugles,
en employant de vieilles recettes humaines et tout
s'explique.

Or, précisément, nous retrouvons ce procédé dans
de très vieilles traditions grecques et de plus les Grecs

---

(1) J.-J. Rousseau, *Lettres écrites de la montagne*, Amsterdam,
1764, in-12, I, p. 95, note.

modernes le pratiquent encore avec succès sous forme de léchage. Le Dr G.-A. Costomiris, professeur agrégé, à Athènes, dans une note intéressante sur cette méthode empirique, lue, en 1888, au congrès français d'Ophtalmologie, disait : « Depuis sept ans, dans plusieurs cas de taies de la cornée, de kératites panneuses et parenchymateuses, d'ulcères chroniques et dans un cas de kératoconus ce procédé m'a donné des résultats fort satisfaisants. »

Les guérisons d'aveugles rapportées par l'Evangile semblent peut-être moins merveilleuses dans le voisinage de ces guérisons analogues ; mais elles gagnent en vraisemblance, et comme elles font partie de récits insuffisamment rigoureux, elles bénéficient d'une plus grande certitude.

Ainsi donc, les neuf dixièmes des miracles bibliques, sans qu'on puisse nier leur réalité, ne peuvent être considérés comme vraiment historiques. Dans le groupe historique formé par l'autre dixième, il n'y en a guère de véritablement certains si l'on s'en rapporte à la seule histoire. Il est vrai que la science moderne, en confirmant leur possibilité, leur rend une probabilité inattendue mais déjà nous entrevoyons que la définition que nous avons donnée du miracle devra se modifier devant les progrès de la science et de ses explications.

DEUXIÈME PARTIE

Le Miracle

ET LA

Critique Scientifique

« La science ignore le surnaturel elle ne le nie ni ne l'affirme, elle ne s'en n'occupe pas Et voilà pourquoi ce savant peut être religieux en pleine sécurité de conscience. Il n'a pas à fermer la porte de son laboratoire quand il entre dans son oratoire. Il n'a pas besoin pour adorer que le merveilleux existe, il lui suffit que tel phénomène naturel ait pour lui, pour sa conscience intime une signification que le monde n'a pas à connaître ». R. ALLIER *Science, Philosophie, Religion* P. 1873, in-8° p. 26-27.

LE MIRACLE ET L'ESPRIT SCIENTIFIQUE

Notre notion actuelle de la science semble, dès l'abord, incompatible avec l'idée du miracle, telle que l'a définie l'enseignement scolastique. La plupart des hommes qui ont reçu quelques notions des sciences modernes admettent en conséquence fort difficilement les récits de faits miraculeux.

Ceux qui savent voir sont unanimes à le proclamer. Mgr Mignot, dans une *Lettre sur l'Apologétique contemporaine*, écrivait : « A l'heure présente et pour beaucoup d'esprits, les miracles sont plutôt un obstacle à croire qu'un moyen de croire. L'intelligence moderne façonnée *dans le moule soi-disant scientifique*, devenue très exigeante, en fait de démonstration, se trouve plutôt mal à l'aise en face d'un miracle (1). » Le R. P. Lagrange disait peu après : « Aujourd'hui moins que jamais, la raison n'est pas portée à admettre une intervention continuelle de Dieu par voie exceptionnelle et miraculeuse (2). »

Un an plus tard, un pasteur protestant, M. Fulliquet, insistait sur l'existence de cette opposition au miracle dans les masses.

« Cette mentalité populaire scientifique qui existe très réellement, qu'il est puéril d'ignorer ou de négliger, qui durera certainement longtemps, a une répugnance instinctive, une répulsion ouverte et marquée pour le miracle. Il suffit qu'une religion se pré-

---

(1) *Revue du Clergé*. T. XXIV, p. 575.
(2) *La Méthode historique*. Paris, 1903, in-12, p. 13.

sente, rattachée à certains faits miraculeux, il suffit qu'un livre sacré relate des évènements miraculeux, il suffit qu'un homme religieux, sous une forme quelconque, retrouve la croyance au miracle, pour qu'il s'élève dans l'esprit de la foule comme un obstacle invincible, une suspicion indestructible et pour que l'évangélisation en soit absolument paralysée. (1). »

Et hier encore, un apologiste catholique d'une haute culture, signalait à son tour l'existence de cette difficulté chez les catholiques instruits :

« Aujourd'hui, disait-il, nous croyons plutôt malgré le miracle, quand nous croyons. On dira peut-être que nous avons tort. Quoiqu'il en soit, c'est là un fait ; la pratique de la science nous a menés là et nous en sommes là, même si nous ne sommes point déterministes, car si nous ne le sommes, tout alors est miracle et c'est comme s'il n'y avait pas de miracle : Aucune obligation ne peut avoir prise sur cet état de choses (2). »

La science condamne-t-elle donc irrévocablement le miracle, et peut-on prévoir avec Renan (3), le jour où la croyance aux merveilles surnaturelles disparaîtra comme la croyance aux farfadets et aux revenants a disparu ?

Tout semble indiquer que l'esprit moderne marche dans ce sens. Mais nous ne pourrons répondre à cette question qu'à la fin de notre quadruple enquête. Pour le moment il ne s'agit que de la seconde : *Le savant*

---

(1) G. Fulliquet. *Les Miracles de la Bible*, p. 3.
(2) Alb. Leclère. *Esquisse d'une Apologétique* dans *Annales de Philosophie Chrétienne*, 1906. T. II, p. 575.
(3) Il y a longtemps déjà qu'il écrivait : « Une très grande partie du peuple n'admet plus le surnaturel, et on entrevoit le jour où les croyances de ce genre disparaîtront dans les foules, de la même manière que la croyance aux farfadets et aux revenants a disparu ». E. Renan. *Souvenirs d'Enfance*. Paris, s. d., in-8', p. XV.

peut-il au nom de la science attester le miracle? ou encore : *Peut-on discerner le miracle par l'emploi des méthodes scientifiques?*

Il suffira, pour répondre clairement, d'examiner tour à tour ce qu'il faut entendre par faits scientifiques, par lois scientifiques et par classifications scientifiques. Le miracle pour être attesté scientifiquement devra réaliser en effet trois conditions : être établi à la façon d'un fait scientifique et à l'encontre des autres faits scientifiques échapper soit aux lois, soit aux classifications scientifiques.

Examinons tour à tour ces trois points essentiels.

CHAPITRE PREMIER

LE FAIT SCIENTIFIQUE

§ 1. — *Le fait scientifique est-il nécessairement un fait expérimental ?*

La science positive reçoit d'ordinaire dans le langage courant, le nom de science expérimentale. C'est là un abus qui n'est pas sans inconvénient. Renan et Littré, qui furent des maîtres parmi les grands esprits de ce temps, se sont laissés prendre à cette duperie de mots. Renan écrivait :

« Que demain un thaumaturge se présente avec des garanties assez sérieuses pour être discuté; qu'il s'annonce comme pouvant, je suppose, ressusciter un mort, que ferait-on? Une commission composée de physiologistes, de physiciens, de chimistes, de personnes exercées à la critique, serait nommée. Cette commission choisirait le cadavre s'assurerait que la mort est bien réelle, désignerait la salle où devrait se faire l'expérience, règlerait tout le système de précautions nécessaires pour ne laisser prise à aucun doute. Si, dans de telles conditions, la résurrection s'opérait, une probabilité presque égale à la certitude serait acquise. Cependant, comme une expérience doit toujours pouvoir se répéter, que l'on doit être capable de refaire ce que l'on a fait une fois, et que dans l'ordre du miracle il ne peut être question de facile ou de difficile, le thaumaturge serait invité à reproduire son acte merveilleux dans d'autres circonstances, sur d'autres cadavres, dans un autre milieu. Si chaque fois le miracle réussit, deux choses seraient prouvées : la première, c'est qu'il arrive dans le monde des faits surnaturels; la seconde, c'est que le pouvoir de les produire appartient ou est délégué à certaines personnes. Mais qui ne voit que jamais miracle ne s'est passé dans ces conditions-là; que toujours jusqu'ici le thaumaturge a choisi le sujet de l'expérience, choisi le milieu, choisi le public; que d'ailleurs le plus souvent c'est le peuple lui-même qui, par suite de l'invincible besoin qu'il a de voir dans les grands événements et dans les grands hommes quelque chose de divin, crée après coup les légendes merveilleuses (1). »

De telles exigences dépassent celles même de la méthode scientifique (2). Il n'est pas nécessaire, pour constater un fait, qu'il soit l'objet d'*expérience* et puisse être reproduit dans les laboratoires. L'astronome se contente *d'observer*. Il ne commande pas aux phénomènes qu'il enregistre et la voûte céleste n'est pas un amphithéâtre pour l'expérimentation.

(1) E. Renan. *Vie de Jésus*. Paris, 1867, in-8°. Introd. p. XCVII-XCVIII. — Même idée dans *Feuilles détachées*. Paris, s. d., in-8°, pp. XVI-XVII, 413 et 416.

(2) « Jamais Renan, écrivait Charles Renouvier en 1897, ne connut assez les limites et la méthode des sciences expérimentales, pour comprendre qu'elles ne vont au fond de rien et qu'il leur est interdit de nier, aussi bien que d'appuyer la solution d'aucun problème philosophique d'ordre général, ou de donner ou de refuser un fondement aux théories de la morale et du droit plus qu'aux croyances surnaturelles. » Cité par F. Brunetière : *Cinq lettres sur Ernest Renan*. Paris, 1904, in-12, p. 34. Voir encore Ch. Renouvier : *Philosophie analytique de l'histoire*. Paris, 1898, in-8°, II, p. 366. — M. Boirac tombe dans la même erreur que Renan quand il veut que l'un des caractères essentiels du fait scientifique soit de « se laisser expérimenter ». *La Psychologie inconnue*, Paris, 1908, in-8°, p. 76. Il écrit néanmoins un peu plus loin : « Pouvons-nous observer et reproduire à volonté tous les phénomènes astronomiques et par exemple le passage de Vénus sur le soleil? Rare ou fréquent, exceptionnel ou habituel, capricieux ou régulier, un fait est un fait; à nous de l'étudier et d'en découvrir la loi. » *Idem*, p. 285. — Anatole France définit quelque part le fait scientifique : « Celui qui peut être reproduit indéfiniment dans les mêmes conditions, ou *prédit mathématiquement avec certitude*. ». J. Bois, *L'Au-delà et les Forces inconnues*, P., 1902, in-12, p. 346. Cette dernière définition n'élimine pas les faits astronomiques, mais elle me semble encore trop étroite. Des faits d'observation (les sciences médicales en fournissent un grand nombre), peuvent fort bien avoir été admirablement observés et ce à reprises nombreuses sans que pour cela nous puissions prédire leur retour de façon mathématique.

Cependant l'astronome affirmera qu'il a vu passer un bolide dont il décrira la trajectoire et l'apparence et personne ne rejettera son dire (1).

La Bible nous raconte quelques évènements astronomiques merveilleux : devons-nous les rejeter par cela seul qu'ils nous ont été présentés comme miraculeux ? Pouvons-nous ajouter foi à l'étoile des mages, au recul du soleil qu'attesta le déplacement de l'ombre sur le cadran d'Achaz ?

Je veux supposer un instant que les textes qui rapportent ces merveilles soient acceptés de tous comme textes historiques. Est-il admissible que les Mages aient vu surgir une étoile ? M. A. France nous fournit la réponse à cette question :

« C'était certes un miracle pour les astronomes du Moyen-Age, qui croyaient que le firmament, cloué d'étoiles, n'était sujet à aucune vicissitude. Mais, réelle ou fictive, l'étoile des Mages n'est plus miraculeuse pour nous qui savons que le ciel est incessamment agité par la naissance et par la mort des univers et qui avons vu en 1866 une étoile s'allumer tout à coup dans la Couronne boréale, briller pendant un mois, puis s'éteindre.

« Cette étoile n'annonçait point le Messie; elle attestait seulement qu'à une distance infinie de nous, une conflagration effroyable dévorait un monde en quelques jours, ou plutôt l'avait autrefois dévoré, car le rayon qui nous apportait la nouvelle de ce désastre céleste était en chemin depuis cinq siècles et peut-être depuis plus longtemps (2). »

L'apparition d'une nouvelle étoile peut donc être scientifiquement constatée, mais peut-on ne pas rejeter le récit qui rapporte le recul de l'ombre sur le

---

(1) Sur la distinction des sciences d'observation et d'expérimentation. C. Flammarion : *L'Inconnu et les Problèmes Psychiques*. Paris, 1904, in-12, p. 244-245.
(2) A. France. *Le Jardin d'Epicure*. In-12, p. 210-211.

cadran d'Achaz ? Qui donc a jamais vu le soleil rétrograder dans sa course ? Les conséquences de l'arrêt ou du recul du soleil eussent d'ailleurs été telles, qu'il ne fût sans doute demeuré personne pour en demander le renouvellement.

Spinosa, qui semble avoir cru à l'historicité du récit des Chroniques, se contentait d'expliquer cette merveille par une parhélie.

Ainsi, sans demander la répétition expérimentale d'un phénomène, on peut être conduit à admettre sa réalité, simplement en lui cherchant des analogues, et il est rare que la recherche soit sans résultat. Le recul du soleil, jadis considéré par les théologiens comme un miracle de premier ordre, c'est-à-dire réservé à Dieu seul, se conçoit par un simple jeu de la lumière dans les nuées (1). Ce ne fut qu'une apparence. Il s'explique plus facilement que l'arc-en-ciel qui fit connaître miraculeusement à Noé l'apaisement de Jéhovah (2).

Les données astronomiques ne sont pas d'ailleurs les seules qui échappent à l'expérimentation. On en peut dire autant pour nombre de phénomènes météorologiques et biologiques. L'incertitude des prévisions relatives au temps ; l'impuissance des médecins pour produire ou pour guérir certaines maladies en sont des preuves éclatantes.

---

(1) Quelques auteurs catholiques ont avancé une semblable explication. Cf. *Des Sciences positives et du Surnaturel*, par L., Paris, 1877, in-8°, p. 119 et suiv.

(2) Le livre dans lequel Marc-Antoine de Dominis, évêque de Spalatro, ébaucha la théorie de l'arc-en-ciel, *De radiis visus et lucis in vitris perspectivis, et iride*, Venise, 1611, ne fut pas sans provoquer quelque scandale. Ce livre fut brûlé avec son corps et ses autres écrits en 1624.

Accordons à Renan et à Littré (1) qu'un fait susceptible d'être reproduit expérimentalement est plus facilement contrôlable qu'un fait d'observation et surtout d'observation intermittente. Mais on ne saurait nier que certains faits de pure observation ne soient parfaitement et rigoureusement attestés (2).

§ 2. — *Les Qualités de l'Observation Scientifique.*

Les croyants, dégagés de l'antique magie, n'ont jamais prétendu que les faits miraculeux soient des faits expérimentaux; mais en revanche tous ou presque tous sont persuadés que quelques-uns d'entre eux sont aussi certains que les plus assurés des faits scientifiques.

Le fait scientifique a une caractéristique que présentent fort rarement les faits miraculeux tels qu'ils nous sont rapportés par les historiens les plus sérieux : le fait scientifique est *précis*. La précision, ou mieux une précision toujours croissante, telle est la carac-

---

(1) Émile Littré s'exprime d'une façon très analogue à celles de Renan dans la préface à sa traduction de Strauss : *Vie de Jésus ou examen critique de son histoire.* Paris, 1836, in-8°. Préface, t. I, pp. II-IX. Il écrivait dans *La Philosophie positive* (t. X, p. 440). « Le parti catholique fait appel au miracle. Je ne dirai certes pas qu'il a tort, cela le regarde. Seulement, qu'il le sache bien, c'est peine absolument perdue auprès des gens qui sont élevés dans la *notion expérimentale de l'ordre naturel et des lois du monde.* Désormais les miracles n'apparaissent plus qu'à ceux qui d'avance croient aux miracles. »

(2) Littré lui-même écrivait : « Je ne donne guère d'attention aux guérisons miraculeuses dont la théologie est aujourd'hui si prodigue que quand elles présentent quelque phénomène médical qu'il me soit possible de ranger à côté d'autres analogues, agrandissant ainsi le champ d'une pathologie où les médecins ont dissipé les erreurs. » *La Philosophie positive*, t. XI, p. 165. Il publia d'ailleurs une étude intéressante dans laquelle, comme plus tard l'école de Charcot, il cherchait à expliquer scientifiquement les miracles produits au tombeau de Saint-Louis : *Un fragment de médecine rétrospective*, dans *La Philosophie positive*, t. V, p. 103.

téristique du fait scientifique. Aussi bien certains savants, tels que M. Le Dantec, soutiennent qu'il ne saurait y avoir de fait scientifique en dehors des faits qui comportent des mesures et par suite une description impersonnelle. Il écrit : « C'est alors seulement que nous avons le droit de parler d'une connaissance scientifique des faits, c'est même là, en quelque sorte, la définition de la science (1). »

Cette définition rigoureuse du fait scientifique exclurait nécessairement le miracle. Mais nous savons que les sciences naturelles, par exemple, nous offrent nombre de faits qui échappent encore à toute mesure et n'en sont pas moins considérés comme scientifiques. Pourtant, même les faits de cet ordre ont ce caractère de comporter une précision bien supérieure à celle des récits miraculeux. Ce sont tout au moins des faits bien observés.

L'exactitude des faits scientifiques dépend de plusieurs conditions : de l'état d'esprit de l'observateur, des circonstances générales de l'observation, enfin de la délimitation des faits eux-mêmes.

L'observation exacte n'est pas à la portée du premier venu : « Pour bien observer il faut une grande étendue de connaissances, il faut être non seulement habile dans la branche que l'on cultive, mais encore dans toutes celles qui peuvent mettre à même d'apprécier, de neutraliser les causes étrangères de per-

---

(1) Le Dantec. *L'Athéisme*. Paris, 1906, in-12, p. 193. Herschell écrivait déjà : « Dans tous les cas qui admettent la numération ou la mesure, il est de la dernière importance d'obtenir des nombres précis... Mais ce n'est pas seulement à préserver d'évaluations inexactes que sert la précision numérique; *elle est véritablement l'âme de la science.* » *Discours sur l'étude de la philosophie naturelle*, § 515, et E. Rabier notait encore : « La science tend en toutes choses à la mesure. » *Logique*, p. 100.

turbation (1). » Cette science préalable que réclame Herschell pour l'observateur lui est doublement nécessaire : d'abord pour discerner l'expliqué de l'inexpliqué ; ensuite pour démêler les faits réels des illusions et des fraudes que peut comporter chaque catégorie de phénomènes.

La connaissance approfondie de sa spécialité ne saurait d'ailleurs suffire au savant. En présence d'un fait inattendu il lui faut encore celle des lois du mécanisme mental, cet instrument des instruments, et une grande et constante défiance contre les illusions d'ordre général auxquelles est sujet l'exercice de nos sens ou qu'entraînent avec soi des théories préconçues. (Celle de l'intervention de Dieu en est une).

Cette double science, à la fois générale et spéciale, n'est pas tout encore. Sans d'autres qualités morales non moins essentielles, à savoir : capacité d'attention, sang-froid, patience et prudence, il n'est guère de bonne observation scientifique. Les auteurs de récits miraculeux étaient-ils de bons observateurs ? — Il s'en faut bien. Presque tous furent des hommes ignorants, imbus de grossiers préjugés populaires touchant la constitution de la nature et celle de leur propre esprit ; n'ayant aucune défiance à l'égard d'eux-mêmes, aucune réserve ; s'étonnant de tout et rapportant tout fait insolite ou inaccoutumé à des causes animées ou à des esprits (2).

Autre chose. La préparation générale dont nous avons parlé ne suffit même pas pour obtenir de bonnes

---

(1) Herschell. *Discours sur l'étude de la philos. naturelle*, p. 126.
(2) Durant les origines du christianisme et pendant tout le Moyen-Age, la constatation des miracles n'a jamais eu le moindre caractère scientifique. On peut s'en faire une idée par ce qu'elle était au XIIe siècle dans un grand sanctuaire de la Vierge. Cf. E. Albé (chanoine hon. de Cahors), *Les Miracles de N.-D. de Roc-Amadour au XII siècle*. P. Champion, s. d. (1907), in-8°, p. 46, 48 et 58.

observations. Un homme bien doué et bien entraîné fera de mauvaises observations s'il ne prépare chaque observation particulière en se plaçant dans les conditions spéciales requises pour le genre d'observations qu'il entreprend. C'est généralement dans le calme, le silence et la paix qu'opèrent les savants. Les laboratoires ressemblent aux églises : ce sont des lieux de recueillement, on y respire la « paix sereine » dont parle Pasteur. Et, quand le savant opère en pleine campagne, il choisit autant que possible des coins retirés, à l'écart des routes bruyantes.

Les miracles se sont presque toujours produits au milieu des foules et chacun sait leur influence déplorable sur la plus simple observation. Les grandes floraisons de faits miraculeux ont toujours jailli dans des milieux rustiques et tourmentés, parmi des gens incultes mais pieux chez lesquels l'entraînement mystique avait aboli tout sang-froid, toute prudence et exalté au contraire les facultés extraordinaires, l'extase et l'inspiration. Où trouver, parmi ces témoins qui observent des faits étranges au milieu des supplications, des plaintes individuelles, des prières collectives, des mouvements saccadés et des élans subits, où trouver, dis-je, un observateur préparé ?

Il y a plus, le fait scientifique n'existe pas en dehors de la pensée. C'est un abstrait découpé par l'esprit dans la trame de la nature. Ce découpage résulte d'un choix inspiré presque toujours par des idées préconçues. Loin d'être une photographie minutieuse, il est une schématisation qui peut différer d'un observateur à l'autre. C'est là une infirmité inhérente à l'observation. Les savants s'efforcent d'y remédier par l'application de règles essentielles. Ils demandent qu'une observation soit complète et directe.

Or, tel n'est pas le cas, ordinairement, pour les miracles. La plupart des faits miraculeux dont il nous reste quelque récit ne sont que les échos de traditions plus ou moins lointaines : non des observations directes, mais de simples racontars. Les faits extraordinaires, appuyés sur les seules traditions, n'ont aucune valeur scientifique.

Cependant les miracles de Lourdes se présentent dans de meilleures conditions. Ils sont consignés dans des procès-verbaux que rédigent des savants, et semblent fournir de véritables exemples d'observation scientifique. Il n'en est rien. Ce sont des observations incomplètes. Voici ce qu'en dit, en effet, Huysmans :

« Le Dr Boissarie et le Dr Cox sont obligés de se contenter de pièces délivrées par on ne sait quels médicastres, souvent mal rédigées exprès, de peur de se compromettre (?), lorsque ces gens savent que les malades les réclament en vue d'un voyage à Lourdes; il n'y a aucune sécurité; l'on ne peut se fier ni à la science, ni à la bonne foi de ces Diafoirus de cantons; et la clinique, dans des cas qui pourraient être intéressants, se tait. L'on a cherché à remédier à cette incertitude et à ce désordre; mais toutes les solutions proposées s'avèrent si l'on y réfléchit, vaines (1). »

Ainsi, c'est entendu, même à Lourdes, ce laboratoire, les miracles ne se présentent pas comme des observations scientifiques.

« Ne nous laissons pas duper par les mots, écrit M. Le Roy : aucun « bureau de constatations » ne saurait faire œuvre scientifique sérieuse; son rôle, beaucoup plus modeste, se réduit à démasquer les supercheries grossières ou à modérer les excès compromettants d'un zèle trop exalté : *police* des miracles, non pas *étude* (2). »

(1) J.-K. Huysmans. *Les Foules de Lourdes*. Paris, 1906, in-12, p. 263. — Voir aussi *idem*, p. 265-266.
(2) Ed. Le Roy. *Loc. cit.*, p. 171.

L'observation du fait miraculeux péchera toujours en effet par un vice essentiel, à savoir, la connaissance complète des antécédents. Sa production étant nécessairement une surprise (n'est-il point un fait imprévisible ?), on ne s'inquiète jamais d'observer les antécédents d'un phénomène qu'on n'attend pas et pour les seuls cas où cela semblerait possible : les guérisons obtenues dans les grands sanctuaires, c'est un fait impraticable.

Concluons donc : les faits dits miraculeux peuvent être des faits certains et emprunter leur certitude à la valeur de la méthode d'observation ; mais ils ne sont pas des faits de rigoureuse observation scientifique.

§ 3. — *De l'observation des faits rares et du préjugé que l'on tire de leur invraisemblance.*

Les faits rares ou extraordinaires jugés au critérium ordinaire sont déclarés invraisemblables. Mais, parmi ceux qui les déclarent tels, les uns les rejettent purement et simplement, ajoutant parfois en forme de justification : ce sont des faits incompréhensibles ; les autres les reçoivent, mais entendent les rendre compréhensibles en les attribuant à une intervention surnaturelle et les tiennent pour miraculeux.

Ces deux attitudes sont aussi irrationnelles l'une que l'autre et supposent un même préjugé : celui de la *valeur normative*, des notions de vraisemblance et d'invraisemblance. La première attitude est plus fréquente parmi les gens instruits. Montaigne la stigmatisait déjà en ces termes : « C'est une sotte présomption d'aller dédaignant et condamnant pour faux ce qui ne nous semble pas vraysemblable : qui est un vice ordinaire de ceux qui pensent avoir quelque suffisance outre la commune (1). » La seconde attitude est fréquente parmi les ignorants. Une chose leur paraît-elle invraisemblable ? Sans se soucier de contrôler la vérité du fait, ils déclarent aussitôt qu'il s'agit d'une intervention de Dieu ou du diable.

Les uns et les autres pourraient profiter des leçons du passé. Les gens de suffisance, comme certains savants officiels, feraient bien de se remémorer parfois l'histoire malheureuse des oppositions soi-disant scientifiques, que rencontrèrent jadis des faits alors nouveaux, sous prétexte d'invraisemblance.

Dans l'hiver 1486-1487, la junte de cosmographes, d'astronomes, de géomètres, de géographes et de dignitaires de l'Eglise, réunie au collège des Hautes-Etudes de Salamanque, pour étudier les idées et les projets de Christophe Colomb, déclare à l'unanimité que la terre ne peut pas être sphérique (2).

Lorsque Howard lut à la Société royale de Londres un compte rendu des premières recherches approfondies qui avaient été faites sur les aérolithes, le célèbre naturaliste genevois Pictet était présent. Passant à Paris pour retourner à Genève, ce dernier communiqua à l'Académie des Sciences de Paris ce qu'il avait entendu à Londres; comme il s'exprima en termes qui dénotaient une entière conviction de sa part, il fut subitement interrompu par de Laplace qui s'écria : « Nous en avons assez de fables pareilles ! » Pictet dut s'arrêter. Et cependant, il résulte d'un relevé exact inséré dans l'*Annuaire du Bureau des Longitudes*, qu'au commencement de ce siècle il existait cent qua-

---

(1) Même note chez H. Etienne. *Apologie* I, XVIII-XIX.
(2) Navarette. *Observaciones a las Probanzas in Colleccion diplomatica*, III, 589. — Antonio de Rémésal. *Historia de la Provincia de S. Vincente de Chyapa*, Madrid, 1619, II, VII, p. 152.

tre vingts exemples suffisamment constatés d'aérolithes. Quelques années plus tard, une députation de l'Académie constata dans le département de l'Aisne une chute de plus de deux mille pierres météoriques qui étaient tombées à la fois (1). »

Que devenait l'ancien argument de Lavoisier : « Il n'y a pas de pierres dans le ciel, il ne peut donc pas en tomber sur la terre. » C'était le cas de rappeler au grand chimiste et au grand astronome, le mot profond de Shakespeare :

« Il y a plus de choses dans le ciel et sur la terre qu'il n'y a de rêves dans notre philosophie (2). »

Grâce au spectroscope, nous sommes arrivés à connaître la composition des étoiles et cependant moins de dix ans avant l'invention de cet appareil, Aug. Comte déclarait qu'il nous serait impossible de connaître jamais la composition chimique des astres.

« Il était *clairement impossible* pour la pensée des philosophes, à Pise, qu'un grand poids et un faible pussent tomber du haut de la grosse tour dans le même temps ; et si ce principe est de quelque usage, ils avaient raison de ne point croire l'évidence de leurs sens qui les assurait de ce qu'ils voyaient ; et Galilée, qui acceptait cette évidence, était, pour employer les paroles de la même éminente autorité, « non seulement ignorant de ce qui se rapporte à l'éducation du jugement, mais ignorant de sa propre ignorance (3) ».

La théorie des ondulations lumineuses de Young,

---

(1) Ed. Gasc-Desfossés. *Magnétisme vital, expériences récentes,* avec une préface de M. Boirac. Paris, 1897, in-12, p. 13-15.
(2) They are more things in heaven and earth
Than are dreams in of our philosophy.
(3) A. Russel-Wallace. *Les Miracles et le Moderne Spiritualisme.* P., Leymarie, in-8°, p. 76.

malgré les preuves qu'il apportait, lui attira toutes les moqueries et tous les mépris des censeurs scientifiques de son temps (1).

La Société royale de Londres refusa de publier comme « peu scientifique », le mémoire de Joule qui contenait la détermination de l'Equivalent mécanique de la Chaleur. Nous le savons par l'illustre savant Pleyfair qui l'a raconté à la mort de Joule.

La *Revue d'Edimbourg* somma le public de mettre Thomas Gray dans une camisole de force parce qu'il soutenait la praticabilité des chemins de fer. Lorsque Stephenson proposa d'employer des locomotives sur la voie ferrée de Liverpool à Manchester, des hommes instruits se firent fort de prouver qu'il était impossible que ces machines pussent donner même douze milles à l'heure. Thiers monta à la tribune de la Chambre pour démontrer, rapports de physiciens et d'ingénieurs à l'appui que l'idée de chemin de fer impliquait une impossibilité.

Une célébrité scientifique déclara non moins impossible pour les steamers de jamais traverser l'Atlantique.

A l'Académie des Sciences, plusieurs des honorables les plus illustres crurent devoir tourner en dérision le phonographe.

Avant quiconque, Nadar avait posé le principe du vol dirigé en affirmant que les appareils à voler devaient être plus lourds que l'air, on s'est assez moqué de lui. Aujourd'hui, les Wright sont presque des demi-dieux.

Le Galvanisme, comme on disait jadis, fut mal ac-

(1) Dans l'*Edinburgh Review* de 1803-1804, pour tout compte rendu d'une conférence de Young sur ce sujet, on écrit : « Cette autre conférence du fécond et pourtant stérile Dr Young, ne contient que bévues, qu'hypothèses sans étais, que fictions gratuites. »

cueilli par les savants, et Volta dut subir mille railleries à propos de ses grenouilles dansantes.

Les Phénomènes électriques furent, à un moment donné, des faits extraordinaires, et certains d'entre eux furent tenus pour tout à fait invraisemblables. Lorsque Franklin présenta à la Société royale de Londres son mémoire sur les paratonnerres, personne ne le prit au sérieux, on le considéra comme un rêveur, et son travail ne fut pas inséré dans les *Philosophical Transactions*. Arago amusa beaucoup l'Académie des Sciences lorsqu'il discuta devant elle la possibilité de la télégraphie électrique. Bouillaud ne voyait dans le téléphone que ventriloquie.

Des appareils analogues au télégraphe et au téléphone pourront bientôt transmettre à distance un dessin ou une photographie avec autant de facilité que l'on transmet aujourd'hui une dépêche ou une conversation. Les phénomènes électriques n'ont plus rien de nouveau, ils sont devenus classiques, même pour les ignorants ; ce sont des faits habituels grâce aux multiples appareils électriques qui remplissent nos maisons, nos usines et nos rues.

L'Histoire de l'électricité de Priestley devrait suffire à convaincre les savants qu'on ne saurait rejeter des phénomènes nouveaux ou insolites parce que non « scientifiques ». C'est aux savants de les rendre tels en les rendant observables et expérimentables à volonté (1).

L'Académie de Saint-Pétersbourg crut devoir repousser le chimiste Mendeleïeff en raison du caractère insuffisamment scientifique de sa loi, dite loi de périodicité des corps simples, loi aujourd'hui universellement admise.

(1) Cf. E. Bolrac. *La Psychologie Inconnue*. P., 1908, ln-8°, p. 339.

Les physiologistes et les naturalistes n'ont pas été plus réservés ni plus sage que les astronomes, les physiciens et les chimistes.

Quand Harvey annonça sa découverte de la circulation du sang, il fut traité d'insensé et d'imposteur par ses pairs (1).

En 1642, nous voyons la Faculté de Médecine de Paris déclarer que le sang ne circule pas (2), et trente ans après soutenir que cette circulation est impossible (3).

Castellet ayant cru devoir informer Réaumur qu'il avait élevé des vers à soie parfaits issus d'œufs pondus par un papillon vierge, la réponse fut : *Ex nihilo nihil fit*, et le fait ne fut point cru. Il était contraire à une des lois naturelles les plus larges et les mieux établies ; non seulement, il est aujourd'hui admis universellement pour vrai, mais un naturaliste français, M. Yves Delage, a réalisé la fécondation artificielle des oursins.

L'Institut de France crut devoir condamner Lamark et Darwin.

« M. de Lamarck ne manque point de déclarer qu'il n'y a point d'espèces dans la nature et que si les hommes se sont fait des idées contraires, cela ne vient que du temps qui a été nécessaire pour amener ces innombrables variétés de formes sous lesquelles la nature vivante nous apparaît aujourd'hui... Chacun put s'apercevoir qu'indépendamment de bien des paralogismes de détail, cette théorie repose sur deux suppositions arbitraires, l'une que c'est la partie séminale

---

(1) Cf. Jean Riolan (profes. à la faculté de médecine, doyen du Collège de France), *Opuscula Anatomica*, P., 1652, in-4°, p. 357.
(2) Ergo motus sanguinis non circularis, 1642 (candidatus : *Simon Boullot*, Præses : *Hugo Charles*).
(3) Ergo sanguinis motus circularis impossibilis, 1672 (candidatus : *Franciscus Bacin*, Præses, *Philippus Hardouin de Saint-Jacques*).

qui organise l'embryon ; l'autre que des désirs, des efforts peuvent engendrer des organes. Un système appuyé sur de pareilles bases peut amuser l'imagination d'un poète... mais il ne peut soutenir l'examen de quiconque a disséqué une main, un viscère, ou seulement une plume (1). »

Ainsi s'exprime Cuvier, écoutons M. de Quatrefages : « Au nom de la Science, je combats aujourd'hui, comme je l'ai toujours fait, le darwinisme aussi bien que les hypothèses de Lamarck (2). »

La doctrine de « l'Antiquité de l'homme » enfin triomphante dut lutter vainement contre l'incrédulité d'un Cuvier et les résistances de la Société Géologique de Londres. Boucher de Perthes qui découvrit une grande quantité d'armes de pierre dans les sables mouvants du Nord de la France, dut lutter de longues années avant de convaincre un seul géologue que c'était là des objets artificiels.

Les Médecins résistèrent à tous les progrès avec une énergie qui fut parfois heureusement mieux employée. En 1609, nous voyons le corps des Médecins de Paris dégrader le Dr Paumier, médecin célèbre et chimiste remarquable, pour avoir osé employer la quinine et guérir par ce remède, malgré l'avis de la Faculté.

Ce serait trop facile de s'étendre sur l'histoire des résistances opiniâtres que les médecins anglais et français opposèrent à la vaccine ; mais Magendie ne s'est-il pas refusé à considérer comme possible l'anesthésie chirurgicale.

Et les médecins plus que d'autres, — Molière en

---

(1) G. Cuvier. *Eloge historique de Lamarck*, paru le 26 novembre 1832, et imprimé dans les *Mémoires* de l'Académie des Sciences. T. XIII.

(2) J. de Quatrefages. *Darwin et ses précurseurs français*, 1892, in-8°, p. 66.

est peut-être un peu la cause, — nous font songer à ces lignes ironiques de Nicole :

« Il y en a qui n'ont point d'autre fondement pour rejeter certaines opinions que ce plaisant raisonnement : Si cela était, je ne serais pas un habile homme : donc cela n'est pas. C'est la principale raison qui a fait rejeter longtemps certains remèdes très utiles et des expériences très certaines, parce que ceux qui ne s'en étaient point encore avisés concevaient qu'ils se seraient donc trompés jusqu'alors (1). »

Mais comment ne pas nous rappeler qu'ils faisaient fête hier au docteur Doyen, après l'avoir longuement, frénétiquement, odieusement conspué.

Les faits de suggestion hypnotiques, après avoir été repoussés de la science y sont désormais reçus. La clinique hypnotique du docteur Bérillon en est une preuve éclatante, mais on ne saurait oublier qu'il a fallu l'indépendance d'esprit d'un Richet (2), et l'intrépide conviction d'un Charcot pour oser faire violence aux préventions des corps savants. En 1889, on pouvait encore murmurer que celui qui présiderait le premier congrès de l'hypnotisme se verrait fermer l'entrée de l'Académie de Médecine, et Dumontpallier fit acte de véritable courage en acceptant cette présidence (3). Les faits de suggestion sont, il est vrai, devenus d'observation courante et nul n'ignore les merveilles obtenues aujourd'hui dans les cas d'alcoolisme par la thérapeutique hypnotique. Ces faits ont cessé d'être nouveaux. Ils sont toujours inexpliqués et, dans ce sens, demeurent extraordinaires et incom-

---

(1) Nicole, dans *Logique de Port-Royal*, L., III, ch. XX.
(2) Ch. Richet, *Ann. des sciences psychiques*, octobre 1906, p. 603.
(3) D' Bérillon. Discours prononcé au banquet d'honneur qui lui fut offert à l'occasion de sa nomination à la Légion d'honneur. *Revue de l'hypnotisme*, octobre 1906, p. 108.

pris, mais ils sont fréquents, bien plus expérimentaux et cela suffit pour qu'on les déclare compréhensibles.

Les phénomènes du spiritisme sont encore aujourd'hui des faits extraordinaires. La plupart des savants les rejettent. Il est à prévoir cependant que cette opposition tombera. Des hommes que leur passé scientifique garantit du reproche de sottise ou de crédulité en ont commencé l'étude. Leur nombre ira croissant (1). Des observateurs capables et entraînés se formeront, habiles à discerner l'illusion et la fraude. Des contrôles sévères permettront une sélection des faits. Certains iront rejoindre les tours des prestidigitateurs, d'autres demanderont une explication différente. En attendant qu'on la trouve ils n'en seront pas moins reçus pour vraisemblables car ils auront cessé d'être nouveaux et extraordinaires pour devenir, sinon habituels et ordinaires, du moins nombreux et précis (2).

Mais tandis que les savants se corrigent eux-mêmes et élargissent progressivement le champ du vraisemblable, il n'en est pas ainsi des théologiens qui entendent tenir encore aujourd'hui pour miracle tout ce qui fut l'invraisemblable il y a cent ou deux cents ans. Certes, bien que les auteurs sacrés aient donné pour

---

(1) A la liste honorable des Crookes, des Richet, des Maxwell, des Lodge, des Mosso, des Foa, des Lombroso, des Aksakoff, des Ochorowicz, des Flammarion, des Schiaparelli, des de Rochas, outre ceux que j'oublie, il faut ajouter le nom d'un récent converti, le professeur H. Morselli, cf : *Eusapia Paladino et la réalité des phénomènes médianimiques*, dans *Annales des sciences psychiques*, avril 1907.

(2) J. Bois note ainsi le sentiment commun à beaucoup d'expérimentateurs de ces sortes de faits : « Sur le moment on est ébranlé, mais plus tard la raison ou plutôt la manière de raisonner qui nous est habituelle, devient plus forte que les faits. Qui a tort, nos sens physiques qui ont pu s'abuser ou notre sens commun, qui jugeant d'après la majorité des expériences vitales (je dirais de ses expériences passées) tente toujours d'exclure l'exceptionnel et s'en méfie. » J. Bois, *Le Miracle Moderne*, P., 1908, in-8°, p. 107.

miraculeux les tempêtes et les éruptions volcaniques, ils ont cessé de les croire miraculeux; mais il en est autrement des faits que les savants plaçaient hier encore parmi les faits extraordinaires ou incompréhensibles.

Je pourrais citer nombre d'ouvrages qui attribuent à l'intervention diabolique (1) tous ou presque tous les faits hypnotiques. La plupart des catholiques considèrent encore les faits du spiritisme comme œuvres démoniaques (2).

Les faits de stigmatisation, aujourd'hui, sont acquis à la science. Elle essaie même de les expliquer par des troubles vaso-moteurs. En effet, l'imagination tendue vers un même objet, secondée d'ailleurs par un tempérament extatique, semble bien l'auteur véritable de ces merveilles. C'était l'opinion de Saint François de Sales (3). Cependant, nombre de catholiques y voient encore des faits inexplicables par les causes secondes et y veulent apercevoir l'action directe de Dieu (4).

La guérison des possédés ne serait pas reçue pour miraculeuse par le bureau des constatations à Lourdes. Les médecins qui le composent savent trop bien que la possession n'est qu'une forme de l'hystérie et relève par suite de la thérapeutique mentale. Jésus ayant guéri des possédés, la grande masse des croyants s'i-

---

(1) D' Hélot. *Le Diable dans l'Hypnotisme*. P. Bloud, in-12. Rolfi. *La Magie moderne ou l'Hypnotisme de nos jours*. P., Téqui, 1902, in-12. Il y a mieux : j'ai rencontré un petit livre qui date de 1890 et qui attribue toutes nos maladies au démon : *Le démon causes et principes des maladies, moyen de les guérir*, par un prêtre du clergé de Paris. 2° édit., Paris, 1890, in-12.

(2) Le récent ouvrage de feu D' Lapponi, médecin de Sa Sainteté, en est un suffisant témoignage.

(3) *Traité de l'Amour de Dieu*, liv. VI, ch. XV.

(4) Voir dans *Revue pratique d'Apologétique*, 1" mai 1907, la résistance désespérée du P. Poulain à propos de la reprise de la question par le D' Dumas dans la *Revue des Deux-Mondes*.

magine encore être obligée de croire que ces guérisons se firent par l'influence d'une force surnaturelle.

Cependant le champ du vraisemblable s'élargit sans cesse. Le démon sera bientôt définitivement relégué au désert par la science. Il n'en est pas de même de Dieu, mais il faut reconnaître que le savant ne se préoccupe point, dans ses recherches, de l'atteindre et n'essaie plus d'apercevoir son doigt ou sa main. Dès qu'un fait ordinaire ou extraordinaire s'impose à l'étude du savant, celui-ci, persuadé qu'il est vraisemblable parce qu'il est vrai, ne songe plus qu'à en déterminer la loi ou la série.

Le miracle, fait extraordinaire, n'est donc pas un fait scientifique miraculeux, soit que les savants ne l'aient pas encore reçu comme un fait attesté par des observateurs autorisés et compétents, soit qu'ils refusent d'y voir la main de Dieu, pour n'y reconnaître qu'un chaînon des séries phénoménales.

Le fait rare subit toujours une période d'attente avant d'être accepté par la science, mais le jour où il franchit le seuil des académies et des recueils officiels, personne ne songe plus à se demander si ce fait pourrait être hors des lois ou des séries naturelles et par suite produit par une intervention directe de Dieu. Aucun être, aucun fait, n'est comme une île dans la nature.

Le jour où le fait merveilleux cesse d'apparaître aussi singulier, et cela se produit par l'observation exacte et précise de faits analogues, il devient scientifique et, du même coup, cesse d'être miraculeux. Ainsi, on n'échappera point à cette alternative : ou bien le miracle n'est qu'un fait de connaissance vulgaire, un racontar, une histoire qu'on se répète de bouche en bouche, et la science peut et doit lui refuser le *dignus intrare* dans les répertoires de faits scientifiquement établis; ou bien le miracle sera reçu dans de semblables répertoires et, comme il n'y entrera qu'avec tout un groupe de faits analogues rapportés par différents observateurs habiles, le savant lui refusera le brevet de singularité et d'irréductibilité que lui décerne le théologien.

CHAPITRE II

LE MIRACLE ET LES LOIS SCIENTIFIQUES

§ 1. — *Les lois scientifiques inconnues.*

Supposons qu'un fait dit miraculeux soit aussi bien observé et décrit que n'importe quel autre fait scientifique et cependant que l'on ignore encore la loi de sa production : le savant ne sera-t-il point, dans ce cas, obligé de reconnaître qu'un tel fait est hors de la nature et d'attester au nom de la science elle-même qu'il est vraiment miraculeux ?

Il y a longtemps que Jean-Jacques Rousseau a répondu à la question ainsi posée :

« Puisqu'un miracle est une exception aux lois de la nature, pour en juger il faut connaître ces lois, et, pour en juger sûrement, il faut les connaître toutes; car une seule qu'on ne connaîtrait pas pourrait, en certains cas inconnus aux spectateurs, changer l'effet de celles qu'on connaîtrait. Ainsi, celui qui prononce qu'un tel ou tel acte est un miracle, déclare qu'il connaît toutes les lois de la nature et qu'il sait que cet acte est une exception.

« Mais quel est ce mortel qui connaît toutes les lois de la nature? Newton ne se vantait pas de les connaître; *un homme sage témoin d'un fait inouï, peut attester qu'il a vu ce fait et l'on peut le croire; mais ni cet homme sage ni nul autre homme sage sur la terre n'affirmera jamais que ce fait, quelque étonnant qu'il puisse être, soit un miracle, car comment peut-il le savoir?*

« Tout ce que l'on peut dire de celui qui se vante de

faire des miracles est qu'il fait des choses extraordinaires; mais qui nie qu'il fasse des choses extraordinaires? J'en ai vu, moi, de ces choses-là, et même j'en ai fait... (1).

« Avec le canon, l'optique, l'aimant, le baromètre, quels prodiges ne fait-on pas chez les ignorants? Les Européens, avec leurs arts, ont toujours passé pour des Dieux parmi les Barbares. Si dans le sein même des Arts, des Sciences, des Collèges, des Académies, si dans le milieu de l'Europe, en France, en Angleterre, un homme fût venu le siècle dernier, armé de tous les miracles de l'électricité que nos physiciens opèrent aujourd'hui, l'eût-on brûlé comme un sorcier? l'eût-on suivi comme un prophète? Il est à présumer qu'on eût fait l'un ou l'autre, il est certain qu'on aurait eu tort...

« On vient de trouver le secret de ressusciter les noyés, on a déjà cherché celui de ressusciter les pendus; qui sait si dans d'autres genres de mort on ne parviendra pas à rendre la vie à des corps qu'on en avait privé... Cela n'est pas vraisemblable, soit, mais nous n'avons point de preuve que cela est impossible, et c'est de l'impossibilité physique qu'il s'agit ici. Sans cela, Dieu déployant à nos yeux sa puissance n'aurait pu nous donner que des signes vraisemblables; de simples probabilités, et il arriverait de là que l'autorité des miracles n'étant fondée que sur l'ignorance de ceux pour qui ils auraient été faits, ce qui serait miraculeux pour un siècle ne le serait plus pour d'autres; de sorte que la preuve universelle étant en défaut, le système établi sur elle serait détruit. Non, donnez-moi des

---

(1) J'ai vu à Venise, en 1743, une manière de sorts assez nouvelle, et plus étrange que ceux de Préneste. Celui qui les voulait consulter entrait dans une chambre et y restait seul s'il le désirait. Là, d'un livre plein de feuillets blancs, il en tirait un à son choix; puis, tenant cette feuille, il demandait, non à voix haute, mais mentalement, ce qu'il voulait savoir. Ensuite, il pliait sa feuille blanche, l'enveloppait, la cachetait, la plaçait dans un livre ainsi cacheté; enfin, après avoir récité des formules fort baroques sans perdre son livre de vue, il en allait tirer le papier, reconnaître le cachet, l'ouvrir, et il trouvait la réponse écrite.

Le magicien qui faisait ces sorts était le premier secrétaire de l'ambassadeur de France et s'appelait J.-J. Rousseau.

Je me contentais d'être sorcier parce que j'étais modeste, mais si j'avais eu l'ambition d'être prophète, qui m'eût empêché de le devenir?

miracles qui demeurent quoi qu'il arrive, dans tous les temps et dans tous les lieux...

Les miracles sont, comme je l'ai dit, les preuves des simples pour qui les lois de la nature forment un cercle très étroit autour d'eux. Mais la sphère s'étend à mesure que les hommes s'instruisent et qu'ils sentent combien il leur reste encore à savoir. *Le grand Physicien voit si loin les bornes de cette sphère qu'il ne saurait discerner un miracle au-delà.* CELA NE SE PEUT est un mot qui sort rarement de la bouche des sages; ils disent plus fréquemment : JE NE SAIS (1). »

Eusèbe Salverte qui fut un esprit des plus curieux et des plus pénétrants de son temps donnait à cette même réponse cette forme audacieuse :

« Il n'y a point de miracle pour l'incrédule. Sous ses yeux vous rendez la vie à un homme décapité... — Je croyais la chose impossible, dira-t-il, je me trompais; si toutefois mes sens ne sont pas en proie à une illusion invincible. Constatons bien le fait; c'est une acquisition précieuse pour la science. Mais avant que j'y visse un miracle, il faudrait me démontrer que la chose n'a pu exister qu'autant que Dieu aurait renversé les lois données par lui-même à la nature. Quant à présent, vous ne m'avez prouvé que mon erreur et votre habileté (2). »

Depuis, cette argumentation a été souvent reprise. Anatole France écrit :

« Quant au miracle, si c'est une dérogation aux lois naturelles, on ne sait ce que c'est, car personne ne connaît les lois de la nature. Non seulement un philosophe n'a jamais vu de miracle, mais il est incapable d'en jamais voir. Tous les thaumaturges perdraient leur temps à dérouler devant lui les apparences les plus extraordinaires.

---

(1) J.-J. Rousseau. *Lettres écrites de la montagne.* Amsterdam, 1764, in-12, 1re partie, 3e lettre, p. 89-97.
(2) E. Salverte. *Des sciences occultes, ou Essai sur la magie, les prodiges et les miracles.* P., 1829, I, 131-132.

En observant tous ces faits merveilleux, il ne s'occuperait que d'en chercher la loi, et, s'il ne la découvrait point, il dirait seulement : « Nos répertoires de physique et de chimie sont bien incomplets. » Ainsi donc, il n'y a jamais eu de miracle au vrai sens du mot, ou s'il y en a eu, nous ne pouvons pas le savoir, parce que ignorant la nature nous ignorons également ce qui n'est pas elle (1). »

Ch. Richet, l'un des princes de la physiologie contemporaine, qui insista si souvent sur ce point, nous disait déjà en 1892 :

« Rien ne nous autorise à admettre que nous connaissons toutes les lois de la nature. Loin de là, il est vraisemblable que quelques lois seulement nous sont connues, tandis que les autres nous restent cachées. Que saurions-nous de l'électricité si Galvani et Volta n'avaient pas fait leurs expériences? Que pourrions-nous dire du magnétisme, si l'aimant n'existait pas? Il y a donc presque certainement dans la nature des forces cachées que nous ne savons pas voir et que le hasard ou le génie d'un homme finiront par découvrir (2). »

Un savant biologiste, M. Le Dantec, écrivait à son tour, dans un livre hardi :

« Comment constater un miracle, c'est-à-dire un accroc aux lois de la nature? Il faudrait pour cela être sûr que l'on connaît toutes les lois de la nature et aussi toutes les conditions du phénomène observé. Qui oserait avoir une telle prétention? J'ai écrit jadis que si je voyais un miracle, je deviendrais croyant; je crains bien de m'être vanté! Si j'assistais à un phénomène qui me parût en contradiction avec les lois naturelles que je connais le mieux, je ferais probablement comme au théâtre Robert Houdin; je chercherais la ficelle cachée, le phénomène surajouté et inconnu qui a créé l'apparence du miracle et si je ne trouvais

---

(1) A. France. *Le R. P. Didon et son livre sur Jésus-Christ* dans *La Vie littéraire*, 4ᵉ série, Paris, in-12, p. 107.
(2) Ch. Richet. *Dans cent ans* in *Revue scientifique*, 12 mars 1892.

pas, j'accuserais probablement l'imperfection de mes moyens de recherche (1). »

L'abbé d'Houteville, l'un des secrétaires perpétuels de l'Académie française, fut célèbre en son temps, et considéré comme une sorte d'hérétique pour avoir défini le miracle un fait extraordinaire qui se produit en vertu de lois inconnues. On écrivit contre lui de lourdes réfutations. D'aucunes ressemblent singulièrement à des aveux.

C'est à lui que songeait Mgr Hay, évêque d'Edimbourg, lorsqu'il écrivait : « Il ne faut que réfléchir un moment sur notre propre esprit pour comprendre que dès que nous concevons qu'un évènement, quelque rare qu'il paraisse, peut être produit par des causes naturelles ou s'accorde avec le cours ordinaire de la nature, tout aussitôt nous éloignons de notre esprit la pensée que ce soit un miracle (2). »

Mgr Bouvier, auteur d'une théologie, classique sous la Restauration, appréciait ainsi la doctrine de l'abbé d'Houteville : « Cette hypothèse est possible. Dieu a pu, en effet, se servir des lois que nous ignorons pour produire les miracles ; *mais, pour nous conformer au sentiment universel et à celui qu'expose l'Evangile nous préférons* voir dans le miracle des faits contraires aux lois de la nature (3). »

---

(1) F. Le Dantec. *L'Athéisme.* Paris, 1906, in-12, p. 78; voir également p. 64. Même note chez E. Stapfer : *La Mort et la Résurrection de Jésus-Christ.* Paris, 1898, in-12 : « Jamais un de mes contemporains, savant ou non, ne reconnaîtra un fait surnaturel. Il ne reconnaîtra qu'un fait inexpliqué mais naturel; il dira : l'explication m'échappe, mais il y en a une... et qui est naturelle. » P. 306-307.

(2) *La doctrine de l'Ecriture sur les miracles, où l'on examine et on développe avec impartialité leur nature.* Paris, 1808, in-12, t. I, p. 25-26.

(3) Bouvier (Episcopus Cenomanensis). *Institutiones Theologicæ,* 1834, in-12. *De Vera Religione,* t. I, pp. 1718. C'est nous qui soulignons.

Les théologiens du XX° siècle, qui rencontrent aujourd'hui cette conception, accusent les savants d'introduire pour les besoins de leur cause des lois nouvelles comme si les lois n'existaient pas avant que nous les connaissions. Ce n'est que par un sophisme enfantin qu'on fait de l'expression : *lois inconnues* l'équivalent de l'expression : *lois nouvelles*. Bien plus, d'aucuns dénoncent dans cette théorie un *changement de front de la science incrédule*, comme si les origines n'en étaient pas philosophiques avant que d'être scientifiques (1).

Ne vaudrait-il pas mieux souscrire franchement à cette profonde pensée de saint Augustin :

« *Les hommes ne peuvent savoir ce qui est selon ou contre la nature.* Nous ne contestons pas que dans le langage humain ce qui sort du cours ordinaire de la nature est dit contre nature ; tel est le sens des paroles de l'apôtre : Si tu as été coupé de l'olivier sauvage, ta tige naturelle, et enté contre nature sur l'olivier franc ; — où *il appelle contre nature ce qui n'entre pas dans le cours de la nature tel qu'il est connu des hommes*, à savoir que l'olivier sauvage enté sur l'olivier franc ne donne point de fruits. Mais Dieu, créateur et auteur de toutes les natures, ne fait rien contre nature, car tout ce qu'il fait entre dans la nature de chaque chose, puisque de lui vient toute mesure, tout nombre, tout ordre dans la nature (2). »

§ 2. — *Des lois scientifiques conçues comme arbitraires et indépendantes les unes des autres.*

Nous pourrions sans doute nous en tenir là et dé-

---

(1) Is. Leroy. *La constatation du miracle. Croire sans voir est-il sage?* Paris, 1904, in-12, p. 58-59.
(2) *Contre. Faust*, l. XXVI, ch. III.

clarer le miracle indiscernable en tant qu'exception aux lois de la nature. Mais ce serait négliger certains arguments théologiques dont l'examen ne manquera point d'ailleurs d'être instructif.

Les lois scientifiques peuvent être considérées à deux points de vue, soit comme ayant une sorte d'existence objective, ou comme des constructions de l'esprit qui ne permettent pas de conclure sur le fond des choses.

Les théologiens sont (aujourd'hui du moins et pour ceux qui représentent la vieille tradition scolastique et officielle), des réalistes.

Les lois, pour eux, sont les rapports nécessaires, et ils diraient volontiers objectifs, qui découlent de la nature des choses. Les lois du monde sont l'expression des décrets de Dieu, décrets d'ailleurs conformes aux natures créées, puisque lois et natures viennent du même auteur. Mais, de même que Dieu les a promulguées, il peut les suspendre ou les abolir. La nature est réglée par le déterminisme ou mieux par les décrets divins. Que celui qui en doute réponde à Jéhovah :

> Où étais-tu quand je posais les fondements du monde?
> Indique-le-moi si tu possèdes la Sagesse.
> Qui a réglé les mesures de la Terre (tu le sais sans doute)
> Ou qui a tendu sur elle le cordeau?
> Sur quoi ses bases reposent-elles
> Ou qui jeta la pierre angulaire?
> Quand les étoiles du matin chantaient en chœur
> Et que les fils de Dieu poussaient des cris d'allégresse?
> Qui a fermé la mer avec des portes
> Quand elle jaillit et s'élança de la vulve,
> Quand je lui donnai la nue pour vêtement,
> Le nuage ténébreux pour langes,
> Quand je lui traçai des limites,

Que je lui posai des battants et des verrous;
Et que je lui dis : « Tu viendras jusqu'ici, non au-delà;
Ici expirera l'orgueil de tes flots ?

As-tu, depuis que tu existes, donné des ordres au matin,
As-tu enseigné sa place à l'aurore (1) ?

L'ordre objectif du monde vient donc de Dieu. Mais, venant de lui, il ne saurait s'opposer à lui. Dieu peut le modifier à son gré. Les lois de la nature sont des impératifs inéluctables pour l'homme qui les subit, mais révocables par Dieu qui les impose. Le déterminisme est ainsi corrigé par l'arbitraire divin, et à celui qui s'en étonnerait, le théologien est tenté de répliquer encore par ces paroles de Job :

Les orages lui servent à la fois pour punir les hommes
Et pour leur fournir une nourriture abondante.
....
Sais-tu quels desseins président à ses miracles
Et pourquoi il fait éclater le feu de ses nuées (2) ?

Cette conception, sans doute, est émouvante et grandiose, mais elle est aussi grossièrement anthropomorphique. Elle représente Dieu à l'image de l'homme, procédant à coups de décrets successifs et souvent contradictoires, bâtissant puis corrigeant sa construction; couvrant la plaine et la montagne de fleurs et de fruits, puis, tout à coup, pour punir sa créature, respirant la tempête, ravageant tout de son souffle redoutable.

Une telle conception, toute primitive, a permis à certains théologiens d'expliquer comme suit la possibilité de discerner le miracle. Le miracle est pour eux la violation d'une loi physique et c'est cette viola-

(1) Job, XXXVIII, 3 et ss.
(2) Job, XXXVI, 31; XXXVII, 15.

tion même qui fait éclater son caractère surnaturel. N'objectez pas que ce qu'on appelle violation n'est qu'une dérogation qui s'explique par l'intervention d'une autre loi. A-t-on besoin, dit Bonal, pour savoir qu'une loi civile a été violée de connaître toutes les lois ? Ne suffit-il pas que nous connaissions cette loi avec certitude ? (1) D'autres théologiens ont cru préférable de substituer le mot loi morale à loi civile (2) sans changer toutefois la teneur de ce raisonnement ; mais, loi morale ou loi civile, la comparaison n'en vaut guère mieux. Dans le second cas elle repose sur un sophisme qui implique la confusion du juste et du possible ; dans le premier cas on confond la légalité civile et le déterminisme.

Les lois physiques, ne sauraient être assimilées à des décrets, ou à des commandements révocables par leur auteur. Elles seraient alors des lois à la fois nécessaires et contingentes : nécessaires, mais de façon provisoire ; contingentes aussi, mais de façon intermittente. Ce ne pourrait d'ailleurs être ainsi sans provoquer les protestations des savants qui auraient bien le droit de dire qu'une telle théorie ébranle le principe d'induction : *les mêmes causes produisent les mêmes effets*. Que fonder sur cette nécessité contingente ? C'est, dans toute sa beauté, le régime de l'arbitraire érigé en idéal. Dieu assimilé à quelque sultan oriental.

Mais, admettons un instant ce système ; pourrons-nous savoir quand de telles lois seront violées ? Une loi des mieux constatées, la loi de la gravitation, ma-

---

(1) Bonal. *Institutiones Theologicæ*. Tolosæ, 1789, t. I, p. 108.
(2) Gondal. *Le miracle*. Paris, 1894, in-12, p. 176. — **Tronchère**. *Il n'est pas impossible de constater de vrais miracles*. Paris, 1897, in-8°, p. 99.

nifeste à nos yeux ses effets par la chute des corps à la surface de la terre et peut s'énoncer ainsi : Tous les corps situés dans le rayon d'attraction de la terre tendent au centre du globe. Cette loi est nécessaire, mais je sais que cette nécessité n'est point telle qu'elle puisse empêcher les corps de s'écarter du centre de la terre. Je vois un maçon qui monte à l'échelle, élevant avec lui les outils qui devraient cependant tendre avec lui vers le centre de notre globe. En conclurai-je que Dieu intervient dans ce cas pour suspendre la loi? Je ne pense pas qu'une telle idée vienne à personne. C'est grâce à l'effort du maçon que l'homme et les outils s'élèvent. L'attraction que la terre exerce sur les corps qui sont à sa surface n'est pas infinie, mais assez limitée et la force de la pesanteur peut être contrebalancée par une force égale. Nous expliquerons cette exception par l'intervention d'une force connue : l'énergie humaine.

Mais si j'eusse vu San Diego s'élever du sol sans échelle et sans mouvements, tandis qu'il priait et tel que nous l'a représenté Murillo, n'aurais-je pas été contraint de reconnaître dans cette élévation surprenante un fait miraculeux? Bien que la loi de la gravitation soit révocable ad nutum, je n'aurais pu supposer qu'elle avait été suspendue par Dieu ; car tandis que Diego s'élevait, elle continuait d'agir, de régir les mouvements des mondes dans le ciel et la chute des corps sur la terre. J'aurais donc été conduit à admettre qu'une force invisible naturelle ou surnaturelle soulevait San Diego. De nombreux théologiens, partant de cas analogues, ont soutenu que cette force invisible c'était Dieu ou ses anges, et sans doute je n'ai rien à y redire ; mais je puis supposer que cette force invisible était peut-être une force naturelle encore mal connue. Un prêtre l'a soutenu récemment dans une thèse de doctorat présentée à l'Institut catholique de Toulouse.

Ainsi donc la conception de lois révocables ad nutum ne nous sert de rien pour discerner des exceptions aux lois de la nature. Il eût fallu, pour qu'elle atteignît ce but, que chaque force de la nature agît indépendamment de toutes les autres ; et que les lois physiques fussent réellement les suites de décrets indépendants les uns les autres. Nos législateurs n'ont pas eu à se préoccuper de la loi sur les successions lorsqu'ils ont voté la loi sur le service militaire. Quand Moïse ordonna aux Hébreux de se reposer le septième jour, il n'a pas fait dépendre ce commandement de celui qui défend l'adultère. Mais, quand Dieu a fait le monde, il n'a point procédé ainsi. Il a fait un tout harmonieux dans lequel toutes les forces collaborent. Chaque mouvement de l'évolution terrestre résulte de l'exécution simultanée de toutes les lois qui règlent les mouvements de la terre. Cette solidarité des forces et des phénomènes s'étend donc aux lois et l'on peut dire qu'elles sont interdépendantes.

« Toutes les lois de causation, dit Stuart Mill, sont susceptibles d'être contrariées, et en apparence annulées en entrant en conflit avec d'autres lois dont le résultat séparé est opposé au leur ou plus ou moins incompatible avec lui. Aussi bien des cas dans lesquels une loi est en réalité exactement observée semblent au premier abord être des cas où elle n'opère en aucune façon. Par exemple, une force en mécanique n'est ni plus ni moins qu'une cause de mouvement et cependant la somme des effets de deux causes de mouvement peut être l'immobilité... (1). »

(1) *Système de Logique*, cité par Boirac. *La Psychologie inconnue*. P., 1908, in-8°, p. 54-55.

Affirmer le miracle sous prétexte qu'il contredit quelque loi de causation, c'est nier qu'une force naturelle puisse être contrariée ou annulée dans ses effets apparents et habituels, par quelque autre force naturelle.

Je puis plonger la main dans des métaux fondus sans me brûler, ce phénomène contredit une loi de causation bien connue. Je n'en conclurai cependant pas qu'il s'agit d'un miracle, mais que d'autres lois sont entrées en jeu, qui ont suspendu les effets de la loi de combustion.

§ 3. — *Des lois scientifiques conçues comme rigoureusement déterminées et respectées par Dieu même.*

Malebranche n'hésitait pas à admettre un déterminisme absolu, ou mieux une loi générale englobant les faits rares ou singuliers aussi bien que les faits coutumiers et nombreux.

Il se fût moqué de nos modernes théologiens (à moins qu'il ne les eût pris en pitié) qui, après avoir introduit la contingence dans le monde, sous forme d'intervention divine, indépendante des causes secondes, s'érigent en défenseurs intrépides du déterminisme et de la rigueur de la science. Après Lamennais [1]

---

[1] Bien qu'on ne s'y réfère pas d'ordinaire, je crois qu'il est en effet l'inventeur de ce misérable argument. « Si, dit-il, les phénomènes les plus opposés sont également naturels, le monde est, en même temps, soumis à des lois contraires; dès lors l'idée d'ordre disparaît. Un homme s'élance dans les flots. Qu'arrivera-t-il? Qui peut le dire? Il enfonce, il est submergé, c'est une loi de la nature. Un homme (comme Jésus-Christ) marche sur les flots; c'est encore une loi de la nature. C'est-à-dire que la nature n'a aucunes lois constantes ou en d'autres termes qu'elle n'a point de lois. » *De l'Indifférence en matière de religion*, IV° partie, ch. XIV.

feu Bonal (1), MM. Gondal (2), Tronchère (3), Bertrin (4), G. Sortais (5) nous ont donné ce spectacle contradictoire.

Il faut choisir entre les systèmes et savoir édifier sur le terrain que l'on a une fois adopté. Ce n'est donné, il est vrai, qu'aux esprits rigoureux. Ils sont malheureusement rares parmi les apologistes.

Malebranche ne connut point de semblables défaillances. Voici le discours qu'il met en la bouche de Jésus.

« Ne t'imagine pas (ô chrétien) que mon père, par des volontés particulières, détermine toutes mes volontés ni celles des anges et des saints. J'ai reçu comme homme toute puissance dans le ciel et sur la terre, et par conséquent j'ai la liberté de choisir les matériaux qui me sont propres et d'exécuter comme il me plaît l'ouvrage que Dieu m'a donné à faire : *mais l'ordre immuable est ma règle et ma loi inviolable;* je puis tout, mais je ne puis rien vouloir qui lui soit contraire. Dieu veut l'ordre immuable et nécessaire d'une volonté immuable et nécessaire. On ne peut concevoir l'être infiniment parfait sans amour pour l'ordre ; et si on le suppose créateur de quelques esprits, on ne peut le concevoir sans la volonté que ces esprits se conforment à l'ordre. De sorte que c'est l'ordre en général qui est la règle de nos désirs et non point certaines volontés particulières par lesquelles Dieu règle notre action et rend inutile la puissance qu'il nous a donnée. Car la puissance des créatures

---

(1) Bonal. *Institutiones Theologicæ.* Tolosæ, 1879, t. I, p. 96 et p. 108.
(2) Gondal, S. S. *Le Miracle*, p. 175.
(3) Tronchère, loc. cit., p. 97.
(4) G. Bertrin. *Histoire critique des évènements de Lourdes.* Paris, 1905, in-12, p. 166.
(5) G Sortais. *Providence et Miracle.* Paris, 1905, in-12, p. 136.

ne consiste que dans la liberté de vouloir, puisqu'elles n'ont en elles-mêmes aucune efficacité. *Ainsi tout ce que nous faisons de miraculeux* (n'oubliez pas que c'est Jésus qui parle), *Dieu l'exécute en conséquence des lois générales qu'il a établies et qui te sont inconnues*. Dieu n'agit par des volontés particulières que lorsque l'ordre le permet ou le demande (1). »

Il ne s'agit point pour nous d'exposer ici la théorie Malebranchienne du miracle qui est fort complexe et très nuancée (2); il nous suffit de constater que le grand oratorien a pu incliner certains esprits à considérer le miracle comme une opération de lois générales inconnues.

On comprend par suite comment l'abbé d'Houteville (1686-1742) fut conduit à systématiser et à simplifier ainsi cette théorie des miracles :

(1) *Méditations chrétiennes*. Médit. VIII, éd. J. Simon. In-12, p. 107.

(2) Dieu n'agit point selon lui par des volontés particulières; mais il a des volontés particulières primitives, contenues d'ailleurs dans sa volonté générale. Enfin Dieu est la cause immédiate du miracle et les anges la cause occasionnelle.

Leibnitz ne pouvait admettre ni ces volontés particulières primitives, ni ces causes angéliques occasionnelles : « Je suis d'accord avec le R. P. Malebranche que Dieu fait les choses de la manière la plus digne de lui. Mais je vais un peu plus loin que lui, à l'égard des volontés générales et particulières. Comme Dieu ne saurait rien faire sans raison, lors même qu'il agit miraculeusement, il s'ensuit qu'il n'a aucune volonté sur les évènements individuels, qui ne soit une conséquence d'une vérité ou d'une volonté générale. Ainsi je dirais que Dieu n'a jamais de volontés particulières telles que ce Père entend, c'est-à-dire particulières primitives.

Je crois même que les miracles n'ont rien en cela qui les distingue des autres évènements car des raisons d'un ordre supérieur à celui de la nature le porte à les faire. *Ainsi je ne dirais point avec ce Père que Dieu déroge aux lois générales toutes les fois que l'ordre le veut;* il ne déroge à une loi que par une autre loi plus applicable, et ce que l'ordre veut ne saurait manquer d'être conforme à la règle de l'ordre qui est du nombre des lois générales. » *Essai sur la bonté de Dieu*, l. II, § 206, 207, éd. Jacques, p. 198-199.

Puis il oppose au système des causes angéliques occasionnelles le système de l'harmonie préétablie.

« Un être infiniment sage doit toujours agir par les voies les plus simples; il ne doit pas faire par le plus ce qu'il peut faire par le moins; il ne doit pas employer des volontés particulières et de détail quand les volontés générales suffisent à la production qu'il veut faire; donc il est naturel et raisonnable de penser qu'en établissant des lois pour la conduite de son ouvrage, il a choisi les plus fécondes, celles qui réunissaient le physique et le moral tout ensemble, celles qui renfermaient le mieux le total des événements depuis le premier jusqu'au dernier jour du monde... Toutes les révolutions, tous les changements, tous les spectacles qu'il montre dans la Nature, sont les suites de ses premières lois combinées avec ses desseins éternels; et quelque diversité qu'on remarque dans ses ouvrages, il n'y a ni variété, ni circonstance, ni correctif dans la volonté qui les produit : « *Opera mutat, consilia non mutat* (1). »

C'était déjà la pensée de Saint Augustin : « Les prodiges ne sont pas contraires à la nature, mais seulement à une certaine notion que nous avons de la nature (2). Les miracles ont beau être contre nature on les explique toujours en disant que telle est la nature des choses. Explication très courte, j'en conviens et réponse très satisfaisante parce que Dieu est l'auteur de toute la Nature (3). » Et encore : « Pour la loi souveraine de la nature élevée au-dessus de l'in-

(1) *De la religion chrétienne prouvée par les faits.* 1722, liv. I, chap. V, pp. 24-28. Euler (1707-1783) reproduira encore la même idée. Cf. : *Lettres à une princesse d'Allemagne*, 1760-1762. Lettre XXII, éd. Saisset. P., 1843, in-12, p. 230 : « Quand un fidèle adresse à présent à Dieu une prière digne d'être exaucée, il ne faut pas s'imaginer que cette prière ne parvient qu'à présent à la connaissance de Dieu. Il a déjà entendu cette prière depuis l'éternité, et puisque ce Père miséricordieux l'a jugée digne d'être exaucée, *il a arrangé exprès le monde en faveur de cette prière, en sorte que l'accomplissement fût une suite du cours naturel des événements.* »
(2) S. Augustin. *Civitas Dei*. l. XXI, ch. VIII.
(3) S. Augustin. *Civitas Dei*. L. XXVI, ch. VII.

telligence des impies ou des faibles, Dieu ne peut pas plus agir contre elle que contre lui-même (1). »

Pour le philosophe, qu'il soit déterministe ou contingentiste, dès lors qu'il admet la Providence, (au sens étymologique), le miracle ne peut être qu'un fait providentiel comme tous les autres, mais apte à remuer l'esprit des hommes qui en ignorent le secret. « Que de gens, dit Saint Augustin, et en grand nombre, qui sont plus occupés de l'admiration des choses que de la connaissance des causes par lesquelles les prodiges cessent d'être des prodiges ! Il faut les exciter à la foi des choses invisibles par des miracles visibles afin qu'ils parviennent là où l'on cesse d'admirer pour se familiariser avec la vérité. Au théâtre, les hommes sont émerveillés d'un danseur de corde et se délectent à entendre les musiciens ; dans le premier cas la difficulté attache, et dans l'autre l'âme se repaît (2). »

M. Le Dantec raconte que M. l'abbé Naudet lui dit un jour que les miracles ne sont pas en contradiction avec le déterminisme, en preuve de quoi il lui fournit cet exemple :

« — Un homme dort sur le bas-port à l'ombre d'un pont ; une grosse pierre se détache à quelques mètres de hauteur, juste au-dessus de la tête du dormeur ; il est infailliblement condamné ; mais du bout de ma canne je donne une légère impulsion à la pierre, sa trajectoire dévie, et voilà mon homme sauvé ; voyez-vous là quelque chose qui soit en contradiction avec les lois naturelles ? Dieu peut donc faire des miracles

---

(1) *Contra Faust.* L. XXVI, c. III. Voir : E. Nourry. *Le miracle d'après Saint Augustin.* Paris, 1903, in-8°, p. 6-8. Extrait des *Annales de philos. chrétienne.*
(2) S. Augustin. *Lettre* CXX à Consentius.

sans donner le moindre accroc aux lois qu'il a imposées au monde. —

« Evidemment l'effort de la canne du sauveur est *petit* par rapport à la force vive du pavé qui tombe ; mais il n'est pas nul, et il a une équivalence mécanique ; tandis que si c'est Dieu qui est intervenu par l'exercice d'une volonté qui se manifeste *sans que se modifie rien qui soit susceptible de mesure*, son intervention, si minime qu'elle soit, est en contradiction avec le déterminisme universel (1). »

Je ne sais ce que répondit M. l'abbé Naudet, mais s'il eût été de l'opinion que semblent tolérer Malebranche et Saint Augustin et qu'avait franchement adoptée l'abbé d'Houteville, il eût pu lui répondre :

J'admets qu'aucune action de Dieu dans le monde ne se produise sans que du même coup se modifie quelque chose qui soit susceptible de mesure, Dieu n'agissant que par les lois générales, c'est-à-dire dans et par le déterminisme qu'il a institué.

Mais alors, eût pu répliquer M. Le Dantec, comment discernez-vous un miracle d'un fait ordinaire par les méthodes scientifiques ? Et j'ignore comment on eût pu lui répondre.

Je me fusse contenté pour ma part de lui rappeler cette page immortelle de Spinoza :

« Le miracle ne peut rien signifier d'autre qu'une chose dont nous ne pouvons pas expliquer la cause naturelle par l'exemple d'une chose accoutumée. La puissance de la nature n'est rien de plus que la puissance de Dieu, laquelle nous ne pouvons comprendre tant que nous ignorons les causes naturelles.

...Qu'il me soit permis de vous demander si nous,

---

(1) F. Le Dantec. *L'Athéisme*. Paris, 1906, p. 226.

pauvres hommes, avons de la nature une telle connaissance que nous puissions déterminer jusqu'où va sa force ou son pouvoir et quelle chose les peut surpasser. Comme personne sans arrogance ne pourrait élever cette prétention, il ne reste plus que d'essayer, sans orgueil aucun, d'expliquer les évènements prodigieux par des causes naturelles, autant que faire se peut, et pour ce que nous ne pouvons expliquer ou démontrer être absurde ce sera assez de suspendre notre jugement et d'édifier la religion sur la seule doctrine de la sagesse (1). »

§ 4. — *Des lois considérées comme des constructions subjectives de l'esprit.*

Jusqu'ici, nous avons supposé que les lois de la nature sont quelque chose d'objectif et de fixé dans les choses, comme des sortes de ressorts qui les détermineraient à agir en des sens toujours définis.

Mais, après la critique kantienne, il est bien difficile d'en demeurer à cette conception périmée. La science n'est qu'une abstraction, qu'une construction de l'esprit. Certes, elle a été suggérée par les choses ; mais elle n'est qu'une image déformée des choses : L'esprit est le miroir sans lequel la science est impossible et, comme tous les miroirs, il donne des images qui sont conditionnées par sa propre nature. Chacun

---

(1) Spinoza. *Tract. Theol. polit.* VI. *De miraculis.* Dans la traduction Saisset on pourra consulter sur ce point : *Traité théologico-politique* : Préface, p. 10; ch. I. De la prophétie, pp. 26-27; ch. II. Des prophètes, p. 35, 36, 38, 42, 43; ch. III. De la vocation des Hébreux, pp. 56-58; Le chapitre IV tout entier : Du miracle; ch. VII. De l'interprétation de l'Ecriture, p. 136; ch. IX. A quel titre les Apôtres ont-ils écrit leurs épîtres, p. 207; Ethique Prop. 17 et Schol. 2; Prop. 33 et Schol. 1 et 2; Epîtres XXI, XXV, qui sont les lettres VIII, X et XII de la trad. Saisset. — Voir spécialement la lettre X qui répète la citation ci-dessus.

connaît le jeu qui consiste à se regarder dans des miroirs convexes ou concaves et les déformations qui en résultent, à la grande joie des assistants. Notre esprit n'est pas pour la nature un miroir absolument plan. La variété même des individus en témoigne. La Nature en se réflétant en lui s'y déforme : mais c'est précisément cette déformation que nous appelons la science et les lignes de ce dessin que nous appelons les lois scientifiques du monde.

De ce point de départ élémentaire qui effraie les réalistes et les fait crier un peu vite au scepticisme radical on a été conduit à la thèse de la contingence des lois de la Nature.

Mais il s'agit de la bien comprendre. Cette contingence n'est pas, comme les vieux théologiens seraient tentés de le croire, une abdication de la science en faveur du hasard et un retour déguisé à l'athéisme. Les contingentistes français ont affirmé avec autant de fermeté que les orthodoxes les plus traditionalistes leur foi en l'existence de Dieu.

Si d'ailleurs tout était radicale contingence et parfait hasard, il est bien évident que le miracle demeurerait indiscernable et il n'y aurait d'ailleurs aucune raison de parler d'intervention divine, puisque nous aurions toutes raisons pous ne point parler d'un Dieu.

Qu'est-ce donc alors que la thèse de la contingence des lois de la nature et qu'entend-on par là ?

La contingence des lois de la nature suppose que les lois scientifiques ne sont que des approximations. C'est l'avis même des plus éminents parmi les savants contemporains.

« Si nous envisageons une loi particulière quelconque, écrit M. Poincaré, nous pouvons être certain d'avance qu'elle ne peut être qu'*approximative*. Elle est en effet déduite de vérifications expérimentales, et ces vérifications n'étaient et ne pouvaient être qu'approchées. On doit toujours s'attendre à ce que des mesures plus précises nous obligent d'ajouter de nouveaux termes à nos formules; c'est ce qui est arrivé par exemple pour la loi de Mariotte.

De plus, l'énoncé d'une loi quelconque est forcément *incomplet*. Cet énoncé devrait comprendre l'énumération de *tous* les antécédents en vertu desquels un conséquent donné pourra se produire. Je devrais d'abord décrire *toutes* les conditions de l'expérience à faire, et la loi s'énoncerait alors : Si toutes les conditions sont remplies, tel phénomène aura lieu.

« Mais on sera sûr de n'avoir oublié aucune de ces conditions que quand on aura décrit l'état de l'univers tout entier à l'instant t; toutes les parties de cet univers peuvent en effet exercer une influence plus ou moins grande sur le phénomène qui doit se produire à l'instant $t+dt$ (1) ».

Ainsi les lois que nous établissons ne sont que des lois approchées et, par suite, n'impliquent pas un déterminisme rigoureux.

Il y a plus, notre esprit ne pouvant concevoir la science que sous la forme d'un enchaînement, par une exagération à peu près inévitable, la nature lui apparaît comme déterminée, alors qu'elle n'est en réalité que déterminable.

Les lois scientifiques sont en effet une image déterministe de la nature. Mais cela tient aux nécessités même de notre esprit et l'on peut dire qu'en tant que ce déterminisme dépend d'une vue de l'esprit, il n'est en somme qu'une contingence.

De la sorte, les lois scientifiques sont des abstraits contingents : contingents en ce qu'elles faussent la réalité, qu'elles schématisent en la fragmentant arti-

---

(1) Poincaré. *La valeur de la science*. P. Flammarion, s. d., in-12, p. 248-249.

ficiellement, j'allais dire artificieusement ; contingents en ce qu'elles ne s'élaborent qu'au moyen d'un miroir dont le tain serait déterministe, ce qui tendrait à nous faire croire qu'il y a dans le monde un déterminisme que nous avons le droit d'y supposer, mais qui peut-être aussi n'est, partiellement du moins, que le reflet des formes de notre esprit. Matériellement, objectivement, la nature nous échappe, mais *formellement* elle ne nous arrive que par fragments et dans un miroir à courbure déterministe.

M. Émile Boutroux, dans deux essais célèbres : *De la Contingence des lois de la nature* et *Essai sur l'Idée de loi naturelle*, s'est efforcé de montrer que la science n'impose pas le déterminisme (quoi qu'elle fasse, la réalité est ce qu'elle est), mais elle le postule.

« La science, dit M. Le Roy, ne nous révèle qu'une nécessité diffuse traversée de beaucoup de contingence. Elle véhicule de la nécessité plutôt qu'elle n'établit des nécessités précises. Elle nous montre la nature déterminable plutôt que déterminée (1). »

Oui, la nature apparaît indéfiniment déterminable et si la thèse de la contingence a un sens pour le savant, elle équivaut à affirmer, qu'on me permette le mot, la déterminabilité indéfinie de la nature, mais sans plus ; c'est-à-dire en réservant la part de la contingence possible que la nature peut objectivement renfermer dans son sein.

Dans cette hypothèse le miracle est-il discernable ? Nul ne le pensera après avoir lu M. Blondel :

« Nul fait, quelqu'étrange et déconcertant qu'il soit n'est impossible, écrivait-il en 1893, *l'idée de lois*

---

(1) E. Le Roy, *Essai sur le miracle*, dans *Annales de Philosophie chrétienne*, oct. 1906, p. 9.

fixées dans la nature n'est qu'une idole : chaque phénomène est un cas singulier et une solution unique. A aller au fond des choses, *il n'y a rien de plus sans doute dans le miracle que dans le monde des faits ordinaires; mais aussi il n'y a rien de moins dans le plus ordinaire des faits que dans le miracle* : et voilà le sens de ces brusqueries exceptionnelles qui provoquent la réflexion à des conclusions plus générales. Ce qu'elles révèlent, c'est que le divin n'est pas seulement dans ce qui semble dépasser les puissances accoutumées de l'homme et de la nature, mais partout là même où nous estimons volontiers que l'homme et la nature se suffisent. Les miracles ne sont donc miraculeux qu'au regard de ceux qui sont déjà prêts à reconnaître l'action divine dans les évènements et les actes les plus habituels. La nature est si ample et si diverse qu'elle est partout équivoque; et en frappant sur les âmes elle rend le son qu'on veut qu'elle rende (1). »

A bon entendeur... En effet, s'il n'est rien de moins dans le plus ordinaire des faits que dans le miracle, on ne saurait demander au savant, en tant que tel, d'en être le témoin ou de le distinguer des autres faits de la nature.

Et nous voici ramenés encore, dans cette nouvelle hypothèse, au théorème de l'indiscernabilité du miracle de la science contingentiste.

Je n'ai voulu défendre ni la thèse de l'arbitraire divin, ni celle du déterminisme absolu, non plus que la thèse du hasard ou de la contingence. Mais ayant examiné, dans chacune de ces hypothèses sur la valeur des lois scientifiques, si la science pouvait attester le miracle j'ai toujours été amené à conclure :

(1) Blondel. *L'Action.* Paris, 1893, in-8°, pp. 396-397.

Le miracle est indiscernable à la science. *Le refrain pourra sembler monotone à ceux qui n'en sauront point tirer la leçon qu'il comporte. Le miracle n'est qu'un fait ordinaire dans lequel un esprit et un cœur pieux croient reconnaître et reconnaissent en effet l'action singulière de l'Universelle Providence. L'affirmation du miracle est un point de vue de la piété ou de l'esprit religieux en faveur duquel la science ne saurait témoigner; mais contre lequel elle ne saurait non plus protester sans sortir des limites que lui assignent ses propres méthodes.*

CHAPITRE III

LES DIVISIONS ET LES LIMITES DE LA NATURE

§ 1. — *Des classifications et de l'invariabilité des espèces.*

Les théologiens scolastiques sentent confusément que l'astronome ou le physicien ne sera plus jamais le serviteur du thaumaturge ; je veux dire : se refusera de plus en plus à déclarer d'un fait quelconque qu'il est miraculeux ou à jamais inexplicable. Pressés par les circonstances, ils font désormais plus volontiers appel au médecin, à l'anthropologiste, au zoologiste, au botaniste, en un mot au naturaliste. C'est une tactique qui a rallié les plus habiles.

La science est une explication des choses. Or, il n'y a pas que la méthode d'explication du physicien : il y a aussi celle du naturaliste qui explique, non plus des faits, mais des êtres et qui les déclare scientifiquement enchaînés quand elle les a classés avec des êtres analogues. Les classes sont les explications des êtres, de même que les lois sont les explications des faits.

Le naturaliste (et dans ce sens très général le chimiste qui se consacre à la détermination des espèces chimiques est un naturaliste), le naturaliste se préoccupe de déterminer les espèces, les classes, les ordres, les règnes. C'est un constructeur de cadres et son effort consiste à faire rentrer les êtres nouvellement découverts dans les cadres anciens, et, s'il est nécessaire, à modifier les anciens cadres de façon qu'ils enserrent les nouveaux venus.

Peut-être ne voyez-vous pas tout d'abord comment le tenant du discernement scientifique des miracles pourra utiliser une telle méthode à ses fins.

On a cru longtemps que les espèces étaient composées d'être formés sur des types invariables, qu'il était aisé de définir une fois pour toutes et hors desquels il ne pouvait y avoir que des monstres, c'est-à-dire, étymologiquement, des miracles : *monstra=* prodiges, merveilles, objets ou évènements étranges.

Les monstres, jusqu'au XIX° siècle, furent considérés comme des signes surnaturels, des présages ordinairement néfastes; ils attestaient ou la colère du ciel ou quelque intervention diabolique (1). « Rompant avec ce passé, Etienne Geoffroy Saint-Hilaire s'écrie avec Montaigne : Les monstres ne le sont pas à Dieu qui voit dans l'immensité de son ouvrage l'infinité des formes qu'il y a comprises... Isidore Geoffroy publie à son tour l'histoire générale et particulière des anomalies de l'organisation. Le père nous avait laissés éblouis par quelques sentences vraies et profondes, le fils nous laisse convaincus par une œuvre achevée. De leur travail commun il reste à

(1) Cependant il ne faudrait pas oublier ces paroles admirables de Cicéron : « Quoi! nous serions effrayés parce qu'on nous annonce soit chez les animaux, soit chez les hommes, quelque enfantement monstrueux! Il n'y a, je le dis en un mot, qu'une seule explication de tous ces faits; c'est dans la nature qu'est la cause nécessaire de tout être qui naît, quelle que soit sa forme; lors même qu'elle est contraire à l'habitude, elle ne saurait être contraire à la nature. S'il se présente donc un fait insolite, étonnant, recherche la cause si tu peux; si tu ne la trouves pas, tiens néanmoins pour certain, que rien n'a pu arriver sans cause; éclairé par la nature, chasse la terreur que t'a inspirée cet évènement insolite. » *De la Divination*, liv. II, ch. XXVII, mais il faudrait tout citer et je renvoie le lecteur au traité de Cicéron.

la France l'honneur d'avoir fait rentrer les anomalies de l'organisation et les monstruosités jusqu'alors inexpliquées ou considérées comme des contresens, dans le domaine des faits naturels, nécessaires et conséquents, les conditions qui les produisent étant données. Dans leur formation, les monstres obéissent à des lois et aux lois mêmes qui régissent le développement normal des êtres (1). »

Depuis, on a même obtenu des monstres expérimentaux en soumettant la femelle en gestation à des conditions spéciales et calculées dans ce but. Les théologiens continuent, il est vrai, de discuter au sujet du baptême des monstres humains et d'enseigner, au moins en leurs livres, qu'on leur doit le dit baptême s'ils sont nés d'animaux, mais non point s'ils furent engendrés de quelque *diable incube*.

Il n'empêche que l'idée du monstre miracle ne soit aussi vétuste que celle du farfadet et ne demeure qu'à l'état de superstition.

Ces variétés qui sont les monstres auraient bien dû suggérer l'hypothèse d'une certaine variabilité des espèces ; mais la science, jusqu'à Darwin et Walace, croyait à la fixité des espèces comme à un dogme. Les théologiens, imbus d'Aristotélisme et de scolastique, en étaient tous de zélés partisans. Sur ce dogme ils édifièrent même une théorie scientifique du miracle qui peut s'exprimer en ces termes :

Nous ne savons pas ce que peuvent faire tous les êtres de la nature ; mais de ceux que nous connaissons nous savons fort bien ce qu'ils ne peuvent pas faire sans du moins sortir des limites assignées à leur espèce. Je crois même renforcer, en l'exprimant ainsi, la médiocrité ordinaire de leur argumentation. Elle

---

(1) J.-B. Dumas, *Eloges*, t. I, p. 203-204.

se rapproche assez cependant de celle qu'a soutenue Hurter (1).

Une des caractéristiques de l'espèce humaine est de ne rien savoir sans l'avoir appris. Personne ne parle une langue sans l'avoir longuement étudiée. Cependant on cite le cas d'une servante ignorante qui récitait de longues tirades d'hébreu. N'est-ce point là un fait contraire à une loi intrinsèque de la nature humaine ? N'est-ce point là un miracle ? Non point. Cette jeune fille avait été longtemps auparavant au service d'un rabbin qui avait précisément l'habitude de réciter à haute voix de longues tirades d'hébreu. Ces tirades furent emmagasinées inconsciemment par notre domestique, qui, lorsqu'elle les répéta plus tard, ne savait pas elle-même si c'était de l'hébreu ou du talapoin (2). Il n'y a donc là qu'un cas particulier d'un groupe de phénomènes très connus et dont les psychologues citent de nombreux exemples.

Ce que nous appelons caractères spécifiques correspond à ce que les théologiens appellent improprement les lois d'une nature donnée. L'ensemble de ces caractéristiques ou de ces lois équivaut à une sorte de description que l'on fait aussi précise et aussi complète que possible. Si je définis l'homme un animal raisonnable et que je m'en tienne à ces termes essentiels, la définition n'implique pas qu'il ne puisse pas savoir une langue sans l'apprendre. Cependant une définition exacte, c'est-à-dire complète devrait nous

---

(1) «Persaepe sufficit cognoscere, quoadusque naturæ vires *non pertingant*, et legem illam naturæ quæ hisce in adjunctis deberet servari. Ita nescimus accurate, quantum oneris portare possit homo sid *certo* scimus hunc vel illum actum esse contra ejusdem legem! » H. Hurter, S. J. *Theologia generalis*. Œniponte, 1883, gr. in-8°, p. 28.

(2) Voy. H. Taine : *De l'intelligence. Renaissance et effacement de l'image;* Cf. Th. Ribot : *Les Maladies de la mémoire*. P. Alcan, 1894, in-12, p. 145.

informer qu'il ne saurait connaître ce qu'il n'a jamais appris.

On ne s'étonnerait plus aujourd'hui d'un semblable phénomène tenu jadis pour preuve de l'intervention d'une espèce supérieure à l'homme, à savoir messire diable. L'emmagasinement d'une infinité de notions par la subconscience (1) d'un sujet donné et leur coordination au profit d'une personnalité qui vient parfois se substituer à la personnalité consciente, laquelle rentre à son tour dans le domaine de la subconscience, n'est plus une preuve de possession. Le critérium des limites infranchissables de telles ou telles espèces est un leurre, puisqu'il est susceptible de s'étendre de manière prodigieuse et d'englober de façon inattendue des phénomènes considérés jadis comme miraculeux.

Mais il y a plus : le dogme décrépit de l'invariabilité des espèces sur lequel reposait cette théorie est encore battu en brèche d'autre façon et réduit à une hypothèse de moins en moins probable.

Hugo de Vries, savant hollandais, a obtenu des résultats extrêmement remarquables dans la culture de certaines Œnanthera. Des types nouveaux se sont montrés subitement, sans intermédiaires ni préliminaires et sept espèces d'Œnanthera ont été ainsi produites (2).

Depuis, un Français a fait un nouveau pas en avant. M. Blaringhem ayant remarqué que c'est dans les parties des champs de maïs les plus exposés aux chocs et aux vents que les anomalies apparaissent plus fréquentes, en a conclu que la mutilation pratiquée

---

(1) Voy. Hoffding : *Esq. d'une psychol. fondée sur l'expér.*, et les ouvrages de psychologie générale.
(2) *Revue du mois*, 1906, t. II, p. 641-657.

méthodiquement pouvait créer des variétés fixes et reproductibles. L'expérience a couronné ses efforts. Il a réalisé ainsi des types nouveaux qui apparaissent comme des espèces alimentaires et nouvelles puisque leurs caractères acquis sont héréditaires et se reproduisent par graines. Cette constatation d'une variation discontinue obtenue par une sorte de chirurgie et d'affolement des plants primitifs est une porte ouverte par laquelle s'en ira tôt ou tard le vieux dogme de la fixité des espèces. On réussira plus que probablement à joindre par une série continue telle espèce classique à telle autre espèce classique et l'on cessera de voir dans les unes et les autres les résultats de deux créations distinctes et irréductibles exprimant matériellement deux archétypes divins également irréductibles.

La foi aux caractères invariables des espèces est à jamais troublée. Mais n'y a-t-il plus d'autre croyance scientifique capable de fournir des bases à une théorie du miracle ? Que non pas.

§ 2. — *Les limites des ordres de la nature sont-elles infranchissables ?*

La division de la nature en trois grands ordres était hier encore un autre dogme scientifique qui semblait favoriser l'idée de barrières naturelles infranchissables. Nul être ne pouvait, croyait-on, passer d'un ordre à l'autre ou manifester une activité qui ne fût pas du même genre que celle des êtres de son ordre propre. N'était-ce point là une autre voie permettant de définir scientifiquement le miracle ?

Chaque ordre ou chaque règne (peu importe le mot) était considéré comme l'œuvre d'une création spéciale.

Cette conception était d'ailleurs favorisée par la vieille cosmogonie mosaïque que la plupart des exégètes continuent de prendre à la lettre.

La pierre (ou la terre), la plante, l'animal, l'homme formaient par suite autant de classes d'êtres absolument distincts. Bien plus, tandis que les êtres d'un ordre supérieur possédaient à des degrés divers les qualités des ordres inférieurs, on considérait que les êtres d'un ordre inférieur ou moyen ne pouvaient manifester une des qualités propres aux êtres d'un ordre supérieur sans qu'il y eût là un fait miraculeux ou quelque monstruosité surnaturelle.

De l'inorganique à l'organique. — De nombreux théologiens semblent avoir été surtout frappés par l'idée que le fossé qui sépare la pierre de l'être vivant, plante ou animal, ne saurait être comblé que par la puissance divine. Seule, pensent-ils, elle est capable d'y jeter la vie. N'est-ce pas Dieu, dans la Genèse, qui, de son souffle, anima la glaise dont fut formé le corps de notre premier père? La pierre ne saurait fleurir et bourgeonner : ce serait là le miracle des miracles, déclare M. Bertrin, théologien et professeur de littérature, tandis que d'autres, uniquement théologiens, se contentent de protester contre la possibilité de la génération spontanée.

Sans doute, Saint Augustin et Saint Thomas ont cru à la génération spontanée, ils suivaient en cela l'opinion d'Aristote et de Diodore de Sicile. Mais il apparut aux théologiens modernes que nier la possibilité de la génération spontanée, c'était forcer la science à proclamer la nécessité d'une intervention divine dans la création. Celle-ci admise, les autres passaient à la suite.

L'idée était dans l'air, quand la fameuse querelle

de Pasteur et de Pouchet, tout à l'avantage du premier, vint démontrer qu'aucune des expériences alléguées d'ordinaire en faveur de la génération spontanée n'était valable. Toutes, disait Pasteur, supposent des germes préexistants que l'on n'a pas réussi à détruire.

Ce fut alors, parmi les apologistes, un concert de variations indéfinies sur le même thème : la génération spontanée est impossible ; l'intervention directe de Dieu est nécessaire à l'apparition de la vie.

Pasteur avait prouvé l'insuffisance des expériences de Pouchet : mais rien de plus. Les théologiens, en s'appuyant sur lui et sur ses expériences pour soutenir la thèse de l'impossibilité de la génération spontanée, dépassaient singulièrement les droits de la saine logique. Il n'y a là, selon un mot dur mais juste de M. Le Roy, qu'une « exploitation abusive de la science (1). »

Jadis on considérait le mouvement spontané comme caractéristique de la vie. Les mouvements de l'aiguille aimantée contredisaient cependant un tel exclusivisme. Plus tard, lorsque les apologistes devinrent plus savants, il fut de mode de défier les chimistes de produire une substance organique. On eût volontiers défini le vivant un laboratoire qui produit des substances organiques. Berthelot vint, qui opéra ces impossibles merveilles. Un courant électrique lui suffit pour faire de la synthèse organique une affaire expérimentale. — On se sauva en devenant encore plus savant. La caractéristique de la vie, déclara-t-on à la suite de Pasteur, c'est la production par le vivant de substances organiques dissymétriques. Et l'on re-

---

(1) E. Le Roy. *Essai sur la notion du miracle*, dans Annales de Philosophie chrétienne, oct. 1906, p. 13.

nouvela aux physiciens et aux chimistes le défi de l'avant-veille. Fabriquez-nous, leur dit-on, des substances organiques dissymétriques (1).

Pasteur, encore une fois, inspirait mal les apologistes. « Il était persuadé, écrit Vallery-Radot, qu'on ne parviendra à franchir la barrière qui existe entre les deux règnes minéral et organique — et qui se traduit à nos yeux par l'impossibilité de produire dans les réactions du laboratoire des substances organiques dissymétriques, — que si l'on arrive à introduire dans ces réactions des influences dissymétriques. Le succès dans cette voie donnerait accès, suivant lui, à un monde nouveau de substances et *probablement aussi de transformations organiques* (2). »

Les cassures imaginées par M. Blaringhem pour produire de nouvelles espèces de maïs ne sont-elles pas des influences dissymétriques ? Mais si des influences de cet ordre sont susceptibles de produire de profondes transformations du vivant, que donneraient des influences dissymétriques appliquées à la matière inorganique. C'est là un champ ouvert aux recherches. Mais déjà de hardis pionniers ont essayé d'y pénétrer.

M. S. Leduc observa, après beaucoup d'autres, le rôle considérable de l'osmose dans les réactions physiologiques. C'est par osmose que les racines absorbent les sucs nourriciers du sol ; la digestion, la respiration animale supposent d'incessants phénomènes d'osmose. Mais de cette observation élémentaire, M.

---

(1) Sur la distinction de la vie et de l'inorganique. Cf. : H. de Varigny, *La Nature et la Vie*, P., 1905, in-12, p. 20-36. — A. Dastre, *La Vie et la Mort*, P., s. d., in-12, p. 228-295. — L. Houllevigue, *L'Evolution de la Science*, P., 1908, in-12, p. 227-257.
(2) *M. Pasteur. Histoire d'un savant par un ignorant*. Paris, in-12, pp. 37-38. Voir encore : R. Vallery-Radot. *La Vie de Pasteur*. Paris, 1900, gr, in-8°, p. 83-84.

Leduc induisit une méthode dont la simplicité lui a donné de remarquables résultats. Pensant que la vie avait dû se produire jadis dans le fond des eaux et sous l'effort de diverses pressions osmotiques, il construisit une graine artificielle qu'il sema dans une solution aqueuse afin d'y provoquer les phénomènes d'osmose qu'on observe chez les vivants.

Son attente ne fut pas trompée : il obtint aussitôt par osmose, c'est-à-dire par échange de liquides à travers l'enveloppe de sa graine artificielle, des pseudoplantes de quinze ou vingt rameaux réalisant des formes variées qui toutes rappelaient quelque forme végétale.

« La substance pour grandir et grossir, écrit-il, est empruntée au milieu de culture; il y a donc nutrition par intussusception. L'organisation est compliquée puisque, en plus de la différenciation en rhizomes horizontaux, tiges verticales, feuilles et organes terminaux, il existe nécessairement un appareil circulatoire dans lequel la substance membranogène et le sucre s'élèvent jusqu'à 30 centimètres de hauteur. *Ces trois fonctions, nutrition par intussusception, croissance et organisation considérées jusqu'ici comme caractéristiques de la vie, se trouvent ainsi réalisées par les forces physiques.* Les croissances des cellules artificielles sont très sensibles à tous les excitants physiques et chimiques; elles cicatrisent leurs blessures; lorsqu'une tige est brisée avant l'achèvement de la croissance, les fragments se juxtaposent et se ressoudent et la croissance recommence.

« Une seule fonction reste à réaliser pour achever la synthèse de la vie : la reproduction en série. Je considère ce problème comme de même ordre que ceux déjà résolus (1). »

(1) S. Leduc. *Les bases physiques de la vie et la Biogénèse.* Conférence faite le 7 déc. 1906, Masson, in-12, p. 13-14.

On ne saurait nier qu'il y ait là une étape sur la route indiquée par Pasteur. Cet emploi méthodique et expérimental de l'osmose n'est pas autre chose que l'utilisation d'une influence dissymétrique. Au reste, on ne saurait oublier que M. Leduc soumet les solutions aqueuses dans lesquelles il opère, à des influences électriques qui, dans l'esprit de Pasteur, jointes aux influences magnétiques (et pourquoi M. Leduc n'utiliserait-il pas ces dernières?) devaient aider un jour à franchir la barrière qui sépare le minéral de l'organique.

La génération spontanée n'est pas encore expérimentalement réalisée, bien que s'avèrent de plus en plus insuffisantes toutes les caractéristiques qui différenciaient jusqu'alors l'inorganique et l'organique; mais qu'en conclure?

« Ou bien il faut admettre que la vie existait sous forme latente et diffuse dès la première origine du monde; et ce sera l'opinion de ceux qui estiment la matière essentiellement relative à l'esprit. Ou bien si l'on accepte l'idée d'une ère cosmique primitive, où la vie n'était point du tout, à aucun degré ni sous aucune forme, il faut admettre que la production de la vie à partir de la matière brute ne dépasse pas la puissance de la nature, puisque nous ne pouvons déterminer cette puissance que d'après ce qui se produit (1). »

Du règne végétal au règne animal. — Les frontières qui séparent le monde végétal du règne animal ont paru également infranchissables. Les apologistes qui soutiennent cette thèse seraient peut-être assez em-

(1) E. Le Roy. *Essai sur la notion du miracle*, dans Annales de Philosophie chrétienne, oct. 1906, p. 13-14.

barrassés si on les interrogeait sur les caractères qui différencient la plante de l'animal.

La plante, comme l'animal, naît, se nourrit, croît, se reproduit et meurt; mais la plante est fixée au sol où elle puise la vie, tandis que l'animal se meut plus ou moins rapidement. Or, cette différence n'est pas si caractéristique qu'on le pourrait croire au premier abord. Certaines plantes sont capables de se déplacer pour se fixer dans un sol plus nourricier. Et si nous regardons aux infiniment petits, voire simplement à la classe des animaux-plantes (zoophytes), les caractères différentiels des deux règnes apparaissent aussi peu définis que possible (1).

Ce n'est pas d'ailleurs sur ce point précis que les théologiens font porter la discussion et ils n'ont jamais cherché, comme pour la génération spontanée, à prouver que l'apparition de l'animal selon l'idée de la Genèse eût nécessité l'intervention divine. En revanche, forts de ce qu'ils considèrent comme une vérité rigoureuse, ils ont affirmé qu'une plante ne saurait manifester certaines qualités de l'animal sans qu'il y eût miracle et miracle éclatant.

Et l'on cite les verges changées en serpents tant par Moïse que par les magiciens du Pharaon, ou encore les crucifix ou les hosties qui ont répandu du sang. Pour moi, je serais disposé à accorder aux théologiens que les verges, le bois des crucifix, le pain azyme des hosties, bien qu'issus de substances végétales, peuvent être mis au nombre des substances inertes et que le miracle n'en est que plus grand.

Malheureusement, nous savons ce qu'il faut penser des récits de l'Exode et nous pouvons d'ailleurs pré-

(1) Le Volvox minor est considéré par certains naturalistes comme un végétal, par les autres comme un animal.

sumer que la tradition biblique n'est que le souvenir d'un tour commun parmi les peuples orientaux. Certains serpents ont la propriété de tomber dans une raideur cataleptique lorsqu'on les touche à la tête et de se déraidir sous l'influence du souffle du charmeur.

Pour les crucifix saignants, ils sont, de façon définitive, classés parmi les récits indiscutablement et radicalement légendaires. Ce n'est point ici le lieu d'en indiquer l'origine.

Il semble que la difficulté soit plus grande au sujet des hosties sanglantes. Chacun sait sans doute que le pain ne saigne pas. Une pâte de farine de blé, surtout après avoir été cuite, ne semble pas pouvoir produire du sang. Le blé, substance végétale, ne saurait engendrer une substance animale. A ce compte nous devons être certains que le miracle de Bolsène, immortalisé par Raphaël, dépasse les forces du monde des plantes. Une hostie qui saigne est une hostie miraculeuse.

« Les académies, il y a seulement dix ans, eussent été fort embarrassées d'expliquer un fait si étrange. On n'est même pas tenté de le nier depuis la découverte d'un champignon microscopique dont les colonies établies dans la farine ou dans la pâte, ont l'aspect de sang coagulé. Le savant qui l'a trouvé, pensant avec raison que c'était là les taches rouges de l'hostie de Bolsène, appela le champignon Micrococus prodigiosus (1). »

Tout s'explique sans qu'il soit nécessaire de passer

---

(1) A. France. *Le Jardin d'Epicure*, p. 212. — La fraude suffit d'ailleurs quelquefois à expliquer ce miracle. Le Concile de Cologne en 1452 fut obligé de recommander aux ordinaires d'exercer toute leur vigilance relativement « aux hosties que des quêteurs charlatans faisaient paraître comme changées en chair ou en sang. » Mgr Héfélé. *Histoire des Conciles*, trad. Delarc, t. X, p. 335.

d'un ordre de la nature à un autre. Champignon, catalepsie animale, il y aura toujours des êtres ou des phénomènes que la science ne connaîtra pas. « C'est pour cela qu'elle devra toujours, au nom de l'éternelle ignorance, nier tout miracle et dire des plus grandes merveilles, comme de l'hostie de Bolsène : ou cela n'est pas ou cela est, et si cela est, cela est dans la nature et par conséquent naturel (1). »

De l'animal sans raison à l'animal raisonnable. — Un chanoine de l'avant-dernier siècle écrivait : « On ne connaît pas toutes les propriétés de la nature, mais néanmoins on en connaît assez pour juger qu'elle ne peut produire la pensée (2). » C'est d'ailleurs en s'appuyant sur un postulat de ce genre que maints théologiens ont interprété les phénomènes que présentent les « tables tournantes » et conclu à l'intervention du diable. Il est vrai qu'ils sont aujourd'hui seuls de leur avis ; on ne voit pas que la présence du diable ou des esprits défunts soient nécessaires pour expliquer les réponses intelligentes que fournit un bois inintelligent. Chevreul, et plus tard Babinet, expliquèrent les mouvements des tables par les impulsions inconscientes des doigts que l'on pose sur elles. D'autres, aujourd'hui, inclinent à voir dans certains cas de ce genre l'action d'un fluide humain capable d'être impressionné par notre subconscience et d'actionner des corps matériels.

Au reste, qu'est-ce que la matière et qu'est-ce que la pensée ? Le matérialiste ne voit partout que matière

---

(1) A. France. *Le Jardin d'Épicure*, p. 213.
(2) Berbis de Corcelles. *Dissertation sur la nature et les caractères distinctifs des vrais miracles.* Beaune, 1774, in-12, pp. 37-38. On retrouve la même idée dans un ouvrage plus récent du R. P. Lescœur. *La science et les faits surnaturels contemporains.* Paris, 1900, in-12, p. 252.

et phénomènes matériels. La pensée, dit-il, est une force analogue aux forces physiques. Et d'ailleurs ce n'est pas chimère que d'espérer qu'en vertu du principe de l'équivalence des forces, on parvienne à enregistrer le mouvement vibratoire et mesurable auquel elle se réduit. Le phrénographe sera dès lors à la pensée ce que le phonographe est au son. Les expériences que fit jadis le docteur Luys à la Charité peuvent même indiquer la voie. Des couronnes aimantées, transportées de la tête d'un sujet A sur la tête d'un sujet B semblaient modifier le cours de la pensée du second dans le sens de la pensée du premier. Bien plus, les rayons N du docteur Blondot ont fait espérer un moment que l'on pourrait enfin réaliser une photographie des vibrations cérébrales.

A la thèse du matérialiste, l'idéaliste répond :

Être et penser sont rigoureusement la même chose. Il n'est rien de réel dans la nature que la pensée, les phénomènes matériels sont pure apparence. La matière se résout en forces inétendues indivisibles et purement spirituelles. Nous ne connaissons pas le côté gauche d'une température ni le haut ou le bas d'une odeur. On ne saurait mesurer l'étendue d'un bémol. La couleur elle-même, qui a permis à nos sens d'acquérir la notion d'étendue, est une pure qualité. Le langage scientifique nous fait illusion parce qu'il s'exprime en termes optiques, mais tout se résout en états de conscience, c'est-à-dire en quelque chose d'inétendu et d'indivisible.

En réalité, les notions de matière et de pensée sont tellement vagues, tellement imprécises qu'on peut défendre avec autant de raisons ces opinions divergentes. Je suis persuadé que l'assertion du chanoine Berbis de Corcelles n'eut aucunement impressionné Berkeley, évêque de Cloyne.

Mais reprenons pied sur le terrain strictement scientifique. Nombre de naturalistes, catholiques ou non, nous diront que la pensée est le propre de l'homme et que c'est la Raison seule qui nous distingue de l'animal. Est-ce bien certain ? Je livre le fait suivant à leurs méditations :

« Un de nos amis, écrit M. Hachet-Souplet, nous ayant rapporté un merveilleux trait d'intelligence de la part d'un coati, nous avons résolu de provoquer artificiellement autour d'un autre coati, des circonstances analogues à celles dans lesquelles le premier s'était trouvé quand il donna une si grande preuve de sagacité. On sait que l'espèce est très friande d'œufs de poule; nous en plaçâmes un sur une haute cheminée, de façon à ce qu'il pût être vu du coati et, après avoir éloigné légèrement les sièges, nous quittâmes la pièce en nous arrangeant toutefois de manière à ne rien perdre de ce que ferait notre sujet.

Il s'agita d'abord, sauta deux ou trois fois, mais voyant que son élan ne le portait qu'à mi-hauteur de la tablette, il semblait réfléchir un instant. Il se dirigea ensuite vers une chaise en chêne ciré qu'il essaya d'attirer du côté de la cheminée, mais ses pattes glissaient sur le bois et il renonça à son entreprise; il semblait désespéré. Cependant il aperçut dans un coin un paquet de vieux chiffons et parut frappé d'une véritable idée. *Ayant pris une des bandelettes, il en entoura le pied de la chaise et se mit à l'attirer à reculons.* Quand le siège fut contre la cheminée, en deux bonds mon coati monta sur celle-ci et s'empara de l'œuf. J'estimai qu'il l'avait bien gagné et je lui en offris plusieurs au nom des psychologues reconnaissants (1). »

Nous venons de voir ce qu'il faut penser des facultés du singe. La théorie de Darwin qui fait descendre l'homme d'un ancêtre qui leur serait commun est une hypothèse à laquelle on ne saurait opposer aucune impossibilité.

« Cette distinction entre les différents ordres de la nature, écrit M. l'abbé Bros, est très légitime pourvu que l'on ne se fasse pas illusion sur sa nature objective. Elle est une vue de l'esprit, utile pour classer le monde des choses, mais qui n'existe que pour notre pensée. En réalité, la vie psychique, la vie animale, la vie végétative et la matière sont unies et leurs lois se compénètrent tellement qu'il est impossible d'affirmer que dans un cas donné les lois de la pensée sont en cause, ou celles de la matière (2). »

Une hirondelle ne fait pas le printemps et M. l'abbé Bros ne représente pas l'opinion traditionnelle, mais on peut être assuré que la thèse de l'impossibilité de passer d'un ordre de la nature à un ordre supérieur de cette même nature, disparaîtra fatalement de l'apologétique.

§ 3. — *Les limites de la nature universelle.*

Les limites des espèces sont indécises, et celles des ordres de la nature tout aussi peu fixées, c'est entendu. Toutefois les théologiens ont le sentiment que certains faits surpassent, non point seulement les for-

---

(1) P. Hachet-Souplet. *Examen psychologique des animaux.* Paris, 1900, in-12, p. 70-71.
(2) Cf. L. Houllevigue. *L'Évolution des Sciences*, P., Colin, 1908, in-12, p. 217-219. — Dastre. *La Vie et la Mort*, p. 233 et suiv.

ces de telle nature spécifique ou de tel ordre de la nature, mais les forces de toute la Nature.

Saint Thomas écrivait : « Une chose est dite miracle, au sens propre, qui arrive en dehors de l'ordre de la Nature. Mais il ne suffit pas qu'elle arrive en dehors des lois d'une nature particulière pour être un miracle au sens strict. Autrement celui qui jette une pierre en l'air ferait un miracle, puisque cela n'est pas dans la nature de la pierre. Un miracle est donc ce qui est en dehors de toute la Nature créée. Or, cela, Dieu seul peut le faire (1). »

L'Ange de l'École a mis les théologiens dans l'obligation de savoir discerner quand un fait est en dehors de toute la Nature créée. Ils n'y ont pas failli. Mais ne pouvant s'appuyer alors sur un critérium d'ordre scientifique, puisque la science se refuse à fixer les limites de la Nature et de sa puissance, ils ont eu recours au *sens commun*.

C'est ainsi que deux apologistes contemporains, et non des moindres si l'on en juge par le corps auquel ils appartiennent, font du discernement du miracle une affaire de bon sens ou d'élémentaire évidence (2).

Il y a certains faits qui sont propres à Dieu, ce sont même ceux que l'on appelait jadis les miracles de premier ordre; par opposition à ceux qui pouvaient

---

(1) *Summa theologica*, 1ᵉ Pars p. CX, art. IV in corp.
(2) De Bonniot. *La Providence et le Miracle devant la Science mo-* in-12, p. 64. Je cite cet ouvrage car dans son livre intitulé *Miracle et Savants. L'objection scientifique contre le miracle*, Paris, 1882, in-12, il n'aborde même pas la question du discernement du miracle.
G. Sortais. *La Providence et le Miracle devant la Science moderne*. P., 1905, in-12, p. 102. — Il y a selon ce dernier des cas où la cause naturelle est évidemment absente », et il cite en preuve les miracles de Lourdes. Même argumentation dans Mgr E. Méric. *Le Merveilleux et la Science*. Paris, s. d., in-12, p. 410.

être imités par le diable, et n'étaient par suite que des miracles de second ordre (1).

Les théologiens estiment que ressusciter un mort, arrêter le soleil, rendre à un membre atrophié sa vigueur, etc., etc. (2), sont œuvres aussi difficiles que de créer et par suite œuvres exclusivement divines. Cette appréciation n'est en rien fondée puisque nous ne saurions mesurer la difficulté de créer, pas plus que celle de ressusciter un mort ou de rendre sa vigueur à un membre atrophié. En réalité, les théologiens qui soutiennent cette opinion n'ont pas d'autres raisons que celles-ci : Tous ces faits sont impossibles à la Nature et, soulignent-ils, aux forces de la Nature entière, donc ils sont divins.

Impossible : voilà le grand mot lâché ou plutôt retrouvé. Il sera bon d'en préciser le sens et la portée.

D'un *fait inhabituel* on dit volontiers qu'il est *invraisemblable*; ce qui équivaut à dire qu'il est étrange, la vraisemblance résultant, comme nous l'avons vu, de l'accoutumance.

On dit d'un fait qu'il est *inexplicable* quand on n'en peut découvrir les *lois*. Cela ne signifie pas qu'il n'ait point de loi, mais seulement que nous ne la connaissons pas encore (3).

---

(1) Cette distinction m'a toujours paru des plus faibles. Le démon, dit-on, ne saurait ressusciter un mort, mais il peut animer un cadavre et le faire agir comme s'il était le corps d'un homme vivant. Comment discerner cette réanimation d'une vraie résurrection. Il n'y a pas d'exemples qui ne puissent être expliqués par les deux hypothèses: Diable ou Dieu. Saint Antoine parlant des démons à ses moines disait : « Ils sont audacieux et impudents. Ils imitent toutes sortes de spectacles effrayants, se changent en femmes, en bêtes féroces, en reptiles, en corps énormes, en milliers de soldats. » Sanctus Athanasius. *Vita S. Antonii*, 24.
(2) Ch. Pesch, S. J., *Prælectiones dogmaticæ*. Friburgi Brisgoviæ, 1889, gr. in-8°, t. I, p. 110.
(3) Nous sommes si éloignés de connaître tous les agents de la nature, qu'il serait peu philosophique de nier l'existence des phéno-

Enfin, d'un fait dont on est incapable d'imaginer un *comment*, on dit qu'il est *impossible*. Dès que nous réussissons à combiner un mécanisme qui permette non pas de reproduire un fait, mais de nous représenter une façon dont il peut se produire, nous pensons que ce fait est possible. A vrai dire, le possible n'est que la mesure de notre imagination et lorsque nous disons qu'un fait est impossible nous avouons simplement que notre imagination est à bout de ressources. Ce n'est pourtant pas miracle que notre imagination soit quelquefois déconcertée.

Le champ des possibilités naturelles est, pour Descartes, *illimité*, notre imagination ne saurait inventer de prodiges que le mécanisme de la nature soit impuissant à exécuter (1).

« Il semble, dit Nicole, que l'ignorance où les hommes sont de la puissance de la nature leur ôte tout droit de définir ce qui est possible ou impossible (2). » J'ajouterai qu'à cet égard il n'y a personne qui n'ait le devoir de se défier de soi.

L'idée du possible et de l'impossible est fonction du temps où l'on vit, des connaissances générales du dit temps, de nos connaissances particulières et de notre capacité d'invention. Elle est donc infiniment variable. Exemple : Nos physiciens savent depuis longtemps décomposer la lumière et, par suite, déterminer la nature des sources lumineuses. Or, dix ans avant la découverte de l'analyse spectrale, Auguste Comte déclarait qu'il était impossible de connaître

mènes, uniquement parce qu'ils sont inexplicables dans l'état actuel de nos connaissances. Seulement nous devons les examiner avec une attention d'autant plus scrupuleuse qu'il paraît plus difficile de les admettre. » Laplace. *Théorie analytique des probabilités*, Paris, 1812, in-8°, p. 358.

(1) *Principes de la Philosophie*, IV, 116-187.
(2) Nicole. *Pensées*. Paris, 1806, in-12, p. 94.

jamais la composition chimique des astres. Autre exemple : De nombreux savants ont poursuivi presque jusqu'à nos jours l'impossible solution de la quadrature du cercle. « M. Lindeman, s'inspirant des profondes recherches d'Hermite sur la transcendance du nombre e, a pu établir l'impossibilité de la quadrature du cercle, proposition dont depuis deux mille ans on cherchait en vain une démonstration rigoureuse ; la démonstration, considérablement simplifiée, peut figurer aujourd'hui dans l'enseignement élémentaire de nos Universités (1). »

Rien n'est donc plus incertain que les limites de l'impossible en dehors des contradictions mathématiques. Mais alors l'impossibilité devient l'absurde et n'est pas plus possible à Dieu qu'à la Nature. Quand le R. P. Pesch affirme que s'élever dans les airs est chose impossible selon la nature, il n'en donne aucune raison : il atteste son sentiment. On trouve d'ailleurs d'autres théologiens pour penser le contraire. Il faudrait, pour que le P. Pesch eût cause gagnée, que les faits de lévitation impliquassent une contradiction mathématique et si l'on parvenait à l'établir on pourrait être assuré qu'il ne s'en serait jamais produit.

Cet appel au sens commun, comme juge de l'évidence, est un coup de désespoir. Ne faut-il pas, en effet, désespérer de sa cause pour faire juge de la possibilité ou de l'absurdité scientifique le bon sens populaire et cela précisément en des matières où les savants eux-mêmes n'ont pas trop de toute leur prudence et de toute leur habileté ?

Si demain on venait à rendre une jambe vivante à

---

(1) E. Picard, *La science moderne et son état actuel*. Paris, 1906, in-12, p. 85.

un amputé (1), le savant devrait-il donc renoncer tout d'abord à chercher de cet heureux fait une explication? Le grand chrétien que fut Ch. Lenormant ne le pensait point : « Un homme qui tremble devant un phénomène naturel, écrivait-il, ou qui sursoit à en rechercher la cause dans la crainte de substituer un fait indifférent de la nature à une preuve de la puissance de Dieu n'est pas un chrétien (2). » S'il croit, en vérité, qu'il y a des faits purement indifférents, croit-il donc vraiment à l'universelle Providence?

(1) Ce miracle singulier, se raconte en Espagne. Cardinal de Retz. *Mémoires*, t. V, p. 100.
(2) Ch. Lenormant. *De la divinité du Christianisme dans ses rapports avec l'Histoire*. Paris, 1869, in-8°, p. 166.

CHAPITRE IV

L'ÉVOLUTION DES IDÉES DE NATURE, DE SCIENCE ET DE SURNATUREL

§ 1. — *L'état d'esprit théologique.*

Dans notre première partie (1) les données de la science nous ont permis de préciser l'attitude que doit adopter l'historien en face de phénomènes singuliers, qui lui paraissent d'ailleurs suffisamment attestés. L'histoire va pouvoir nous fournir à son tour des indications générales qui nous feront mieux sentir pourquoi, ainsi que nous l'arffirmions au début de cette étude, le miracle répugne de plus en plus à l'esprit contemporain.

A. *L'animisme ou la confusion primitive.* — Longtemps l'homme n'a vu dans le monde qu'un troupeau d'êtres divins aussi dissemblables qu'étranges (2). La nature était pour lui toute entière animée, et du rocher à l'étoile, tout vivait d'une façon indéfinissable, mais réelle (3). Presque dès ses premiers pas, l'homme raisonnable a senti sur ses mains, sur son front les larmes des choses; en cela semblable à cet enfant qui, montrant à son petit camarade les premières lueurs des éclairs dans la nue, y voyait : « Les clignements

---

(1) *Le Miracle et la Critique Historique.*
(2) Avant l'animisme on peut supposer une période *passive*, durant laquelle l'homme ne s'élevait guère au-dessus des idées de l'animal.
(3) Sur l'animisme universel. Voir Th. Ribot, *L'Imagination créatrice*, Paris, 1900, in-8°, p. 23, 103-104. E.-B. Taylor. *La Civilisation primitive*, Paris, 1876, in-8°, I, 326.

d'yeux de l'orage (1). » Les dieux ne lui paraissaient point distincts de choses, les roulements du tonnerre étaient les grondements de leur voix et le souffle doux des vents d'été la tiédeur de leur haleine. La science se confondait alors avec la croyance, c'était une physique divine qui ne visait guère qu'aux applications pratiques. Ne fallait-il pas apaiser le courroux du torrent? et l'irritation de l'écueil? contraindre l'esprit des vents à respecter l'abri primitif? Le culte était avant tout un art et une technique et se résolvait en magie. L'art de cuire les viandes, l'art de construire une hutte était des arts rituels, c'étaient aussi des formes de la morale. Dans ce monde des peuples animistes tout était dieu; la nature entière était divine; la science ne se distinguait guère de la technique, mais le surnaturel n'existait pas.

B. *Le Polythéisme spiritique.* — Pour des hommes moins grossiers les dieux apparurent plus distincts des êtres matériels, célestes et terrestres; ils habitèrent la nature à la façon dont l'homme habite sa demeure, mais ne se confondaient plus avec elle. L'œil de la contemplation a cessé d'être tourné uniquement vers les choses inhumaines. L'homme avec le monde regarde l'homme. Les dieux s'enfoncent dans les sources ou s'élèvent de leurs vapeurs; se cachent dans les arbres ou jouent sous leurs ombrages, mais ils ne sont que les hôtes du monde; comme l'homme ils habitent des tentes. Par ce caractère essentiel les dieux du polythéisme se différencient des dieux de l'animisme, ils ne se confondent plus avec la nature, leurs mouvements sont distincts de ses mouvements.

(1) Sur l'animisme chez l'enfant. Voir Renan, *Cahiers de jeunesse*, p. 368. Th. Ribot, *L'Imagination créatrice*, Paris, 1900, in-8°, p. 90-91.

Les phénomènes que l'homme peut reproduire, et ceux qui, indépendants de lui, manifestent une régularité frappante l'amènent à ne plus voir l'action des dieux dans les phénomènes coutumiers. La croissance des pins est un phénomène naturel, bien qu'elle puisse être favorisée par un dieu; mais la plainte du vent d'orage dans leurs branches est une plainte divine. Les dieux sont des magiciens à la façon des sorciers humains (1); mais ils n'interviennent que dans les cas extraordinaires. Les dieux prennent un aspect plus moral, il y a désormais de bons et de mauvais génies. La prière dès lors se mêle à la magie, l'intercession suppliante aux rites de contrainte. Le *sacrifice don* tend à remplacer dans nombre de cas le *sacrifice de communion*. La science et la technique commencent à se séparer de la religion et du culte. La science, ou ce qui l'annonce, distingue les êtres naturels de leurs habitants divins. La Nature cesse d'être le corps même des dieux et ceux-ci se dégagent de sa gangue. Le surnaturel est fréquent et le miracle apparaît à chaque instant, décelant ici ou là, la présence de quelque divinité. Les seuls caractères du miracle sont alors l'étrangeté ou la force, la singularité ou la violence. C'est à peine si parfois s'y joint quelque notion morale.

C. *Le monarchisme divin.* — Enfin l'homme émergeant de l'égoïsme, se contemplant lui-même, non plus seul, mais dans la société des hommes, conçoit la morale avec la justice. Les dieux qui jusqu'alors s'étaient contentés d'être puissants s'idéalisent. Les vertus humaines deviennent des dieux et les dieux anciens, dont l'histoire était médiocrement exemplaire,

---

(1) Léouzon Le Duc. *La Finlande*, Paris, 1845, in-8°, 1, p. LXV. — Monnier, *Des Andes au Para*, p. 300.

se corrigent à leur tour. Les philosophes allégorisent leurs légendes jusqu'à en faire un récit édifiant. Les dieux tendent à se hiérarchiser sous le sceptre d'un Dieu père, seul vraiment Dieu, source et modèle de toute morale et de toute justice. Les dieux cèdent la place à Dieu et celui-ci progressivement, lentement mais sûrement emplit le ciel de l'Idéal.

La magie est rejetée en marge de la religion. La science peu à peu se coordonne, mais à l'image de l'ancienne théologie elle n'a pour but que la recherche des causes. La Nature se définit enfin en fonction de la Providence; mais d'une Providence à plusieurs degrés. La Nature se divise alors en deux ordres de faits, les uns coutumiers, les autres extraordinaires, mais qui tous relèvent d'un seul Dieu, les uns par l'intermédiaire des causes secondes matérielles, les autres directement ou tout au plus par l'intermédiaire de créatures spirituelles : anges ou démons. Ce sont les faits de cette dernière catégorie qui constituent les prestiges ou les miracles. La notion de loi s'élabore, mais se confond encore avec ce que l'on appelle le cours ordinaire de la nature. Saint Thomas définit précisément le miracle un fait en dehors de la Nature ou bien en dehors du cours ordinaire de la Nature.

Dès qu'on eut atteint ces distinctions, les savants n'eussent dû connaître que les causes secondes matérielles et abandonner aux théologiens le discernement des causes surnaturelles, anges, démons ou Dieu. En fait, il était rare que le savant ne fût pas doublé d'un théologien et qu'il se contentât de dire : ceci passe mon savoir je ne puis l'expliquer. Cicéron avait cependant indiqué cette attitude. Mais soit que le savant d'autrefois redoutât d'avouer ce qu'il eût considéré comme une humiliation, soit qu'il craignît de passer pour hostile à l'Eglise ; arrivé au bout de sa science il ne manquait guère de conclure à l'intervention de quelque agent spirituel.

La crainte du pouvoir religieux n'était pas sans quelque fondement. Un pape comme Calixte III, qui crut devoir ordonner des prières pour obtenir l'éloignement de la comète de Halley lors de son apparition, en 1456, était fort capable d'excommunier les savants trop préoccupés d'étendre le rôle des causes naturelles dans le monde.

Cependant la science inventait ses méthodes et mesurait ses forces. Apparurent Bacon et Galilée. Les théologiens, il est vrai, s'effarouchèrent. Képler découvrit alors quelques-unes des routes accoutumées des planètes : la notion de loi définitivement se précisait. Et pourtant le grand astronome, nourri de théologie, continuait de penser que des anges étaient assis à la barre des vaisseaux célestes. Toutefois il croyait devoir protester contre la prohibition qui continuait de peser sur le système de Copernic.

Enfin lorsque Newton eut promulgué la loi de la gravitation et de l'attraction des mondes, nombre de bons esprits crurent voir ces pilotes des cieux s'enfuir sur les routes de l'exil, ou plutôt hors du monde gagner les frontières de l'univers.

Des gens d'Eglise lui reprochèrent d'avoir « enlevé à Dieu cette action directe sur son œuvre, que lui attribue constamment l'Ecriture sainte, pour la transférer à un mécanisme naturel, et de substituer la gravitation à la Providence ».

Malgré ces inutiles et regrettables reproches, désormais la part des phénomènes abandonnés aux agents libres allait se rétrécir sans cesse. Dans le sein même du christianisme une sorte de polythéisme allait décroître. L'univers décidément se prolongeait aux yeux de l'homme ébloui, comme les allées d'une forêt infinie. A chaque loi nouvelle que proclamait la science, Dieu semblait, comme un soleil, se lever et chaque jour emplir davantage l'horizon.

La science, en effet, arrivait progressivement à éliminer tous les agents invisibles. La médecine avec Jean Wier (1), avait entrepris de guérir les démoniaques; avec Calmeil, Charcot, Bourneville, Janet, Sollier, elle a fini par ne plus rencontrer d'autre agent chez les possédés que la folie ou l'hystérie. Les démons des pluies, des grêles, des tempêtes, qui jadis faisaient des pactes avec les sorciers : tempestiaires, semeurs de grêle, faiseurs de pluie, ont quitté notre planète. Durant un long temps on les ennuya beaucoup avec les sonneries religieuses et ils s'en vengèrent souvent en faisant tomber la foudre sur les clochers; mais depuis que les électriciens dressent des paratonnerres, depuis surtout que les vignerons, voire les maraîchers, ont braqué des canons à grêle vers le ciel on ne les voit plus. Ils ont déserté les régions de l'air. C'est ainsi que peu à peu, dans tous les domaines de la science, on a abandonné les explications théologiques (2). Il n'y a plus guère de savants qui oseraient admettre aujourd'hui des interventions démoniaques pour expliquer des phénomènes plus ou moins

(1) J. Wier. *Histoires, disputes et discours des illusions et impostures des diables*, des magiciens infâmes, sorcières et empoisonneurs, des ensorcelez et démoniaques et de la guérison d'iceux : Item de la punition que méritent les magiciens, les empoisonneurs et les sorciers. Paris, 1885, 2 vol. in-8° (réimprimé d'après l'édition de 1579).

(2) Cf. A. D. White. *Histoire de la lutte de la Science et de la Théologie*. Paris, 1889, in-8°. On peut également consulter sur le même sujet J. Français. *L'Église et la Science*, Paris, Nourry, 1908, in-12 br., 2 fr. 50.

Il ne faudrait point croire que les explications par l'intervention des démons aient disparu dans les temps modernes. Certains catho-

singuliers. Même les plus conservateurs ne donnent pas d'autre but à la science que la recherche des causes naturelles (1). On peut dire que la conception théologique de la science se meurt, si elle n'est déjà tout à fait morte.

§ 2. — *La recherche des causes abstraites.*

L'état d'esprit métaphysique. — Les premiers savants qui osèrent dédaigner les causes surnaturelles et réduire le domaine des agents spirituels furent considérés comme des athées. On crut qu'ils entreprenaient sur le domaine de Dieu. Remettre au second plan le rôle des causes premières, j'entends par là toutes les causes surnaturelles, pour ne se préoccuper que des causes secondes parut longtemps une sorte de sacrilège.

Cependant à côté des savants indépendants auteurs de traités de magie naturelle ou d'écrits alchimiques, chercheurs de causes occultes et scrutateurs des secrets de nature, la scolastique elle-même donnait enfin une large place aux propriétés, facultés, vertus, essences et autres causes secondes naturelles. Certes la plupart de ces causes secondes n'étaient guère que des entités nominales, des abstractions personnifiées, c'était pourtant un progrès dans la conception du monde.

« L'humanité des humanistes, écrit M. Faguet, attribue la création des phénomènes non plus à des êtres, non plus à un être ; mais à des abstractions.

---

liques voient le diable non seulement dans les tables tournantes et dans le somnanbulisme mais dans le *tiers des maladies*, parce que, disent-ils, au siècle dernier, le prêtre autrichien Gassner les guérissait par des exorcismes. Th. Martin. *Les Sciences et la philosophie.* Paris, 1869, in-12, p. 471.

(1) Cf. G. Sortais. *Miracle et Providence.* 1905, in-12, p. 91.

On ne dira plus Cérès, on dira la Nature ; on ne dira plus Zeus, on dira l'Attraction et l'on sera porté à croire que la Nature est un être et que l'Attraction en est un autre. C'est l'état naturel d'un esprit qui est habitué à voir dans le monde des causes qui sont des êtres, et qui, déjà, n'y saisissant plus que des lois, prend ces lois pour des causes et ces causes pour des êtres, et leur donne par habitude des noms propres (1). » C'était sans doute un état d'esprit fort dangereux ; car il inclinait à se payer de mots et à conserver l'habitude de s'en payer.

Ce verbalisme était véritablement, comme le dit encore M. Faguet, « un reste de théologie exténuée et effacée », mais ce n'était qu'un reste et cet animisme causal n'était plus qu'un fantôme de l'animisme surnaturaliste. Il était à prévoir que ces divinités exsangues ne tarderaient pas à être traitées avec un sans façon cavalier. On leur demanda de justifier leur réalité. Ce fut tout le procès de la conception métaphysique de la science. Ce n'est pas ici le lieu d'en faire l'histoire. Chacun sait que le monde des vertus, des facultés et des essences est un monde mort. On dira encore qu'une infusion de pavot fait dormir ou que la rhubarbe purge, mais on ne croira pas expliquer leur action en alléguant l'existence d'une vertu dormitive ou d'une faculté laxative. Les esprits de l'ancienne alchimie, non plus que les esprits animaux de l'ancienne médecine sont décidément défunts. On ne conçoit plus les acides comme des sortes d'esprits dangereux et dévorants. On a cessé de se

---

(1) E. Faguet dans *Politiques et Moralistes du XIX° siècle*, 2° série. 1898, in-12, l'étude sur Auguste Comte, p. 293. Il ne faudrait point croire cependant que Newton lui-même vit une entité dans l'Attraction.

représenter les chancres comme des bêtes vivantes qui rongent les malades (1).

Les Pères et les Docteurs de l'Eglise, Saint Thomas et Saint Augustin eurent le sentiment fort net que les miracles n'étaient point hors de la nature bien que rares et singuliers. Ils imaginèrent même de les expliquer par une de ces entités nominales qu'inventaient si naturellement des esprits à demi-scientifiques. La notion de la loi au sens moderne du mot leur est tout à fait étrangère. Les miracles sont dus à Dieu et aux *puissances séminales* décrétées par lui dès l'origine du monde et inhérentes à la création. Ces causes séminales sont des causes inefficaces dans le cours ordinaire des choses et n'entrent en jeu que sous l'impulsion directe de Dieu. Ces causes inutiles puisque inefficaces évitaient cependant d'assimiler le miracle à une retouche de la création. On esquivait ainsi l'objection que l'on tire ordinairement de l'infinie prévoyance de Dieu.

Ces causes séminales, sortes de facultés ou d'aptitudes à être miraculé, nous paraissent aujourd'hui singulièrement ridicules. Ces semences de miracles incapables de germer nous semblent une explication bien stérile et qui vraiment n'explique rien. Les théologiens modernes parlent rarement de ces mystérieuses vertus séminales ; sans doute, se rendent-ils compte de leur peu d'intérêt. C'est une ingénieuse, subtile et très scolastique explication, mais il est bien évident que l'on ne pouvait demander à la science de rechercher les causes séminales puisque leur caractéristique est de ne point

---

(1) Disons cependant que parmi les mineurs on en rencontre bon nombre qui continuent de personnifier le grisou. (*Revue de Trad. Popul.* II, 412) et que bien des paysans personnifient encore la maladie. D' Cabanès, *Remèdes de bonnes femmes*, p. 212-213. Ce sont des survivances de l'esprit théologique.

se montrer à moins que Dieu n'intervienne et qu'elles se confondent alors avec son action.

« Je demeure d'accord, dit Leibnitz, que la considération de ces formes (vertus dormitives ou vertus séminales) ne sert de rien dans le détail de la physique et ne doit point être employée à l'explication des phénomènes particuliers. Et c'est en quoi nos scolastiques ont manqué, et les médecins du temps passé, à leur exemple, croyant de rendre raison des propriétés des corps (ou des phénomènes de la nature) en faisant mention de formes et de qualités sans se mettre en peine d'examiner la manière de l'opération, comme si on voulait se contenter de dire qu'une horloge a la qualité horodictique provenant de sa forme, sans considérer en quoy tout cela consiste (1). »

Il est incontestable que les vertus séminales et autres formes scolastiques ne sauraient aujourd'hui constituer des explications scientifiques. Je ne pense pas qu'il y ait jamais de microscopes capables de nous faire voir les vertus séminales des miracles.

Dans les premiers siècles du christianisme, c'est à peine si Saint Justin, Tertulien et Saint Cyprien font mention des miracles du Christ, n'ignorant point que les païens les attribuaient à un pouvoir magique (2). Il eût été vraiment trop difficile d'amener les païens à discerner le merveilleux divin du merveilleux démoniaque et par suite de leur faire admirer l'un et mépriser l'autre.

Saint Augustin sentit vivement cette difficulté, aussi dans sa polémique avec les païens n'insiste-t-il guère sur le miracle que pour le justifier à leurs yeux. Selon

(1) Leibnitz. Œuvres. Edit. Gerhardt. T. IV, p. 134.
(2) Turmel. Histoire de la Théologie positive. Paris, s. d., in-8°, p. 9-10.

lui d'ailleurs le discernement de l'intervention divine est le privilège de l'Eglise dont la divinité se prouve surtout par l'éminence de sa doctrine et par la réalisation des prophéties. Avec Saint Thomas, la théorie du miracle est bien toujours la théorie augustinienne ; mais il insiste beaucoup plus sur le fait qu'il est en dehors du cours de la nature. Plus tard encore, à mesure que la notion de loi s'explicite, la notion thomiste prend une précision nouvelle. Le miracle se définit un fait sensible dû à l'intervention de Dieu, c'est-à-dire produit en dehors ou contrairement à quelqu'une des lois connues de la nature. Il semble aux théologiens qu'ils réalisent ainsi un progrès. Cette nouvelle définition va, pensent-ils, leur permettre de diagnostiquer scientifiquement l'immédiate action divine. Les lois naturelles sont alors considérées comme identiques aux causes secondes. Si donc il y a des cas où elles n'agissent pas ou s'il arrive qu'une action est contraire à celles qu'elles produisent d'ordinaire, ces cas ou cette action sont évidemment dus à l'intervention divine (1).

§ 3. — *L'Etat d'esprit positiviste.*

Malheureusement pour cette commode théorie, la notion de cause et la notion de loi ont été depuis complètement dissociées. Connaître la loi de production d'un phénomène, c'est-à-dire ses conditions antécédentes, n'implique nullement qu'on en connaît la cause au sens métaphysique. Hume (complétant Descartes, Locke et Berkeley) a définitivement démontré que nous ne saisissons hors de nous aucune cause proprement dite, c'est-à-dire aucune puissance active.

---

(1) Voir plus haut, p. 129 et s. q.

Nous voyons le mouvement d'une bille puis le mouvement d'une seconde bille rencontrée par la première, mais nous ne voyons pas l'énergie active, la puissance efficace, la « cause » qui produit le mouvement.

L'observation directe des phénomènes extérieurs ne nous donne donc pas la cause; mais ne peut-on pas l'en déduire par l'analyse? Hume va nous répondre: « Il n'y a pas un seul cas assignable où la connaissance du rapport qui est entre la cause et l'effet puisse être obtenue *a priori*... Il n'y a point d'objet qui manifeste par ses qualités sensibles les causes qui l'ont produit, ni les effets qu'il produira à son tour... Présentez au plus fort raisonneur qui soit sorti des mains de la nature, à l'homme qu'elle a doué de la plus haute capacité, un objet qui lui soit entièrement nouveau; laissez-lui examiner scrupuleusement ses qualités sensibles. Je le défie après cet examen de pouvoir indiquer une seule de ses causes, ou un seul de ses effets... Personne ne s'imagine que l'explosion de la poudre à canon ou l'attraction de l'aimant eussent pu être prévues en raisonnant *a priori* (1). »

Après Kant et Comte qui reprirent la même thèse, les savants finirent par se convaincre de sa vérité et peu à peu renoncèrent à la prétention d'atteindre les causes pour se borner à la description des conditions des phénomènes.

Les maîtres de la science contemporaine se contentent de décrire les phénomènes et leurs multiples circonstances qui sont d'autres phénomènes. Expliquer n'est plus rechercher la cause mais étudier les conditions d'un fait. C'est cette méthode basée sur l'observation et l'expérimentation qui a fondé la science moderne et ruiné les explications scolastiques.

(1) Hume. *Essai sur l'Entendement*, trad. Renouvier, p. 414.

Vous êtes-vous jamais demandé quelle est l'origine du sommeil ? Un esprit théologique pourrait satisfaire à cette curiosité en imaginant quelque ange gardien ou quelque génie du sommeil. Le Bonhomme au sable qui passe le soir dans les maisons où il y a des enfants est un survivant ou plutôt une caricature des conceptions mythologiques.

Pour un esprit nourri de scolastique ce sera le résultat d'une faculté dormitive. Cette cause occulte, proche parente de la vertu des opiacées, lui semblera une sorte de fée qui préside à l'arrêt de notre machine et la contraint à se reposer. Mais combien son aspect est incertain ! Et pourtant cette abstraction, cet être vague et irréel suffira à faire taire sa curiosité.

L'esprit positif déclarera la question mal posée et dira : Nous ne pouvons connaître la Cause du sommeil ; mais il serait possible et qui plus est, fort utile d'en déterminer les conditions. Pour cela il faut étudier l'état des muscles, des nerfs, du sang chez le dormeur normal, l'influence du climat, de la maladie et de l'âge, l'action des substances excitantes et somnifères.

Il faudra établir en profitant des lésions crâniennes, s'il y a anémie ou congestion cérébrale, enregistrer les pulsations du pouls, et mesurer ainsi la rapidité de la circulation sanguine. Il faudra étudier l'état des cellules nerveuses, avant, pendant et après le sommeil. On devra mesurer l'état d'anesthésie des nerfs périphériques. On ne pourra négliger l'analyse des excrétions organiques : urine, sueur et de tous les éléments propres à faire connaître la quantité des déchets musculaires éliminés.

Vous le voyez : le savant moderne et l'esprit positif ne poursuivent plus la Cause et, lorsqu'ils emploient encore ce mot, ils entendent par là les phénomènes connexes : antécédents, concomitants et subséquents. Peut-on demander à ces sortes d'esprit de nous dire si tel fait extraordinaire est miraculeux ? Evidemment non. Le savant vous répondra : Je ne connais point les causes. Les causes secondes pas plus que la cause première ne sont de mon domaine. Je ne connais que le monde extérieur qui n'est d'ailleurs pour moi qu'un tissu serré de phénomènes. Interrogez-les pour savoir ce qu'il pense de cette jambe coupée puis repoussée dont parle le Cardinal de Retz. Il vous répondra : J'en ai consigné le souvenir dans un recueil d'observations singulières (1) sans trop espérer en rencontrer jamais un autre exemple qui permettrait d'en noter toutes les circonstances. Le mécanisme biologique qui préside à la croissance des corps où à la production des protubérances anormales, s'il était connu permettrait de pressentir une explication.

En attendant que nous puissions introduire ce phénomène dans les cadres et les classifications de la science, il faudrait collectionner tous les faits singuliers qui semblent, de près ou de loin, présenter avec lui quelque analogie. On en trouverait parmi les monstruosités. Vous connaissez peut-être le cas de cette femme qui avait *une mamelle sur la cuisse* (2).

---

(1) On a publié quelques recueils de ce genre. Je ne citerai que celui du célèbre chirurgien accoucheur J. R. Sigaud de La Fond : *Dictionnaire des Merveilles de la Nature*. Paris, 1781, 2 vol. in-8°.

(2) Le cas est des plus assurés : la femme à laquelle je fais allusion avait une mamelle à la cuisse gauche. La production en était normale et lui permit d'allaiter plusieurs enfants. *Comptes rendus de l'Acad. des Sc. de Paris*. Séance du 25 juin 1827 et *Revue Encyclopédique*. T. XXXV, p. 244. — Les mamelles apparaissent parfois sur

N'est-ce pas un grand prodige? Peut-être arrivera-t-on à déterminer les conditions de cette production anormale. Nous pouvons déjà provoquer expérimentalement la formation de certaines monstruosités, et la tératologie est née d'hier. Ce moignon amputé qui repousse ne me semble pas plus singulier que cette cuisse d'où germe une mamelle. Des mécanismes analogues ont sans doute présidé à ces deux formations. Pour le moment il n'est que d'attendre. C'est tout ce que vous pourrez tirer d'un savant à l'esprit positif.

La succession de ces trois états d'esprit : théologique, métaphysique et positiviste nous est indiquée par l'histoire ; mais non comme rigoureusement chronologique. De notre temps les trois états se rencontrent encore. Les sauvages sont des façons de primitifs (1)... Les théologiens en sont demeurés pour la plupart à l'état d'esprit métaphysique (2). Pour eux la science est la recherche des causes secondes, comme la métaphysique la connaissance des causes premières. Pen-

le dos et les épaules. V. Meunier. *Les Excentricités Physiologiques*, P., 1889, in-12, p. 302. Une femme qu'on voyait il y a quelques années dans le service du D' Marotte avait quatre seins dont deux sous les aisselles et tous donnaient du lait. V. Meunier, *loc. cit.*, p. 298-299.

(1) Renan. *Cahiers de Jeunesse*. Paris, 1906, p. 36-37, p. 222-223.
(2) Bon nombre de savants catholiques sentent bien en revanche que la cause de la cause est perdue :
« Lorsque je dis que la fonte des neiges est la CAUSE de la crue des fleuves, *je n'accrois pas ma connaissance du donné*. Il y a deux phénomènes liés, constituant une séquence régulière. Parlez de cause si vous y tenez, mais je n'y puis voir qu'un mode rapide et commode de discours.
Lors donc qu'on me dit avec Aristote : « La science est la connaissance par les causes », je le déclare avec beaucoup plus d'humilité que d'orgueil, je n'arrive pas à comprendre; cela n'a pour moi aucun sens. » V" R. d'Adhémar. *Les Variations des théories de la Science*, P., 1907, in-12, p. 53. Et encore : « Pas un seul savant notable ne consentira à voir en elle la recherche des causes ou la connaissance par les causes. » *Ibid.*, p. 57.

dant ce temps les générations nouvelles imbues de science, imprégnées de ses méthodes de plus en plus gagnées à l'état d'esprit positiviste s'éloignent de ces représentants d'un autre âge.

CONCLUSION

Le miracle ne relève pas de la science; le savant n'acceptera jamais qu'on puisse imposer des bornes à ses recherches, d'où qu'elles viennent.

Est-ce à dire qu'il faille, en conséquence, déclarer le miracle absolument indiscernable? Le savant est incapable, *en demeurant sur son terrain* strict, qui est l'observation et l'expérimentation, de le déclarer indiscernable par d'autres méthodes. La solution du problème est donc purement et simplement morale : seuls, les philosophes et les théologiens ont droit de prétendre à diagnostiquer le miracle ou, ce qui est tout un, la présence de Dieu.

Si nous admettons la Providence divine, nulle raison de lui refuser la Sagesse qui consisterait à n'agir jamais que par les lois qu'elle a constituées de telle sorte qu'elles suffisent à tout. Mais alors au nom de quelle Sagesse refuserons-nous au savant le droit de poursuivre ses enquêtes et de rationaliser le miracle? En revanche, quel savant, conscient des limites de ses propres méthodes, nous refusera le droit d'interroger le philosophe et le théologien sur les méthodes par lesquelles ils pensent pouvoir discerner l'action divine, affirmer le miracle ou la Providence? L'être plonge dans l'océan des choses l'homme comme la pierre, la fleur ou l'animal. Mais le premier, conscient de l'écrasante immensité de l'univers, croit voir par instants l'ombre de la Pensée qui pénètre les choses et discerner les mouvements mêmes de cette Pensée infinie. A-t-il tort, a-t-il raison? C'est au philosophe de répondre ; mais, pour l'amour de la logique, que l'on renonce donc, une bonne fois à vouloir faire attester Dieu par les moyens des sens auxquels se réduisent en somme les méthodes mêmes de la science.

Qui n'a entendu parler de la déesse voilée, dont le temple portait à son fronton cette phrase symbolique : Nul homme n'a jamais soulevé mon voile. Cette antique personnification de la Nature pourrait aujourd'hui redire aux savants modernes la même parole; bien plus, s'adressant aux savants futurs, elle pourrait la développer ainsi : Jamais, ô hommes mortels, vous ne soulèverez mon voile; vous ne connaîtrez jamais que les phénomènes sensibles dont vos yeux s'amusent à enregistrer les jeux; mais par delà, je demeurerai à jamais insaisissable et mystérieuse. Quant à Dieu, dont vous ne parlez que pour avoir contemplé l'harmonie et la majesté des plis de ma robe sacrée, plus mystérieux que moi et plus différent du sensible, il se rit merveilleusement des compas et des graphomètres. Cessez à tout jamais de vouloir prendre sa mesure, ô savants! cessez, ô théologiens, de la leur demander.

TROISIÈME PARTIE

Le Miracle
ET LA
Critique Philosophique

QU'EST-CE QUE LA PHILOSOPHIE?

Nul n'a pu se méprendre sur le but que nous poursuivons dans cette série d'études. Il ne s'agit point pour nous d'édifier une *théorie* du miracle. Nous essayons de déterminer s'il est des signes ou des caractères qui permettent de *discerner*, parmi les faits merveilleux, un fait vraiment miraculeux.

Ni la science, ni l'histoire, avons-nous conclu de nos précédentes études, ne peuvent nous fournir ces critères (1). L'historien dont le rôle et la méthode se ramènent à la recherche et à la critique des témoignages est seul qualifié pour déterminer la réalité ou la non réalité d'un fait passé, voire d'un fait passé singulier ou merveilleux. Ses décisions dans ce sens font autorité. Mais si, non content de nous présenter un fait comme solidement attesté, il nous affirme que c'est là un fait proprement miraculeux, il sort du domaine de l'histoire pour entreprendre sur ceux de la philosophie et de la théologie : son assertion vaut ce que vaut sa compétence en ces matières. Nul n'ignore d'ailleurs que tel excellent historien peut être un fort mauvais philosophe et un déplorable théologien.

La méthode du savant ne lui permet ni de nier, ni d'affirmer le miracle. En cette matière, la science est incompétente (2). En présence d'un fait merveilleux

---

(1) P. Saintyves. *Le miracle et la critique historique*. P. E. Nourry, 1907, in-12 br. (épuisé). — P. Saintyves. *Le miracle et la critique scientifique*. P. E. Nourry, 1907, in-12 br., 1 fr. 25.

(2) Notre deuxième partie, *Le Miracle et la critique scientifique* a précisément pour but de mettre hors de doute cette incompétence de la science et du savant.

parfaitement observé, sévèrement contrôlé, elle ne dit point : ceci est un miracle, ceci n'est pas un miracle, ce qui n'est point de son ressort. Elle enregistre simplement le fait au nombre des phénomènes sensibles. La science n'a pas à se prononcer sur le caractère surnaturel d'un fait physique si extraordinaire soit-il, mais à rechercher les éléments de comparaison qui lui permettront de le classer dans un recueil scientifique. Le fait physique ne lui appartient qu'en tant que sensible et mesurable. Si, outre cela, d'aucuns (philosophes ou théologiens) le jugent surnaturel, c'est leur affaire et non la sienne. Certes, il est permis d'être à la fois savant et philosophe et théologien. Mais lorsque le savant cherche à établir le déterminisme d'un fait merveilleux, il agit en savant et lorsqu'il affirme que ce fait est surnaturel, il parle en philosophe ou en théologien.

Avant d'interroger les philosophes et de soumettre à un examen rigoureux les critères qu'ils pourront nous fournir, il ne sera pas inutile, je crois, de définir au moins brièvement la philosophie.

L'objet de la philosophie n'est pas le sensible qui appartient à la science, ni le surnaturel qui relève de la théologie; mais l'*intelligible* ou plus précisément le *conscient*. L'objet de la philosophie est aussi vaste que le vaste monde; il embrasse, en effet, outre les faits de conscience immédiate, les faits sensibles et les faits religieux, mais considérés sous le point de vue du conscient, en tant qu'ils impliquent une part quelconque de conscience individuelle ou qu'ils participent à la conscience universelle. Du point de vue de l'objet, il semble donc qu'on puisse définir la philosophie, la science de l'être en tant que conscient ou plus strictement encore une critique rationnelle du conscient.

Ainsi, la recherche proprement philosophique a pour

but de poursuivre la conscience, j'entends une conscience intelligible jusqu'en ses moindres traces et de les exposer de façon claire à tout regard curieux.

Le miracle relève-t-il d'une semblable discipline ? Cela n'est pas douteux, car il est précisément conçu par nombre de croyants comme la manifestation d'une conscience angélique ou divine. La Philosophie peut-elle nous fournir des critères qui permettront de discerner l'action de ces consciences extra-terrestres et de les distinguer de l'action des consciences humaines, c'est précisément ce qu'il nous faut examiner.

CHAPITRE PREMIER

COMMENT DISCERNER L'ACTION D'UNE CONSCIENCE EXTRA-HUMAINE DANS LES FAITS EXTRAORDINAIRES ?

Les philosophes se sont tous plus ou moins occupés de savoir quelle est l'origine, l'organisation, la fin de l'univers. Les lois du monde extérieur semblent la manifestation d'une idée directrice ou d'un réseau d'intentions harmonieuses ou contradictoires. L'Univers serait-il le siège d'une ou plusieurs consciences secrètes différentes et distinctes de la conscience humaine? Les uns l'imaginent empli d'esprits innombrables, d'autres y voient l'œuvre d'un unique et divin horloger dont les intentions se manifestent dans toutes les lois qui le gouvernent. Il est certain que cette préoccupation a été générale. Tous ont essayé de résoudre, chacun pour son compte, cette énigme éternelle. L'univers considéré dans son ensemble (tout au moins de façon imaginative), l'univers implique-t-il une sorte de conscience et cette conscience simple ou multiple est-elle distincte de l'univers lui-même ou se confond-elle avec lui ?

Nous n'avons pas à examiner ici les différentes solutions que comporte ce problème. Il nous suffit de savoir que le polythéisme, le dualisme et le monothéisme admettent une ou plusieurs consciences distinctes des consciences terrestres et de l'univers lui-même, mais susceptibles cependant d'agir sur cet univers à la façon dont la conscience de l'homme agit sur son propre corps.

Il est bien évident que les philosophes qui admettent l'une quelconque de ces solutions qui toutes impliquent la possibilité d'une action d'un ou plusieurs esprits sur le monde, admettent du même coup la possibilité du miracle.

Des philosophes indépendants comme Durand de Gros n'ont pas hésité à admettre cette possibilité, Durand de Gros écrivait : « *Si nous définissons le miracle : une modification des phénomènes terrestres opérée par l'intervention d'une volonté étrangère à la terre*, le miracle peut être un fait extraordinaire, plus ou moins rare, plus ou moins exceptionnel, et, par suite, plus ou moins merveilleux ; il peut même se faire qu'en réalité il n'existe aucunement ; mais il reste jusqu'à la démonstration de sa non-existence un fait rationnellement admissible et même probable (1). »

Mais s'il s'agit du véritable miracle ou de l'action de la volonté divine, source des lois générales de l'univers, il est bien évident qu'elle ne saurait être opposée aux lois qu'elle a établies et qu'il nous faudra chercher ses caractères propres non point dans l'ordre physique, mais dans l'ordre intellectuel et moral.

C'est ce qu'ont très bien vu nombre d'âmes religieuses à la suite de Saint Augustin de Maimonide ou de Malebranche. Les miracles, disent-elles, de même que les faits ordinaires, sont déterminés par les lois de la nature, mais ils manifestent une intention prédéterminante, d'ailleurs facile à reconnaître, dans l'opportunité de leur production. Et, par suite, de même que nous reconnaissons l'intervention du chi-

---

(1) D' J. Philips (Durand de Gros). *Dieu, les Miracles et la Science*, P., 1863, gr. in-8°, p. 10. — Le grand naturaliste A. Russell Wallace définit également le miracle : « Un fait inférant nécessairement l'existence et la fonction d'intelligences supra-humaines. » *Le Miracle et le Moderne Spiritualisme*, Paris, in-8°, p. 13.

miste en ce qu'il nous annonce le phénomène avant sa production, pourquoi ne reconnaîtrions-nous pas l'intervention divine par des circonstances de temps d'un caractère particulier.

Cette thèse semble avoir été la pensée plus ou moins avouée, ou plus ou moins secrète de maints théologiens juifs, catholiques ou protestants.

L. Wogue, grand Rabbin et professeur au grand séminaire israélite, écrivait en 1869 : « Les plaies d'Egypte en elles-mêmes ne sont pas des miracles ; ce qui constitue le miracle, c'est l'opportunité de leur apparition, c'est la précision de leur annonce par Moïse, c'est leur cessation soudaine à la voix du prophète. Que le vent d'est ait refoulé en une nuit une partie de la Mer Rouge et desséché son lit, c'est remarquable, mais non miraculeux ; le miracle, c'est que les eaux soient restées suspendues pendant le passage des Hébreux et qu'elles aient repris leur niveau aussitôt après. Une ankylose ou une paralysie même subite, ce n'est pas chose bien merveilleuse, et cela se voit tous les jours ; mais quand je vois le bras de Jéroboam dirigé contre un prophète du Seigneur se dessécher tout à coup et devenir inerte, puis à la prière du généreux prophète, reprendre instantanément sa souplesse première, je m'incline et je m'écrie : Le doigt de Dieu est là (1). »

Certains exégètes catholiques ont voulu que la rétrogradation de l'ombre sur le cadran d'Achaz eut pour cause la rétrogradation du soleil. Voici ce qu'en pense le bénédictin Dom Calmet : « Il paraît contre les lois de la nature qu'un corps soit transporté d'un lieu à un autre, sans passer dans le milieu qui est entre le

---

(1) L. Wogue. *Les miracles selon le Judaïsme.* P. Durlacher, 1869, In-12, p. 19.

commencement et le terme de son transport, ou qu'il parcoure cet espace en un instant, surtout si le corps est très vaste et l'espace très long, comme il l'est dans le cas dont il s'agit. Il paraît encore qu'Ezéchias entendait que le changement qu'on lui proposait dans l'horloge d'Achaz se ferait dans un instant et que la chose arriva comme il l'espérait. *Ceux qui ne font consister le changement que dans l'ombre du cadran sans faire retourner le soleil en arrière, se tirent tout d'un coup de ces embarras;* pour les autres, je ne vois pas quelle solution ils peuvent apporter à cette difficulté, elle est égale soit qu'ils fassent rétrograder le soleil lentement et dans l'espace de plusieurs heures ou tout d'un coup et dans un moment; mais après tout, ni l'un ni l'autre n'est nécessaire pour sauver la vérité du miracle. Il nous suffit que l'ombre soit retournée en arrière sur l'horloge d'Achaz d'une manière miraculeuse, ensuite de la prédiction et des prières d'Isaïe; l'Ecriture ne nous oblige pas d'en dire davantage. »

Après cela, on comprend que Dom Calmet repousse la négation absolue de Spinoza; mais discute longuement l'explication proposée par ce grand homme : « Il n'y eut que l'ombre qui parut dix lignes plus reculée qu'elle n'était auparavant. Mais d'où venait ce changement dans l'ombre? C'était une simple parhélie ou une nuée qui, s'étant formée vis-à-vis du soleil, fit réfléchir la lumière de cet astre d'un côté opposé à lui-même et, par la réflexion de ses rayons, fit tomber l'ombre du cadran contre le soleil et à l'opposite du lieu où elle marquait auparavant. Dans tout cela, dit Spinoza, il n'y eut rien de miraculeux, rien dont on ne put aisément rendre raison, suivant les règles de la nature... Mais d'où venait ce météore si à propos dans cette occasion ? D'où vient que la parhélie ne parut qu'au moment où Isaïe eut parlé au roi et qu'elle ne produisit son effet qu'après la prière du prophète ? *N'y a-t-il point du miracle dans cet effet arrivé si à propos et à point nommé ?* (1) »

Un ingénieur protestant qui a consacré un livre entier au miracle du recul de l'ombre sur le cadran d'Achaz, ainsi qu'aux cadrans à rétrogradation qui permettent de réaliser à volonté ce prodige, écrit probablement sans connaître le commentaire de Dom Calmet : Le caractère spécifique des miracles se trouve dans l'à-propos de leur apparition et dans leur but témoin d'une volonté suprême ; il n'est pas moins sauvegardé en disant que la Providence gouverne à son gré la nature selon les lois, qu'en affirmant qu'elle s'affranchit de ces mêmes lois (2). »

M. G. Fulliquet, docteur ès sciences et pasteur à Lyon, parlant des plaies d'Egypte, semble faire écho au rabbin Wogue, de même que M. Gaudard, semble reprendre la thèse de Dom Calmet : « Les récits bibliques, écrit-il, se bornent à rassembler en une courte période les cataclysmes ordinaires, habituels, redoutés en Orient. Mais le jugement moral subsiste, *la coïncidence se produit bien là* entre une manifestation claire du mal, la tyrannie de Pharaon et un redoublement de fléaux naturels. Le jugement de Moïse et des Israélites est bien fondé, la hardiesse de Moïse qui

---

(1) E. Nourry. *Les principes de la critique Biblique de Dom Calmet*, II, *Les Données miraculeuses de la Bible* dans *Ann. de Phil. Chrét.*, décemb. 1897, p. 346-347.

(2) J. Gaudard. *Le cadran d'Achaz et les miracles*, Lausanne, s. d., (1880?), in-8°, p. 33. — Il écrit encore : « Tels faits survenus au hasard, ou suivant une routine déjà dévoilée seront admis naturels, tandis qu'en se produisant à point nommé, à la voix d'un mandataire de la divinité et dans un but marqué ils deviennent positivement miraculeux. » *Ibid.*, p. 36.

prédit à l'avance cette année mauvaise à cause de la colère de Iahvé le Dieu des Juifs se trouve récompensée (1). »

Ces théologiens judéo-chrétiens semblent tous avoir pensé que le miracle pouvait se reconnaître à des signes purement intellectuels et d'ordre philosophique. Ils ont implicitement supposé des théories qu'il s'agit maintenant d'examiner avec soin pour déterminer si elles peuvent véritablement nous fournir les critères du miracle que nous recherchons inlassablement.

(1) G. Fulliquet, *Le miracle dans la Bible*, P., 1904, in-8°, p. 314.

CHAPITRE II

LE DIAGNOSTIC POPULAIRE
LE CARACTÈRE MORAL OU JUSTICIER DES MIRACLES

Le peuple ne juge ordinairement des miracles que par les intentions morales qu'il croit découvrir dans les faits rares, singuliers ou merveilleux. Comme l'enfant, il a soif de justice ; il ne saurait se résigner à reconnaître l'essentielle indifférence de la nature. Tout fait qui peut s'interpréter comme une manifestation de la clémence ou de la sévérité de Dieu est un miracle. L'à-propos moral ou justicier d'un prodige est pour les âmes simples son ordinaire critère.

Aussi respectueux que nous soyons des manifestations les plus légitimes et les plus nobles de l'âme populaire, nous faut-il accorder que l'on puisse reconnaître, dans certains faits sensibles, des intentions de moralité ? « Malgré le désir si naturel à l'homme de trouver dans l'univers une sanction à ses vertus, il nous faut reconnaître que le ciel ni la terre n'ont le moindre souci de notre morale (1) » et que tout enseigne qu'il est dupe hors l'approbation et les joies de sa conscience. Cependant, le nombre de ceux qui croient à l'intervention miraculeuse de l'Univers en faveur de la justice est immense.

---

(1) Mœterlinck. *Le Temple enseveli*, p. 171 et toute la superbe étude intitulée : *La Justice*.

a) *Des bienfaits et des récompenses dits miraculeux en raison de leur à-propos*

1) Un bienfait arrive toujours à point nommé et celui qui le reçoit le juge toujours opportun. Ce sentiment commun s'accentue singulièrement, lorsqu'il nous tire d'une situation périlleuse. Il est, par suite, difficile que le récit d'un témoin qui rapporte de pareils faits ne se ressente pas de son état d'âme et n'accentue pas singulièrement le miraculeux de l'à-propos.

« Durant les vingt-et-un siècles qui s'écoulèrent depuis la septième dynastie égyptienne jusqu'au Pharaon Menephtah II, contemporain de Moïse et roi de la dix-neuvième dynastie, les lacs Amers avaient été séparés de la Mer Rouge par des atterrissements qui s'étaient formés peu à peu à l'endroit qu'on appelle le seuil de Chalouf. Lorsque les Israélites quittèrent l'Egypte sous la conduite de Moïse et s'enfuirent par le sud de l'isthme, ils choisirent le moment de la marée basse pour passer à gué le barrage naturel que la mer abandonnait à ces heures-là et le pharaon Menephtah, fils de Ramsès II qui les avait imprudemment poursuivis, se trouva pris par la marée montante et fut submergé avec son armée : C'est là tout le miracle (1). »

L'à-propos ne semble pas ici exclusivement le fait du Très-Haut, mais s'explique parfaitement par l'habileté de Moïse et la fureur imprudente du Pharaon.

Le récit, dans ces sortes de cas, ne manque pas d'omettre le rôle du protagoniste humain pour ne vouloir considérer que l'inattendue faveur qu'il aurait reçue de Dieu.

2) D'autres fois, l'à-propos n'est que le résultat de

---

(1) Ch. Blanc. *Voyage dans la Haute-Egypte.* P. 1876, in-8, p. 330-331.

l'élection d'un fait en ne tenant pas compte des cas analogues, où l'à-propos eut dû se produire et ne s'est pas produit. La pêche miraculeuse, que rapporte l'Évangile, semble bien être un cas de ce genre. Il n'y a pas de pêcheurs vieillis dans le métier qui n'ait gardé le souvenir de quelques pêches surprenantes et il y en a peu qui ne les attribuent à la protection de la Vierge ou de quelque saint patron de la marine (1). Mais l'esprit critique ne saurait y voir que des cas heureux. Lorsque Jésus daignait accompagner les apôtres dans leurs pêches, ceux-ci durent considérer sa présence comme un gage de succès. Sans doute, ils purent faire avec lui quelques pêches exceptionnelles et l'une d'elles fut entre toutes extraordinaire. D'autre part, les disciples eurent vite oublié les cas où, malgré la présence de Jésus, ils ne prirent rien ou peu de chose, ou s'ils s'en souvinrent, ils eurent toute facilité d'expliquer ces insuccès par le manque de confiance ou l'indocilité de quelques-uns. Le culte du maître ne leur a permis de lui attribuer que les chances heureuses.

Lorsqu'en 1854, Pie IX se rendit à Saint-Agnès, hors les murs, le plancher s'écroula sans qu'il y eut aucune victime. On voulut y voir alors un témoignage prodigieux de la sainteté du Pontife et peut-être le fera-t-on valoir au jour de sa prochaine béatification. Il ne faudra point tenir compte des cas nombreux où les fidèles furent écrasés sous les débris de leur temple. En 1851, le clocher de Saint-Leu, d'Amiens, fut renversé par un orage et tua une soixantaine de personnes. On pourrait multiplier les exemples, il me suffira de rappeler que lors de l'éruption du Vésuve en 1906, une centaine de Napolitains réfugiés dans l'Eglise

---

(1) On trouve de semblables histoires dans les vies de sainte Botride, de saint Antonin et de saint Bonite.

Saint-Joseph, furent ensevelis sous ses murs. Et ces catastrophes ne furent empêchées, ni par les reliques des Saints vénérés dans ces sanctuaires, ni même par la présence du maître des Saints, le Dieu de l'Eucharistie.

L'année 1870, une sécheresse prolongée causa de grands dommages aux produits agricoles. En France, on invoqua tous les Saints préposés à la pluie, des processions s'organisèrent en vingt lieux divers ; mais toutes ces supplications furent infructueuses et la sécheresse persista au grand désespoir des malheureux cultivateurs. La Belgique ne fut guère mieux favorisée. Un cortège de 1300 habitants de Turnhout se rendit processionnellement le 13 juin à Montaigu pour invoquer le saint patron de la localité. Ce voyage exécuté par une chaleur tropicale occasionna trente cas d'insolation ; une jeune fille de dix-huit ans en mourut ; ce fut le seul résultat de la procession.

Tous ces insuccès furent expliqués : tel pasteur accusa les péchés des fidèles, tel l'audace des impies ; l'un y vit la punition du travail du dimanche, l'autre le châtiment de l'avarice des fidèles envers l'Eglise. D'analogues explications se renouvelèrent dans maintes occasions semblables ; mais lorsqu'il est arrivé (peut-être une fois sur dix) que la pluie vint à la suite de la procession, on n'a jamais manqué de l'attribuer aux Saints pluviaires ou à leur intercession auprès de Dieu.

Nos petits-fils souriront de la naïveté de leurs grands-parents et de leur barbares superstitions. Sans doute, seront-ils les maîtres de l'orage et du tonnerre et lanceront-ils la foudre comme maintenant nous l'attirons. Le pluviaire du haut de son aéroplane arrêtera la grêle avec une simple fusée et provoquera la pluie avec autant d'aisance. Que penseront alors nos petits-fils du démon de l'orage et des Saints de la pluie? Et comment jugeront-ils ces rares à-propos favorables d'une très longue pratique cultuelle, quand ils seront vraiment devenus les maîtres de l'à-propos?

b) *Des punitions et des châtiments dits miraculeux, en raison de leur opportunité*

Un malheur, pensent d'aucuns, arrive toujours mal à propos, tel n'est pas l'avis du croyant. Pour lui, au contraire, il n'est pas de grand cataclysme qui ne soit une éclatante manifestation du mécontentement ou de la colère de Dieu.

François Lenormand écrivait en 1883 : « On aurait de la peine à s'imaginer l'effet inouï que produisit sur les populations ignorantes et superstitieuses des Napolitains la coïncidence du grand tremblement de terre de 1857 survenant quelques mois après l'entreprise de Pisacane et exerçant ses plus terribles ravages, sur les cantons qui avaient refusé de répondre à son appel, sur ceux où il avait trouvé la mort. Vivant dans une atmosphère morale particulière, qui leur fait voir des miracles partout et qui matérialise d'une façon plus païenne que chrétienne l'action surnaturelle de la Providence, *ces populations sont habituées à voir dans les secousses du sol, auquel leur pays est sujet et dans les phénomènes volcaniques, des manifestations de la colère divine et à en chercher la cause dans les évènements humains.* Le tremblement de terre frappa les imaginations populaires comme un châtiment presque immédiat du massacre de Pisacane et de ses compagnons, comme une sorte de proclamation extérieure d'un arrêt céleste contre la royauté des Bourbons (1). »

Tel qui sourira de cette manifestation volcanique contre la monarchie des Bourbons, sera ému au récit de la destruction de Sodome et de Gomorrhe. La légendaire conversation de Dieu et d'Abraham n'est qu'une invention pieuse destinée à transformer un tremblement de terre palestinien probablement accompagné de phénomènes éruptifs en un châtiment divin délibéré, en un à-propos miraculeux. Il est bien évident pour tout esprit réfléchi que toutes ces sortes d'à-propos n'ont aucune valeur comme critère du miracle.

Tout d'abord, il n'y a point de cataclysme qui n'ait été précédé d'actes humains condamnables, cependant on est loin de les expliquer tous ainsi ; ce n'est que par un choix immotivé qu'on élit tel ou tel désastre en punition divine (2).

Quelques semaines après le cataclysme qui a détruit Messine (février 1909), et ravagé la Sicile, le Souverain Pontife en profitait pour maudire « *la paralytique et lépreuse société actuelle qui en est arrivée à considérer ses punitions comme des phénomènes de la nature* ». Ainsi donc, si deux cent mille Italiens ont trouvé la mort sous les ruines de Messine et de Reggio, c'est que Dieu a jugé bon de punir la jeunesse « élevée dans l'athéisme d'une presse audacieuse » et la société « qui a cru pouvoir se passer de la sauvegarde divine ». Ces paroles attristèrent profondément nombre d'esprits religieux et en scandalisèrent une infinité d'autres.

Trop longtemps les tremblements de terre, les érup-

---

(1) F. Lenormand. *A travers l'Apulie et la Lucanie*. P., 1883, in-8°, II, 134-135.
(2) L'abbé Garnier, ancien directeur du journal *Le Peuple français*, soutient pourtant cette thèse dans son absolue généralité ou peu s'en faut.

tions volcaniques, les éclipses, les cyclones, l'apparition des comètes même furent considérés comme des signes ou des manifestations de la colère divine. Lorsque la science pourra annoncer les mouvements sismiques et les crises éruptives de la croûte terrestre avec la précision qu'elle apporte dans l'annonce des éclipses ou celle du retour des comètes, les dernières résistances de l'ignorance seront vaincues. Il ne sera plus questions d'établir des rapports entre un cataclysme naturel et la colère de Dieu.

Des phénomènes que l'on pourra prévoir en se fondant sur des signes géologiques et non point sur l'immoralité ou la moralité des victimes, ne pourront plus décemment être attribuées à la fureur du Très-Haut contre ses créatures. L'appréciation morale et religieuse de tels accidents n'a jamais été que pure opinion de gens effrayés ou de prêtres fanatisés.

Un fait physique n'est plus interprété miraculeusement dès que la science connaît les signes ou les conditions de sa manifestation.

Mille crimes se commettent, bien plus, mille insultes directes à Dieu et à ses prêtres et cependant Dieu se tait. Personne ne songe à tenir compte de tous ces manques d'à-propos imputables au souverain créateur. L'à-propos d'un malheur se réduit au fond à une imagination qui fut frappée par ce qu'il comportait de grandiose ou d'insolite.

« Les hommes ont raison, dit Malebranche, d'attribuer à la justice de Dieu les maux qui arrivent aux méchants, mais je crois qu'ils se trompent en deux manière : la première, c'est qu'ils ne font de ces jugements que dans les punitions extraordinaires et qui leur frappent l'esprit ; car si un scélérat meurt de la fièvre, ils ne jugent pas ordinairement que c'est une punition de Dieu : il faut pour cela qu'il meure d'un coup de foudre, ou par la main du bourreau ; la seconde, c'est qu'ils s'imaginent que les punitions remarquables sont des effets d'une volonté particulière de Dieu. Autre faux jugement qui, ôtant à la providence divine sa simplicité et sa généralité, en efface le caractère de la prescience infinie et de l'immutabilité ; car assurément il faut infiniment plus de sagesse pour combiner le physique avec le moral, de manière que tel se trouve justement puni de ses violences, en conséquence de l'enchaînement des causes, que de le punir par une providence particulière et miraculeuse (1). »

2° En voulant nous expliquer quelle fut l'intention de Dieu provoquant tel châtiment effroyable, déterminant tel soudain désastre, l'exégète risque singulièrement de s'abuser. Nous connaissons tous telle feuille dévote, tel catéchisme en exemples, tel mois de Marie, telle vie de Saint, qui colportent d'odieuses petites historiettes destinées à démontrer par l'à-propos l'intervention de Dieu et des Saints. Les sermons des curés et surtout des chapelains et missionnaires sont tissus de ces pieuses horreurs.

Voici ce que contait, en février 1899, *Le Propagateur de la dévotion à Saint-Joseph* : « Une pauvre religieuse molestée et persécutée par son curé, s'est adressée à Saint-Joseph, le priant de procurer au saint homme un changement avantageux de poste qui la délivrerait d'une tyrannie devenue insupportable... La chose était difficile, le curé n'étant pas précisément de ceux que les paroisses se disputent... Le bon Saint-Joseph s'y est pris d'une autre manière : une belle

---

(1) Malebranche. *Entretiens sur la Métaphysique*. 13ᵉ entretien, éd. J. Simon, in-12, p. 336-337.

bronchite est survenue ; le curé bien confessé, bien administré, s'en est allé en l'autre monde... et la pauvre petite sœur Claire, en égrenant pour lui son rosaire, ne manque pas de dire après chaque *Gloria patri* : « Merci, ô mon bon Saint Joseph (1). »

Les vengeances exercées par les Saints contre ceux qui manifestent quelque impiété envers eux, envers leurs reliques, leurs tombeaux, leurs églises, leurs pèlerins, dénotent souvent de la part de ceux-ci une brutalité qui contraste avec leur état de sainteté officielle. Saint Benoît apparaît au comte Raymond qui a voulu mettre à mort un abbé de Fleury et le frappe de sa crosse, aussi quelque temps après, le malheureux comte expire dans les convulsions (2). Après que saint Epiphane eut expiré, un des matelots du navire qui transportait ses restes de Constantinople à Chypre, fut tenté de voir s'il avait été circoncis, comme il levait la robe sous laquelle il avait été enseveli, le mort lui lança un vigoureux coup de pied qui l'étendit mort (3). De telles histoires sont innombrables. On n'hésite point d'ailleurs à prêter à Dieu même, des manifestations tout aussi brutales et tout aussi féroces. Le roi Victor Emmanuel ayant perdu plusieurs princesses de sa famille, les journaux catholiques déclarèrent avec assurance que c'était la vengeance divine qui punissait ce prince impie des mesures qu'il avait prises contre l'Eglise. Le P. Ollivier, lors de l'incendie du bazar de la Charité, où périrent de nombreuses, charmantes et dévotes jeunes femmes, déclara du haut de la chaire de Notre-Dame que Dieu, en frappant

---

(1) *Abus dans la dévotion. Avis d'évêques français et étrangers*, 2ᵉ édit., Paris, Lethielleux, s. d., in-8° br., p. 9.
(2) Adrevaldi. *De Miraculis S. Benedicti*, libr. X, chap. XVIII.
(3) *Vita Sancti Epiphanii* (auctore Polybi episcopo Rhinocorurorum), dans *Opera S*ᵗⁱ *Epiphanii*, in-f°, t. II, p. 377.

ces victimes dans l'exercice, un peu mondain, il est vrai, de la plus éminente des vertus chrétiennes, avait voulu punir la France de ses lois antireligieuses. Ce Dieu qui frappe des innocents pour punir les coupables produisit un sursaut d'horreur.

La Bible elle-même, est singulièrement entachée par les interprétations qu'elle a données de certains malheurs singuliers (1). Le roi d'Égypte s'étant disposé à prendre pour femme Sara, qu'il croyait libre, Iaveh frappa de très grandes plaies ce Pharaon et toute sa famille (2). Abraham continuant, dans ses voyages, à faire passer Sara pour sa sœur, afin de s'attirer des largesses, il arriva qu'Abimélech, roi de Guérar, voulut l'épouser. Iaveh courroucé de cette faute cependant involontaire, sévit contre toutes les femmes de la maison du roi et les rendit stériles... (*conclusit vulvas*) (3).

David ayant fait faire le recensement de la population, Iaveh en est irrité, exige une réparation et laisse au roi le choix entre trois fléaux : une famine de sept ans, des défaites durant trois mois ou une peste de trois jours. David ayant opté pour cette dernière calamité, Dieu fait périr 70.000 innocents et préserve le coupable (4). C'est ainsi que le livre sacré n'hésite pas à expliquer des malheurs privés ou nationaux par des interventions divines non moins injustes que miraculeuses.

Achio voulant soutenir l'arche qui allait tomber, ne réussit qu'à se faire écraser par sa masse.

Son mouvement partait d'un bon naturel et sans doute de la crainte de voir se briser le bois sacré. Tout son crime fut évidemment d'avoir manqué de

---

(1) Cf. A. Loisy. *La Religion d'Israël*, 2ᵉ éd., in-12, p. 250-251.
(2) Genèse, XII, 10-20.
(3) Genèse, XX, 17-18.
(4) II Rois, XXIV.

force ou d'adresse. Sa mort nous est cependant représentée comme la punition de son audace sacrilège. Cette interprétation formaliste est singulièrement révoltante. Ce furent sans doute les descendants de ceux qui la conçurent qui, plus tard, demandaient à Jésus s'il était permis, le jour du sabbat, de retirer l'âne tombé dans un puits (1)?

Cette interprétation est loin d'être isolée. Des enfants s'étant moqués de la calvitie d'Elisée, le prophète, nous dit-on, les fit déchirer par des ours (2). Ces animaux arrivant à point nommé pour venger l'honneur du nabi en déchirant de pauvres enfants espiègles, sont étranges; mais combien effroyable l'âme de ce Saint de Dieu, qui ne peut supporter la raillerie même légère, surtout lorsqu'elle vient de la bouche d'un enfant.

Ces à-propos barbares ne sont point, certes, des à-propos religieux, mais des à-propos fanatiques. Un critère qui prête à des applications à la fois si immorales et si irréligieuses ne saurait servir à discerner un fait éminemment religieux, tel que l'intervention divine.

L'honnête homme refuse de s'autoriser même « des formes extérieures de la pensée et de la vie pour porter sur quiconque un jugement absolu, pour condamner la personne dans ses œuvres et ses idées les plus condamnables (3). ». Respectueux du mystère inviolable des consciences qu'il se refuse à

---

(1) Toutes les morts extraordinaires peuvent être considérées comme des miracles. Mais il faut remarquer qu'elles ne furent point rares dans l'antiquité païenne et qu'on devait nécessairement les attribuer alors à l'intervention des anciens dieux. Cf. Valère Maxime. *Faits et Paroles mémorables*, liv. IX, ch. XII.

(2) II Sam., VI.

(3) Blondel. *Lettre sur les exigences de la pensée contemporaine en matière d'apologétique*, Saint-Dizier, 1896, in-8°, p. 71.

juger, il n'hésitera pas à condamner l'interprétation des faits merveilleux dès lors qu'elle implique un jugement de fond sur la conduite du prochain. « La Philosophie, dit l'un d'eux, a pour rôle de soustraire le fond de l'être moral au jugement humain (1) » et sans doute, n'est-ce point dépasser la pensée de M. Blondel que d'assurer que si quelque excommunié, M. Loisy, par exemple, venait à être frappé par une mort singulière, l'auteur de « L'Action » se refuserait encore à déclarer qu'il est condamné par le ciel. Il préférerait, en bon chrétien, s'en tenir au précepte formel : « Vous ne jugerez pas (2). »

Besoin d'une Providence morale. — Toutes ces interprétations morales de faits physiques ne prouvent qu'une chose, la foi invincible de ceux qui les proclament en une Providence morale. Beaucoup d'âmes se révoltent à la pensée que tel misérable dont la vie, au point de vue de la fortune, des honneurs, des joies de ce monde, fut comblée, ne subira pas, tôt ou tard, un châtiment. Une Providence qui aime les bonnes mœurs et hait l'immoralité se doit à elle-même de les châtier.

Même pour ceux qui croient aux peines de l'autre vie, beaucoup ne seraient pas fâchés de voir les coquins heureux, frappés dès cette vie au milieu de leur prospérité. Les humbles sont accablés par le spectacle du bonheur dans le crime; ils sont infiniment troublés à la vue des malheurs du Juste (3). Tous ces assoiffés

---

(1) *Ibid.*, p. 73.
(2) La condamnation de l'Église lorsqu'elle exclut de sa communion quelqu'un de ses membres n'implique nullement un jugement de fond sur l'état de grâce du condamné. — Certains papes ont excommunié des saints.
(3) Les innocents condamnés par la justice humaine, tel Lesurques, ne sont-ils pas autant d'accusateurs terribles contre les forces invisibles de l'univers auxquelles on prête un souci de justice. Pourquoi n'interviennent-elles pas?

de bonté et de justice s'appliquent avec passion à l'exégèse des faits qui semblent témoigner de la vérité de leur espérance. Certes, ils savent que la Providence est éternelle et que le temps pour elle n'est rien ; mais tout de même leur foi se sent plus assurée, quand de loin en loin ils ont vu, ce qui s'appelle vu, quelqu'une de ses œuvres d'équité. Peut-être serait-il plus sage, voire plus religieux, de ne point scruter ainsi les intentions divines. Ils n'en ont cure. La justice les travaille de sa passion ardente. Et nous avons des raisons d'admirer leur bonne foi passionnée, mais la plus élémentaire critique nous oblige à la récuser pour cause de partialité.

Parmi les âmes justes qui travaillent et peinent, un grand nombre n'ont connu que l'amertume. Tous les justes ont souffert, leurs femmes ont toutes enfanté dans la douleur, tous, ils ont connu la mort. Et cela est un miracle autrement surprenant que tous ces petits faits singuliers qu'ont accumulé les recueils d'ana pieux. La légende biblique l'explique par la manducation du fruit défendu, le dogme catholique par le péché originel. Et lorsque le malheur frappe le juste par excellence, le Saint, le fils de Dieu, le dogme de l'expiation et le dogme de la rédemption n'arrivent point à atténuer ce scandale. Malgré toutes ces justifications théologiques, le problème du mal n'en reste pas moins entier.

Tout cela du point de vue de la philosophie n'est qu'explication, interprétation, exégèse. Tout cela n'est que l'écho répercuté de l'angoisse qui étreint la gorge de l'homme quand il contemple la face du malheur sur le visage de l'homme juste. Qui ne se souvient des lamentations de Job ? et qui pourrait méconnaître leur contagieuse émotion même après la fin idyllique et rassurante du poème. Lui a-t-on rendu ses enfants enlevés par la foudre? Lui a-t-on jamais offert une garantie contre la mort? Même après la passion rédemptrice du Christ, le crime semble le maître du monde. Qui n'a connu d'ailleurs des justes qui, plus éprouvés que Job, plus lamentables que le Christ lui-même, n'ont jamais éprouvé, non pas le retour des jours heureux; mais un seul jour de vrai et paisible bonheur?

Lorsque je vois chercher la moralité dans les prodiges de la nature au lieu de la contempler et de l'admirer dans le cœur des hommes, j'entends les vers du poète monter en ma mémoire et s'objectiver presque, en un chant qui couvre tous les bruits.

Ne me laisse, jamais, seul avec la Nature;
Car je la connais trop pour n'en pas avoir peur.

Elle me dit : « Je suis l'impassible théâtre
Que ne peut remuer le pied de ses acteurs;
Mes marches d'émeraude et mes parvis d'albâtre
Mes colonnes de marbre ont les dieux pour sculpteurs.
Je n'entends ni vos cris, ni vos soupirs; à peine
Je sens passer sur moi la comédie humaine
Qui cherche en vain au ciel ses muets spectateurs.

Je roule avec dédain sans voir et sans entendre,
A côté des fourmis les populations;
Je ne distingue pas leur terrier de leur cendre
J'ignore en les portant le nom des nations.
On me dit une mère et je suis une tombe,
Mon hiver prend vos morts comme son hécatombe,
Mon printemps ne sent pas vos adorations.

Avant vous j'étais belle et toujours parfumée,
J'abandonnais au vent mes cheveux tout entiers,
Je suivais dans les cieux ma route accoutumée,
Sur l'axe harmonieux des divins balanciers,
Après vous traversant l'espace où tout s'élance
J'irai seule et sereine en un chaste silence,
Je fendrai l'air du front et de mes seins altiers.

C'est là ce que me dit sa voix triste et superbe
Et dans mon cœur alors je la hais, et je vois
Notre sang dans son onde et nos morts sous son herbe
Nourrissant de leurs sucs les racines des bois.
Et je dis à mes yeux qui leur trouvaient des charmes :
« Ailleurs tous vos regards, ailleurs toutes vos larmes,
Aimez ce que jamais on ne verra deux fois. »

Vivez froide nature et revivez sans cesse
Sur nos pieds, sur nos fronts, *puisque c'est votre loi;*
Vivez et dédaignez si vous êtes déesse,
L'homme, humble passager qui doit vous être un roi.
Plus que tout votre règne et que ses splendeurs vaines
J'aime la majesté des souffrances humaines,
Vous ne recevrez pas un cri d'amour de moi (1).

Le poète a raison, la nature ne manifeste qu'une immense indifférence pour l'homme et sa moralité. Chercher en ses manifestations singulières le blâme ou l'éloge, l'amour ou la haine, c'est chercher l'âme et le cœur de l'homme dans les torrents de la montagne ou les vents du printemps. On peut s'abandonner à ces sortes d'interprétations enfantines et je n'en médirai point ; mais l'homme digne de ce nom s'il veut se juger lui-même ne s'inquiètera jamais que de la voix de sa conscience, sans se soucier des mugissements réprobatifs de la rafale, sans plus se réjouir davantage du chant approbatif des oiseaux dans les nids. Quant aux actes d'autrui peu pressé de les juger, ne s'en sentant point l'obligation, il refusera de croire que Dieu en ait confié la charge à l'aveugle nature assistée pour greffier, de quelque ignorant superstitieux.

Si ce dernier mot paraissait trop dur à d'aucuns, je leur rappellerais la lamentable et sinistre histoire des

(1) A. de Vigny. *Poésies complètes*. P., C. Lévy, in-12. *La Maison du Berger*, p. 228-229.

ordalies dans lesquels le miracle était censé discerner l'innocent du coupable. Jugements de Dieu, disait-on, et l'écho répond aujourd'hui Barbarie puérile. L'épreuve par le feu, par l'eau bouillante ou par l'eau froide, furent d'une pratique universelle, et le clergé, dans nombre de cas, fut chargé d'en bénir les éléments. « En France et en Allemagne, à la fin du IX° siècle, l'Eglise employait couramment pour son propre compte les ordalies ; c'était le mode de disculpation qu'elle imposait le plus souvent à ceux qui étaient dénoncés dans les *Causes synodales*. Les conciles particuliers de Worms (a. 868) de Thieure (a. 895) de Salgenstadt (a. 1022) en sanctionnèrent expressément l'emploi. Au XII° siècle, l'Eglise en prescrivit l'usage pour la disculpation des personnes suspectes d'hérésie ; non seulement cela est porté expressément dans le concile de Reims de 1157, mais en 1184 le pape Lucius III, dans une décrétale générale, rendue après un concile tenu à Vérone, auquel avait assisté l'empereur, prescrivait l'usage de la *purgatio vulgaris* contre toute personne dénoncée comme hérétique. C'est seulement au XIII° siècle, en 1215 que le quatrième concile de Latran porta contre les ordalies une condamnation universelle absolue et définitive (1). »

Georgius Logotheta, auteur d'une chronique du XIII° siècle, nous fait entendre que l'on avait cessé de s'aveugler sur la valeur de ces sortes de miracles. Il rapporte qu'un homme d'esprit, invité par Michel Commène à se soumettre à l'épreuve du feu, lui répondit qu'il n'était ni sorcier ni charlatan, mais que par égard pour l'archevêque qui lui faisait quelque instance, il accepterait volontiers le feu ardent, pourvu

---

(1) A. Esmein. *Les Ordalies dans l'Église gallicane au IX° siècle.* P., Imp. Nat., 1898, grand in-8°, p. 3-4.

que ce dernier, revêtu de son étole, voulut avoir la bonté de le lui remettre entre les mains. « L'archevêque, ajoute le R. P. Lebrun, ne se trouva pas disposé à faire cette cérémonie, il convint que cet usage venait des barbares et qu'il ne fallait pas tenter Dieu.

« Cela ne servit pas peu à désabuser le peuple. Mais sur la fin du même siècle treizième, continue le savant oratorien, Andronic régnant après la mort de son père, Michel Paléologue, on eut encore lieu de se détromper entièrement par l'épreuve téméraire d'un grand nombre d'ecclésiastiques, qui voulaient décider par le feu, de plusieurs disputes théologiques. Comme presque tout le clergé était divisé en ce qu'on ne s'accordait point ni sur l'élection du patriarche, ni sur plusieurs autres articles, on convint enfin, pour terminer toutes choses, que chaque parti écrirait toutes ses raisons dans un cahier; qu'on jetterait ensuite les deux cahiers dans le feu et que le cahier qui ne brûlerait pas donnerait gain de cause au parti qui l'avait écrit. La cérémonie fut faite fort exactement. On alluma du feu le samedi saint, en présence d'un grand peuple. Chaque parti s'attendait à voir brûler le cahier des adversaires et préserver le sien. Mais la surprise des deux partis fut égale. Les deux cahiers furent réduits en cendre; et l'on se moqua tant de ces ecclésiastiques, qu'ils n'eurent pas envie d'approuver jamais qu'on recourut à cette épreuve (1). »

Il vint donc un temps où le clergé qui avait passé son temps à bénir des fers rouges, des eaux froides ou chaudes et les conciles qui en avaient toléré l'em-

---

(1) R. P. Lebrun. *Histoire des Pratiques superstitieuses*. P., Desprez, 1750, in-12, t. II, p. 198-199, d'après Nicéphore Gregoras, édit. de Basle, l. VI, p. 78.

ploi décidèrent d'en proscrire l'usage (1). Le miracle juge de la moralité avait fini sa carrière judiciaire. Il serait grand temps qu'il achevât sa carrrière catéchétique, homilétique et apologétique. La nature est encore un plus mauvais juge que les hommes et lorsqu'elle semble attester la sainteté ou la perversité d'aucuns, il faut se fermer les oreilles si l'on est encore susceptible de se laisser prendre à cette voix illusoire. Le chapitre le plus effroyable de l'histoire des erreurs judiciaires peut s'intituler histoire des erreurs du miracle.

(1) Sur les Ordalies on peut consulter : R. P. Lebrun. *Histoire critique des pratiques superstitieuses*, Paris, Desprez, 1750, in-12, II, 134 à 317. — E. Salverte. *Secret pour se préserver de l'atteinte du feu* dans *Des Sciences occultes*, P. Sédillot, 1829, t. I, p. 338-350. — Pattela. *Le Ordalie*, Torino, 1890. — C. du Prel. *La Salamandre mystique* dans *Etudes dans le domaine des Sciences occultes* ou *Der Salamander* dans *Studien aus dem Gebiete der Geheimwissenschaften*, Leipzig, Friedrich, 1890-1891, in-8°, t. I, ch. VII. — G. Glotz. *L'ordalie dans la Grèce primitive. Etude de droit et de mythologie.* P., Fontemoing, 1904. — C. de Vesme. *Les Ordalies* dans *Annales des Sciences psychiques*. P., 1907, p. 65-126.

CHAPITRE III

THÉORIES DES COÏNCIDENCES A CARACTÈRES RELIGIEUX

1° THÉORIE DE M. BROS
LA FOI, CONDITION PERMISSIVE DU MIRACLE, PEUT SEULE NOUS EN INDIQUER L'AGENT

Le miracle n'est pas simplement un phénomène susceptible d'une interprétation morale : il doit encore envelopper ou susciter une interprétation religieuse. Il n'est donc pas étonnant que certains apologistes aient essayé de transposer la théorie populaire. M. l'abbé Bros mérite une place à part dans cette recherche et nul ne songera, d'ailleurs, à trouver que nous le citons trop longuement :

« Les phénomènes que dans tous les siècles on considère comme miraculeux, peuvent être rangés en plusieurs catégories : les uns sont puérils, ridicules ou cités par des historiens sans critique, ou produits devant des témoins inconnus : il n'est pas nécessaire de s'attarder longuement à les étudier : ils sont douteux ou faux.

D'autres sont authentiques, et la critique les admet comme véridiques : ce sont ceux qu'il faut observer et il est nécessaire de chercher, s'il est possible, à les expliquer. Il suffit de leur appliquer, comme à tout fait, la méthode des *coïncidences constantes,* de voir si dans les antécédents du fait merveilleux ne se trouve pas toujours un fait d'un caractère particulier. Or pour peu que l'on essaie de s'en rendre compte, les circonstances dans lesquelles les faits merveilleux se produisent sont très diverses, si diverses mêmes qu'aucun antécédent n'est tellement constant qu'on le puisse supposer comme cause.

Un seul caractère donne à ces faits, outre leur étrangeté, une forme particulière : c'est que soit avant, soit après, soit pendant leur production, ils sont liés à des phénomènes religieux; ces phénomènes varient sans doute, c'est tantôt une prière, parfois un ordre au nom de Dieu, ou bien, un simple acte de confiance en sa puissance surnaturelle; mais ils ont tous un point commun et cela est assez frappant pour être remarqué par un savant impartial, il y a là des indices d'une causalité qu'il serait peut-être facile de découvrir.

Il semble bien, en effet, que si les faits merveilleux d'une certaine sorte ne se produisent que sous une influence religieuse, c'est qu'ils sont explicables par celle-ci; et comme d'ailleurs on peut multiplier les faits prouvant d'une part que ce n'est pas toujours la conviction religieuse du sujet qui opère le miracle, non plus que celle de celui qui en est l'objet, et que, d'autre part, on peut également démontrer que les convictions religieuses de ceux qui en sont témoins n'ont pas nécessairement d'influence sur ce fait lui-même, que, par conséquent, aucune de ces dispositions n'est un antécédent constant, il reste que ce soit celui que *signifient* les circonstances qui soit la véritable cause cherchée, les prières, la conviction, l'ardeur religieuse, tout ce qui en un mot, entourant constamment le miracle sont pour ainsi dire la condition *sine qua non* du miracle et indiquent la cause véritable et divine.

Il y a, en effet, un rapport très réel entre les conditions nécessaires à la réalisation et ses causes véritables, à ce point que pour un observateur sagace la connaissance des premières, amène facilement la découverte des secondes. Le phénomène de la rosée est liée à la clarté du ciel, mais cette condition nécessaire à la production de la rosée est elle-même intimement liée au phénomène de la réfraction calorique et de la condensation de la vapeur d'eau qui en est la cause. La lumière qui baigne mon cabinet de travail dépend de mes fenêtres, mais aussi mes fenêtres indiquent que la clarté de ma chambre a pour cause la réflexion des rayons lumineux extérieurs.

Si nous appliquons cette manière de procéder aux phénomènes merveilleux, il semble bien que nous devions aboutir à croire à la causalité divine. Dieu en agissant laisse pour ainsi dire des traces de son passage; discerner ces traces de ses contrefaçons c'est établir le miracle, et enfin cette loi peut être formulée; *certains effets extraordinaires se produisant toujours en présence d'antécédents religieux sont dus à l'intervention de la cause surnaturelle que ces antécédents désignent*, et prouvent par là même en faveur de la personne, de la doctrine, ou de la prière qui les accompagnent; cette loi établie par induction, il suffit pour constater un miracle de voir s'il se réalise (1). »

Certes, la théorie de M. Bros prête à de sérieuses objections, mais nous reconnaîtrons avant de les formuler, qu'il y a là un effort des plus remarquables pour libérer l'apologétique religieuse de ses anciennes entraves.

Le miracle ne saurait se produire sans antécédents religieux, nous dit l'abbé Bros; ce qui peut se traduire ainsi : le miracle ne s'opère jamais là où la foi ne préexiste soit chez le miraculé ou chez les témoins ou chez le thaumaturge. La conclusion vraiment logique n'est donc pas celle que tire l'abbé Bros, mais bien au contraire celle-ci : la foi est l'une des conditions nécessaires et efficientes du miracle, bien plus, elle semble en être la seule condition nécessaire et efficiente et, par suite, nous ne pouvons suivre M. Bros quand il veut que l'agent efficace soit, non pas la foi, mais l'agent auquel la foi attribue l'efficacité.

Mais prenons un exemple, et pour être clair prenons le plus classique, j'entends le cas des guérisons miraculeuses. Ce que l'on appelle la foi du malade, c'est au fond sa confiance en un agent capable de le guérir et par exemple : Dieu ou la Vierge ou les Saints; or, cet agent peut tout aussi bien ne pas être un person-

---

(1) Abbé A. Bros. *Comment constater le miracle* dans Annales de Philosophie chrétienne, juin, 1906, p. 262-264.

nage surnaturel, mais un guérisseur de chair et d'os, voire un remède purement imaginaire.

« En 1849, écrit le Dr Bouchut, on m'apporta une petite fille de onze ans, nommée Louise Parquin, qu'une frayeur excessive, causée par une tentative de viol, avait rendue muette et paralytique des quatre membres. Cette enfant venait de la province. Pendant deux mois, tout avait été mis en œuvre par les médecins de la localité et des environs, mais tout était resté infructueux. Désespéré, le père voulut amener son enfant à Paris. Celle-ci, qui n'entendait parler de la grande ville, de ses grands médecins et de l'Hôtel-Dieu que d'une façon pompeuse, pour elle plus saisissante en raison de son âge, arriva pleine de foi à l'Hôtel-Dieu pour y chercher la guérison. Le soir, je la vis muette et paralytique, et fâché de trouver une infirme dans un hôpital, je ne fis aucune prescription. Elle était encore dans le même état le lendemain matin. J'ajournai tout traitement. Dans la journée, elle commença à parler; le jour d'après, elle commençait à remuer les jambes; et le troisième jour, elle marchait dans les salles, complètement guérie : sa foi l'avait sauvée (1). »

Ici, c'est évidemment la foi au médecin qui agit. Si nous voulions appliquer le raisonnement de l'abbé Bros, nous devrions dire que ce n'est pas la foi qui a guéri cette enfant, mais le médecin qui a refusé de formuler une prescription quelconque.

Il y a mieux encore : « Un médecin anglais, le docteur Beddoës, croyant que l'oxyde nitreux, comme on disait alors, était un spécifique certain contre la para-

---

(1) E. Bouchut. *Histoire de la médecine et des doctrines médicales.* P., 1873, in-8°, t. I, p. 54-55. — On pourrait citer beaucoup d'autres cas semblables.

lysie. Davy, Coleridge, et lui se déterminèrent à tenter une expérience sur un paralytique de bonne maison, abandonné par les médecins. Le patient ne fut point averti du traitement auquel on allait le soumettre. Davy commença par placer sous la langue de ce malade un petit thermomètre de poche, dont il se servait dans ces occasions pour connaître le degré de chaleur du sang, degré que l'oxyde nitreux devait augmenter. A peine le paralytique eut-il senti le thermomètre entre ses dents, qu'il fut persuadé que la cure s'opérait et que l'instrument merveilleux qui devait le guérir, n'était autre que le thermomètre : Ah! s'écria-t-il, je me sens mieux. Davy adressa un regard expressif à Beddoës et à Coleridge. Au lieu du spécifique, on se contenta du thermomètre, qui, pendant quinze jours consécutifs, fut placé avec toute la solennité convenable, sous la langue de ce pauvre homme, dont les membres se délièrent et dont la santé renaquit, dont la cure fut complète et auquel on ne fit subir aucun autre traitement (1). »

Personne, non pas même M. l'abbé Bros, n'osera attribuer la guérison à l'action du thermomètre, tous y verront l'action de la foi du malade.

Les Phylactères ou parchemins, portant une invocation pieuse spécialement en l'honneur de l'ange Raphaël, sont très employés par les Arabes et les Juifs pour guérir les maladies et ne sont pas sans obtenir parfois d'excellents résultats. Les catholiques tirent un semblable profit des scapulaires de la Vierge et des médailles de saint Benoît. Devra-t-on attribuer les guérisons obtenues par leur emploi, à l'ange Raphaël, à la Vierge ou à saint Benoît?

M. Bros devrait conclure ainsi, mais nous ne pou-

(1) D' Paris. *Life of Davy*, p. 74.

vons le suivre. « Qui n'a pas entendu conter l'histoire d'une dame atteinte de pleurodynie et de la prescription qui lui fut faite ? Le médecin, en lui remettant la prescription, lui dit : Appliquez-vous cela au côté ; et la malade au lieu de se procurer un emplâtre, appliqua la prescription ; mais malgré sa méprise, elle retira de cette application un grand soulagement (1). »

Il s'agit bien là d'un phylactère. Le fait, d'ailleurs, n'est pas isolé : « Ferrarius réussissait parfaitement bien à guérir les fièvres en inspirant confiance aux malades. Dans une seule année, il guérit cinquante personnes simplement en leur donnant une bande de papier sur laquelle il écrivait le mot *fébrifuge*. Il prescrivait aux malades d'en couper une lettre chaque jour. Un lieutenant espagnol fut guéri en arrivant à la sixième lettre (2). »

Les guérisons attribuées aux reliques des saints sont innombrables. Mais quand on sait le nombre de reliques fausses qui courent le monde ; quand on sait surtout que des châsses vides ou des ossements d'animaux procurent nombre de cures merveilleuses, on est forcé de conclure que la foi en était le véritable, le seul opérateur (3).

Dès le XVIᵉ siècle, Pierre Pomponace écrivait : « On conçoit facilement les effets merveilleux que peuvent produire la confiance et l'imagination surtout quand elles sont réciproques entre les malades et celui qui agit sur eux. Les guérisons attribuées à certaines reliques sont l'effet de cette imagination et de cette confiance. Les méchants et les philosophes (il eut pu

---

(1) Hack-Tuke. *Le Corps et l'Esprit*. Action du moral et de l'imagination sur le Physique. P., Baillière, 1886, in-8°, p. 314.
(2) *The Zoist*, 1850, p. 161.
(3) Sur les Fausses Reliques, voir Saintyves, *Les Saints Successeurs des Dieux*. P., 1907, in-8°, p. 28-50.

dire les historiens) savent que si, à la place des ossements d'un saint, on mettait ceux de tout autre squelette, les malades n'en seraient pas moins rendus à la santé s'ils croyaient approcher de véritables reliques (1). »

Les applications de reliques vraies ou fausses n'en furent pas moins salutaires dans un nombre de cas incalculable. On tend maintenant, de plus en plus, à leur substituer l'action du médecin. « Dans une visite que nous avons faite en 1862 à la « Cité des Simples », écrivait le Dr Hack Tuke, nous avons vu la salle où sont amenés les aliénés, lorsqu'on doit exorciser le mauvais esprit qui les possède. Dans le pays, on a continué de regarder la folie comme identique à la possession. Six mois avant notre visite, une dame avait été amenée dans cette salle. Le prêtre venait chaque jour près d'elle, avec une relique, et récitait sur elle les prières accoutumées. Il en résulta une guérison parfaite au bout de neuf jours. Lorsqu'un malade n'est pas guéri dans cet espace de temps, on le laisse encore huit jours; mais alors, si aucune modification ne se produit, on le renvoie. Les guérisons, m'a-t-on dit, ont été nombreuses; mais maintenant... les prêtres doivent se retirer devant les revendications de la médecine légitime et ont eux-mêmes honte de ces pratiques. Les malades qui auraient été envoyés dans l'église de Sainte-Dymphna sont placés dans le nouvel asile de Gheel; mais si l'on n'emploie pour eux que des moyens physiques, il est possible que les guérisons soient plus longues à obtenir. Il n'y a pas la moindre raison de mettre en doute que des guérisons aient été dues à

(1) Cité par les *Annales médico-psychologiques*, 1860, p. 632, d'après le traité *De Incantationibus*, Bâle, 1556, in-8°. — Pomponace, né à Milan, fut professeur de Philosophie à Padoue, puis à Bologne. L'ouvrage cité le fit accuser d'hérésie et fut mis à l'index.

l'influence de la foi en l'efficacité des reliques de la sainte. Mais ces reliques n'ont assurément pas plus d'action par elles-mêmes qu'une pilule de mie de pain ou qu'un globule de sucre de lait (1). »

Ici l'abbé Bros va nous arrêter et nous dire qu'il est des cas où le miraculé est un incrédule, et qu'alors il semble singulièrement illégitime d'invoquer l'action curative de la foi. Des malades incroyants, le fait est avéré, ont été guéris à Lourdes ; comment nier ici l'action de la Vierge ?

Si paradoxal que cela paraisse, il s'agit pourtant là encore d'un miracle de la foi. « Une période d'incubation est nécessaire : rappel des prodiges antérieurs, méditation sur les bienfaits de telle ou telle source, sur la puissance de la foi, etc. Cet entraînement mental a souvent lieu sans qu'on s'en doute. Avant de quitter son chez soi, pour se rendre près du Gave, même si l'on est sceptique, on interroge, on s'intéresse, on se décide enfin. Ensuite, se succèdent le pèlerinage, les cantiques en commun, le voisinage contagieux des croyants, la neuvaine, etc. Pendant ce temps, l'idée mûrit et se prépare à devenir force irrésistible. Le plus souvent, l'éducation religieuse de l'enfance aux racines perdurables porte là sa fleur. Qu'importe que cette foi primitive ait été oubliée, éteinte. Elle survit dans la personnalité seconde où justement s'élabore le miracle (2). »

Dans les guérisons dites miraculeuses, ce qui est nécessaire, c'est donc *l'action psychique consciente ou subconsciente*. La confiance humaine et la foi surnaturelle, par l'intermédiaire direct ou indirect de la sub-

---

(1) D' Hack-Tuke. *Le Corps et l'Esprit*. P., Baillière, 1886, in-8°, p. 339-340.
(2) J. Bois. *Le miracle moderne*. P., 1907, in-8°, p. 326-327.

conscience, mettent l'une et l'autre en mouvement le même mécanisme cérébral ou psychophysiologique. Soit par une secousse brusque, soit par une sorte de tension progressive, elles provoquent le même déclic salutaire. Ce qui est nécessaire, c'est la foi. L'être réel ou fictif auquel elle s'adresse n'importe guère. Il sert à fixer et à tendre l'imagination à concentrer et exalter l'espoir. Que ce soit Dieu, la Vierge, le médecin, un thermomètre, des phylactères pieux ou profanes, de vraies ou de fausses reliques, il n'importe.

L'action de la force curatrice qu'il s'agit de mettre en jeu semble toutefois être plus favorisée par la croyance à un agent surnaturel. Il n'est pas douteux non plus que cette action soit appuyée par une sorte d'*obsession de la guérison espérée*. L'image de la Vierge ou du Saint guérisseur est beaucoup plus propre à occuper l'esprit que celle du premier médecin venu, à moins que lui aussi n'ait une légende. La médaille de saint Benoît attachée sur un membre malade a bien plus de chances d'agir que l'ordonnance écrite du médecin. Cette médaille a une histoire, on peut accompagner son application de la lecture de petits livres qui en racontent et glorifient les effets merveilleux. Mais ce sont là des avantages que certains guérisseurs profanes et certains pharmaciens spécialistes savent de mieux en mieux s'approprier.

Peut-être nous objectera-t-on encore qu'il est des cas où le miracle ne semble dépendre en aucune manière de celui qui le subit, mais d'un autre saint personnage, prophète ou thaumaturge? Tel est le cas de Jéroboam qui vit se dessécher brusquement sa main, comme il menaçait un prophète.

Un très grand nombre des maladies qui relèvent de l'influence de l'esprit sur le corps ont leur origine dans un choc psychique, dans la peur, l'effroi ou l'épouvante. La petite fille observée par le Dr Bouchut était devenue paralytique à la suite d'une tentative de viol. Les guérisons psychiques peuvent être le résultat tout aussi bien d'une peur violente que d'une confiance ardente. Le Dr Hack-Tuke a colligé nombre de cas de guérisons produites à la suite d'une chute ou de quelque autre accident ou même d'une crainte morale, l'application d'un remède redouté, par exemple. La peur, tour à tour, guérit et rend malade.

Ceci dit, rien n'est plus facile que d'expliquer le miracle dont fut l'objet Jéroboam. Jéroboam, craignant de voir ses sujets l'abandonner pour la maison de David, s'ils continuaient de se rendre au temple de Jérusalem, avait résolu de les en détourner. En conséquence, il décida de faire la dédicace d'un autel et d'y consacrer les veaux d'or destinés au nouveau culte. A cette occasion, il fit annoncer la célébration d'une fête solennelle. Tout le peuple étant assemblé, il monta lui-même sur l'autel pour offrir l'encens et les sacrifices. Alors un homme de Dieu, que la plupart croient être Addo, vint de Juda à Bethel par l'ordre du Seigneur ; et voyant Jéroboam qui était sur son autel, il s'écria : Autel, autel, voici ce que dit le Seigneur : il naîtra un fils de la maison de David qui s'appellera Josias et il immolera sur toi les prêtres des hauts lieux qui t'encensent maintenant. Il brûlera sur toi des os d'hommes. En même temps, le roi qui était sur l'autel étendit la main et commanda qu'on arrêtât le prophète ; mais la main qu'il avait étendue se sécha et il ne put la retirer.

Addo avait certainement réussi à jeter l'effroi dans le cœur du roi avec ses prédictions sinistres. Que l'émotion ait, par suite, paralysé la main que celui-ci dirigeait contre lui, il n'y a rien là qui tranche sur le cas *ordinaire de paralysies partielles produites par la peur.*

Mais continuons : alors le roi dit au prophète : « Offrez vos prières à Dieu, afin qu'il me rende l'usage de ma main. » L'homme de Dieu pria le Seigneur et la main du roi fut remise en son premier état. Alors Jéroboam dit au prophète : Venez dîner avec moi dans ma maison et je vous ferai des présents.

Tout le récit établit que Jéroboam croyait aux pouvoirs surnaturels du nabi. Il n'est donc pas étonnant que celui-ci ait pu éveiller en lui tour à tour la peur et la confiance, provoquer la paralysie de la main et la guérison de ce même mal. On pourrait faire répéter la scène à la Salpêtrière (1).

Il nous faut donc, malgré son ingéniosité, abandonner la théorie de M. Bros. La théorie des chocs psychiques et des ébranlements psycho-physiologiques consécutifs (2), nous permet d'affirmer que les agents objectifs que désignent la foi des miraculés, peuvent être sans inconvénient purement imaginaires. Rien n'est donc plus irrecevable que la formule précitée. « Les effets extraordinaires qui se produisent en présence d'antécédents religieux sont dus à l'intervention

---

(1) « Un particulier découvrit dans son verger un garçon qui, étant grimpé sur un arbre, était sur le point d'y cueillir une pomme. Il le menaça de l'ensorceler sur place et s'en alla, croyant que l'enfant se sauverait au plus vite. Revenu cependant du service divin, il le retrouva dans la même position, le bras levé et tendu vers la pomme. Il le désensorcela par une suggestion contraire et le laissa courir. » Preyer. *Der Hypnotismus*, p. 202.

(2) Un médecin de ma connaissance croyant et pratiquant, racontait avoir vu, à Lourdes, une femme atteinte de paralysie déformante jeter ses béquilles au moment de la procession où passa le saint Sacrement. Comme on lui demandait ce qu'il pensait de ce fait : Comme catholique, je ne saurais dire ce que j'en pense; comme médecin, je dirai avoir vu une malade atteinte du même mal, marcher, après s'être énivrée à en perdre la conscience. Dans les deux cas, des chocs et ébranlements d'origine diverse avaient produit le même effet.

de la cause surnaturelle que ces antécédents désignent. »

« *Dans le miracle*, écrit M. Le Roy, *le phénomène physique est inséparable de la signification religieuse qu'il véhicule ; essayer une disjonction, c'est détruire le miracle comme tel* (1). » Ce qui revient à dire, si je ne m'abuse, qu'un fait sensible merveilleux, qui ne prêterait à aucune interprétation religieuse, ne serait pas un miracle. Mais on peut se demander si l'interprétation religieuse s'impose jamais et si elle n'est pas ordinairement l'œuvre toute subjective de l'exégète et remarquons que le thaumaturge auquel, en certain cas, on l'attribue et les témoins miraculés ou non sont déjà des exégètes qui font subir au fait qu'ils rapportent une interprétation religieuse.

Sous Dioclétien, on fit jeter au feu les livres de Fundanus, évêque d'Abitène en Afrique. Or, par une coïncidence inattendue, un orage survint au même instant qui éteignit ce bûcher sacrilège (2). Un esprit pieux a pu y voir une protestation divine contre la destruction des évangiles et des autres livres chrétiens. Mais cette interprétation apparaît singulièrement personnelle quand on songe aux centaines d'autres feux qui détruisirent de précieux manuscrits évangéliques, certains textes sacrés, aujourd'hui disparus à tout jamais.

Dans toutes les religions, dans toutes les confessions, on range parmi les miracles tous les faits prodigieux qui coïncident avec un vœu ou s'accordent avec les désirs des fidèles. Lors de la guerre de Crimée, les journaux pieux constatèrent avec une affectation mar-

---

(1) Le Roy. *Essai sur la notion du Miracle* dans *Annales de philosophie chrétienne*, décembre 1906, p. 236-237.
(2) *Acta Sanct. Saturni Dativi*, n. 3, dans **Ruinart**, *Acta Sincera*, Parisiis, 1689, in-4°, p. 410.

quée, que la prise de Sébastopol avait eu lieu un an, jour pour jour, après l'ordre donné par Napoléon III, d'employer le bronze des canons pris sur l'ennemi pour fabriquer la statue colossale de Notre-Dame-du-Puy. Ils n'exprimaient aucune réflexion, mais leur intention visible était de faire croire que le premier évènement était la cause du second. Parmi les lecteurs (bonapartistes et patriotes), beaucoup n'eussent pas eu sans doute l'ingéniosité de découvrir cette interprétation, mais bon nombre dut être profondément frappé d'une coïncidence qu'ils n'auraient pas remarquée d'eux-mêmes.

Le miracle ne serait-il donc au fond que l'œuvre de l'exégèse religieuse appliquée aux faits surprenants de l'univers ? Les théologiens qui admettent que Dieu n'agit jamais que par les lois générales qu'il a établies, semblent tous incliner à cette théorie. « Le savant, dit M. le pasteur Fulliquet, aura toujours à rechercher comment le phénomène a été préparé et s'est produit, tandis que l'esprit religieux aura le droit de se demander en quelle intention, pour quel résultat le fait s'est réalisé. L'explication scientifique est autre chose que l'interprétation morale et religieuse, l'une ne dispense pas de l'autre ; pourvu qu'elles se conforment aux règles et aux précautions indispensables (1). »

Mais ces règles et ces précautions indispensables où les trouverons-nous nettement formulées ? M. Fulliquet lui-même ne s'en est pas expliqué avec une suffisante clarté. La règle de M. l'abbé Bros, si nous l'eussions acceptée, nous eut conduits à des résultats enfantins.

L'historien des Religions qui relit le Discours sur

---

(1) G. **Fulliquet**. *Le miracle dans la Bible*, P., 1904, grand in-8°, p. 311.

l'Histoire universelle ne peut s'empêcher de sourire de certaines intentions que Bossuet prête à la Providence dans le déroulement de l'histoire du monde. Il faudrait aujourd'hui, pour ne pas négliger les résultats des fouilles et des découvertes en Égypte, en Assyrie et en Perse, prêter à la Providence des intentions quelque peu différentes, parfois quelque peu contraires.

L'exégèse des intentions providentielles dans la conduite des sociétés nous semble de plus en plus une entreprise chimérique ; mais encore à s'en tenir aux grandes lignes et à ne prendre que les grandes masses, il ne semble pas absolument vain d'essayer d'entrevoir leur courbe de développement ou les phases de leur évolution. En revanche, lorsqu'il s'agit de l'exégèse des intentions de la Providence à propos d'un fait isolé, j'allais dire individuel, il ne paraît pas, du moins, jusqu'à présent, qu'on ait trouvé rien de mieux que les règles de M. Bros, c'est-à-dire rien, un fantôme de règle fort propre à démontrer l'action miraculeuse de saints inexistants ou celle des dieux les plus mythiques des panthéons grec, boudhiste ou thibétain.

CHAPITRE IV

THÉORIES DES COÏNCIDENCES A SIGNIFICATION RELIGIEUSE

2° THÉORIE DE M. LE ROY
LA FOI EST L'AGENT NATUREL ET SURNATUREL DU MIRACLE

Avant d'exposer le concept du miracle, M. Le Roy nie d'abord la distinction coutumière que l'on établit entre l'esprit et la matière. La matière actuelle, dit-il, ne se réalise que par une opération de l'esprit et ce n'est qu'apparemment qu'elle est une négation de la conscience et de l'esprit (1). Cette matière, qu'il définit de l'action obscurcie et condensée, n'est plus consciente; mais sans doute, et j'ose croire que je ne trahis point ici la pensée de M. Le Roy, on peut dire d'elle qu'elle est doublée ou tissée de subconscience.

Ces prémisses posées, il définit le miracle : « l'acte d'un esprit individuel (ou d'un groupe d'esprits individuels) agissant comme esprit à un degré *plus haut que d'habitude, retrouvant en fait, et comme dans un éclair, sa puissance de droit* (2). »

Tout cela, certes, est bien abstrait et quelque peu obscur; mais nous allons éclairer M. Le Roy par M. Le Roy lui-même.

« On connaît, écrit-il, la théorie du subliminal, ce que l'on nomme parfois la psychologie de l'inconscient. Elle

---

(1) E. Le Roy. *Essai sur la Notion du Miracle*, dans *Annales de Philos. chrét.*, décembre 1906, p. 241.
(2) E. Le Roy. *Ibid.*, p. 242.

a pris de nos jours un grand développement, une importance toujours croissante; elle est parvenue à l'état positif; et il est facile d'en formuler en quelques mots la conclusion essentielle. Ce que nous appelons notre Moi, le Moi dont nous avons une conscience claire, « n'est qu'une portion d'un système psychique plus vaste, un fragment orienté vers la vie pratique, vers la vie terrestre ». C'est le centre lumineux d'une large nébulosité diffuse à dégradations continues. C'est la pointe d'émergence d'une pyramide qui se prolonge profondément dans le pénombre. Il y a en nous, au delà de ce que nous apercevons de nous-mêmes et de ce que nous en utilisons volontairement, une *activité subconsciente* qui ne se repose jamais et qui sans cesse collabore sous une forme plus ou moins secrète et occulte avec notre activité consciente. Bref, nous vivons d'ordinaire à la superficie de nous-mêmes, dans la région des discours et du geste; mais les vraies sources de notre vie ne sont point là.

Cette activité subconsciente est capable d'une foule de choses qui dépassent le pouvoir normal de l'activité consciente. On sait tous les phénomènes prodigieux qu'elle explique. Elle a partout un rôle, même dans ce qui semble tout à fait clair. Les fonctions organiques, notamment sont sous sa dépendance. Elle-même a construit le corps, ou plutôt le corps est le système des mécanismes qu'elle a montés, le groupe de ses gestes habituels. Mais notre corps au fond, c'est l'univers entier, dont l'organisme visible marque seulement pour chacun de nous la région de moindre inconscience. Ainsi l'activité subconsciente apparaît comme ayant pour domaine la totalité de la matière. Elle constitue tout ce que l'esprit a laissé tomber de lui-même dans l'automatisme et dans l'oubli.

Ordinairement, l'activité subconsciente reste ensevelie dans le mécanisme. En particulier, la matière ne nous obéit pas mais fonctionne par inertie. Toutefois, dans certains états anormaux, cette activité se reconquiert partiellement, elle s'affranchit plus ou moins. Alors apparaissent les phénomènes qui prouvent avec le plus d'éclat le pouvoir de l'esprit sur le corps; par exemple certaines guérisons merveilleuses, ou certains des faits qu'exploitent les spirites.

Ces états anormaux peuvent être maladifs. Ils ne le sont pas forcément. Ni les expériences des mystiques, ni les inspirations du génie, par exemple ne sont toujours des produits de la névrose, ne relèvent toujours de la pathologie mentale. Ce qui est source de progrès solide et fécond, ce qui est créateur de vie morale durable, agrandissante, ne saurait être assimilé aux tares ou désordres morbides qui se soldent finalement par un échec, qui en tous cas ne produisent aucun fruit communicable.

Ces états anormaux, maladifs ou non, peuvent d'ailleurs apparaître dans une foule aussi bien que dans un individu. Ils acquièrent alors parfois une intensité spéciale. Une foule unifiée, une foule convergente, une foule en communion religieuse semble singulièrement puissante en de certaines circonstances contre le mécanisme ordinaire de la nature. On dirait que la « perméabilité du diaphragme psychique » est plus grande pour elle que pour chacun de ses membres isolés. On dirait que tout se passe comme si le rapprochement et la conspiration des monades créait une sorte de monade supérieur.

On voit l'accord de ces données avec la théorie de la matière que je rappelais ci-dessus. La même notion du miracle en découle : *Un miracle, c'est l'acte d'un esprit qui se retrouve plus complètement que d'habitude, qui reconquiert momentanément une part de ses richesses et de ses ressources profondes* (1). »

Je donne ici cette conception de M. Le Roy sans discuter la théorie de la matière qu'elle implique. Mais elle n'importe pas ici, puisqu'il ne s'agit pour nous que de savoir si cette conception originale va nous permettre enfin de discerner le miracle.

Pour M. Le Roy, il n'est pas douteux qu'il n'y a de miracles que par la foi ; mais cela ne prouve qu'une chose, c'est que la foi a un pouvoir causal, une force efficace et réelle capable de vaincre les forces physiques. « Une foi quelconque, même illusoire, est déjà

---

(1) E. Le Roy. *Essai sur la Notion du Miracle*, dans *Annales de Philos. chrét.*, décembre 1906, p. 244-247.

capable d'effets merveilleux. Combien plus, une foi vraie, c'est-à-dire une foi adaptée à la nature de l'esprit, conforme à ses destinées morales, à ses besoins, à ses virtualités, à ses puissances latentes ! Combien plus encore une foi divine, qui tend à le faire toujours plus être, au delà de tout ce qu'il peut même présentement concevoir (1). »

Cette théorie est l'antithèse de celle de M. Bros et ne prête pas aux objections que j'ai faites à ce dernier. Mais poursuivons notre examen.

« Le miracle, écrit encore M. Le Roy, est en un sens *naturel*. — Si cette jeune fille est guérie, ce n'est pas moi qui l'ai guérie, c'est sa foi. Cette force de la foi qui l'a fait se lever et marcher, elle existe partout dans le monde de Dieu partout et toujours comme la force de l'épouvante qui fait trembler et choir. Elle est une force dans l'âme, semblable aux forces qui sont dans l'eau et dans le feu. Donc si cette jeune fille est guérie, c'est parce que Dieu a disposé cette grande force dans son Univers. »

« On voit aussi comme le miracle est en un autre sens *surnaturel*. C'est que la foi l'est elle-même... On voit enfin les rapports du miracle avec Dieu. Ce sont les mêmes que ceux de la foi. Dieu est seul cause efficace du miracle, si le miracle est un acte de foi et si la foi qui l'engendre est surnaturelle, c'est-à-dire suppose le concours de la grâce. Encore un coup il n'y a point ici de question spéciale à résoudre (2). »

Pour M. Le Roy, Dieu interviendrait donc dans la nature par l'action surnaturalisée du croyant. Le miracle n'est que l'acte de l'esprit humain animé d'une foi surnaturelle. Du point de vue de la science, on ne saurait y faire d'objection, à moins qu'on ne fasse des

---

(1) E. Le Roy. *Ibid.*, p. 249.
(2) E. Le Roy. *La Notion du Miracle*, dans *Annales de Phil. chrét.*, 1906, p. 250.

objections à l'action de la volonté humaine. Du point de vue de la foi catholique, j'imagine que les théologiens pourront faire force objections, qui, d'ailleurs, ne nous importent point, car il ne faut pas oublier le but de notre recherche.

Ici revient, en effet, plus pressante que jamais, notre persistante question : Comment donc discernera-t-on le véritable miracle? La présence de la grâce échappe à tout diagnostic certain. Comment donc saurons-nous que la foi qui a opéré le miracle était surnaturelle et soutenue par la grâce, au lieu d'être simplement une invincible confiance naturelle?

Patientons, M. Le Roy n'ignore pas l'importance de cette question. Il y arrive enfin : « Dans la question du miracle, le problème principal n'est pas celui de la *constatation*, mais celui du discernement. Constater que tel fait merveilleux s'est produit, cela s'opère assez facilement par les méthodes communes de la science ou de l'histoire, du moment qu'il ne s'agit pas de conclure par elles au caractère surnaturel du fait et qu'on a d'ailleurs à sa disposition éventuelle une théorie susceptible de rendre les prodiges intelligibles. Constater ensuite que ce fait a pour cause génératrice une foi, que son déterminisme implique des conditions psychiques et morales, on y parvient encore sans trop de peine par les procédés ordinaires du raisonnement expérimental. Aussi bien nombre d'incroyants franchissent-ils souvent d'eux-mêmes ces deux étapes. Mais la difficulté commence avec *l'interprétation* du fait, avec le problème relatif au discernement de sa signification vraie. Là, intervient non plus la matière, mais la forme du fait. Là, en conséquence il serait déraisonnable de vouloir employer toujours des procédés de laboratoire. Les seules méthodes possibles sont alors celles que pratique *l'Eglise avec ses critères moraux de discernement*. Découvrir le contenu de la foi génératrice en considérant le miracle comme *signe*, non plus comme *phénomène*, puis apprécier ce contenu d'après les effets moraux produits et les circonstances morales de la production : c'est à quoi l'on peut arriver encore avec certitude. Mais il s'agit cette fois de *certitude morale*, ce qui d'ailleurs n'a rien d'étrange puisqu'il s'agit d'établir une preuve en faveur d'une vérité morale et qu'une pareille vérité appelle naturellement des preuves elles aussi morales (1). »

Mathématicien et philosophe, M. Le Roy affectionne le langage abstrait, ce qui n'empêche pas ce passage d'être des plus limpides.

Discerner le miracle, j'entends le distinguer d'un fait prodigieux quelconque, c'est attribuer à un phénomène physique une sorte de langage religieux et moral. Or, il est bien évident que vous ne pouvez juger de ce langage qu'au nom de votre idéal religieux et de votre idéal moral. La conséquence est donc des plus claires : il n'y a aucun critère de discernement du miracle pour un incrédule et il ne saurait donc servir de preuve pour le convaincre de la vérité d'une quelconque religion révélée. M. Le Roy ne nous désavouera pas. Il écrit :

« A la dernière étape de l'enquête, une considération est d'un grand poids : à savoir, la comparaison du fait qu'on veut éprouver, avec la doctrine religieuse antérieurement tenue pour vraie. En ce sens il est juste de dire que le miracle est un signe qui s'adresse à la foi et qui ne peut être entendu que de la foi... le miracle suppose une foi antérieure, s'adresse à une foi naissante, non à l'incrédulité absolue (2). »

Et M. Le Roy en appelle à ce propos à l'autorité de M. Blondel. Ce dernier a cru devoir, en effet, expliciter très clairement sa pensée sur ce point : « Le Philosophe, écrit-il, n'a point qualité dans le ressort

(1) E. Le Roy. *Ibid.*, p. 253-254.
(2) E. Le Roy. *Ibid.*, p. 255.

précis de sa compétence pour désigner la présence du fait surnaturel. » Et encore : « Les preuves de fait ne valent que pour ceux qui sont intimement prêts à les accueillir et à les comprendre ; voilà pourquoi les miracles qui éclairent les uns, aveuglent les autres. Parlons à la rigueur des termes : comme pour la philosophie, aucun des faits contingents n'est impossible ; comme l'idée de lois générales et fixes dans la nature et l'idée de nature elle-même n'est qu'une idole ; comme chaque phénomène est un cas singulier et une solution unique, il n'y a sans doute, si l'on va au fond des choses, rien de plus dans le miracle que dans le monde des faits ordinaires. Mais aussi, il n'y a rien de moins dans le plus ordinaire des faits que dans le miracle. Le sens de ces coups d'état qui provoquent la réflexion à des conclusions plus générales en rompant l'assoupissement de la routine, c'est de révéler que le divin est, non pas seulement dans ce qui semble dépasser le pouvoir accoutumé de l'homme et de la nature, mais partout, là même où nous estimerions volontiers que l'homme et la nature se suffisent. Les miracles ne sont donc miraculeux qu'au regard de ceux qui sont déjà mûrs pour reconnaître l'action divine dans les évènements les plus habituels. *D'où il résulte que la philosophie qui pécherait contre sa propre nature en les niant, n'est pas moins incompétente pour les affirmer, et qu'ils sont un témoignage écrit dans une autre langue que celle dont elle est juge* (1). »

On ne saurait mieux dire, il n'y a point de critère purement philosophique du miracle ou encore : Le discernement du miracle n'est pas seulement d'ordre

---

(1) M. Blondel. *Lettre sur les exigences de la pensée contemporaine en matière d'apologétique et sur la méthode de la philosophie dans l'étude du problème religieux.* Saint-Dizier, 1896, in-8°, p. 8-10.

moral, mais il est, avant tout, d'ordre surnaturel et ceci c'est l'ordre théologique. Il semble donc bien que nous n'avons plus qu'à recourir aux Eglises, ou du moins à leurs théologiens pour leur demander quels sont leurs critères de discernement.

CHAPITRE V

DES PRODIGES PHYSIQUES QUI FOURNISSENT EUX-MÊMES LEUR PROPRE INTERPRÉTATION

Nous avons loyalement accompli notre tâche et conclu négativement une enquête qui ne comporte point de solution positive dans le domaine philosophique. Mais il semble que la question peut se poser sous une forme nouvelle. Dieu ne peut-il, au moyen de faits sensibles spéciaux, nous manifester sa pensée de façon à supprimer toute équivoque ? Je m'explique : Les miracles sont des prodiges muets et dont l'interprétation est le fait propre de l'homme religieux ; mais n'y a-t-il point de prodiges physiques parlants ?

Peut-il y avoir une typtologie divine ? Tout le monde connaît les prétentions des spirites. Ils correspondent avec les morts par coups frappés. Une vulgaire table de bois suffit aux esprits de l'autre monde pour tenir avec les vivants de longues conversations. Dieu ne pourrait-il donc lui aussi employer une table pour nous parler ? Bien plus, ne pourrait-on bénir un appareil Morse que l'on placerait dans un sanctuaire, comme jadis, l'Urim et le Thummim, chez les anciens Hébreux ?

« Lorsqu'il était question de consulter l'*urim* et le *thummim*, écrit Dom Calmet, le grand prêtre, revêtu de ses habits de cérémonie, se présentait, non dans le sanctuaire où il ne pouvait entrer qu'une fois l'année, mais dans le saint, au devant du voile qui séparait le saint du sanctuaire. Là, étant debout et le visage tourné du côté de l'arche d'alliance, sur laquelle reposait la présence divine, il proposait la chose pour laquelle il était consulté. Derrière lui et sur la même ligne, à quelque distance de là et hors du lieu saint, se tenait la personne pour laquelle on consultait ; elle attendait avec respect et humilité la réponse qu'il plaisait au Seigneur de donner. Les rabbins croient qu'alors le grand-prêtre, ayant les yeux fixés sur la pierre du rational, qui était devant lui, y lisait la réponse du Seigneur : les lettres qui s'élevaient hors de leur rang et qui jetaient un éclat extraordinaire, formaient la réponse désirée. Par exemple, David ayant demandé à Dieu s'il monterait dans une des villes de Juda, il lui répondit : *Alé* : montez. Les trois lettres hébraïques *aïn*, *lamed* et *hé* sortirent, pour ainsi dire, de leur place et se levèrent au-dessus des autres, pour former le mot qui marquait la réponse demandée (1). »

Quand une table se comporte comme un appareil Morse, on est assuré qu'une conscience se manifeste. L'Urim et le Thummim du temple juif exprimait des réponses intelligibles et, par suite, une pensée. S'agit-il, dans ces deux cas, d'une conscience ou d'une pensée extra-humaine ? Les spirites et les hébreux l'ont cru.

Un apologiste catholique qui a imaginé de démontrer la réalité des miracles judéo-chrétiens en établissant qu'ils sont de même ordre que les phénomènes dits spirites, qu'il considère les uns et les autres comme absolument certains, écrit : « Venons aux phénomènes intellectuels et moraux. De ceux-là, il est clair, dans le monde où nous habitons, que l'homme est la seule cause naturelle, et il est toujours facile de s'assurer si tel ou tel fait de cet ordre a l'homme

---

(1) Dom Calmet. *Dictionnaire de la Bible*, édit. Migne, P., 1848, in-4°, t. IV, col. 901-902. V° *Urim et Thummim*.

pour cause. Mais *l'homme exclu*, il faut de toute nécessité recourir à des intelligences que la nature ne renferme pas. Ni le minéral, ni la plante, ni l'animal, ne peuvent fournir la solution des problèmes que présentent ces phénomènes. Ces réflexions ne concernent pas seulement les miracles proprement dits, les miracles divins; elles s'appliquent aussi à nombre de phénomènes spirites (1). »

Evidemment, comme le dit fort bien le R. P. Lescœur, « l'homme exclu », il faut bien reconnaître dans les réponses des tables ou dans celles de l'Urim et Thummim, les manifestations d'intelligences extra-humaines; mais est-il aussi facile que le pense le R. P. d'exclure l'action de l'homme? Eh bien, non.

Je ne connais, du moins, pour ma part, aucun moyen de démontrer que la personnalité qui se manifeste ainsi ne soit pas une des personnalités subconscientes de l'un des assistants. Tous les essais tentés jusqu'ici dans ce sens ont abouti à de piteux échecs. L'identification des personnalités qui communiquent ainsi avec nous est un problème auquel nombre de spirites ont vainement essayé d'apporté une solution. Disons davantage, ils ne pouvaient pas aboutir. Admettons, en effet, pour un instant, que la personnalité qui est censé communiquer par la table, nous révèle une chose inconnue de tous les assistants, qui donc établira jamais que ce fait était ignoré de la subconscience de ces mêmes assistants, puisque nous ne savons pas ce qu'elle peut connaître (la télépathie et la double vue ouvrant un champ illimité) et, par suite, ni ce qu'elle connaît, ni ce qu'elle ignore.

Mais, dira-t-on, Dieu se servant d'un tel truchement

(1) R. P. Lescœur. *La Science et les Faits surnaturels contemporains*, P., s. d. (1900), in-12, p. 72.

pourrait révéler telle vérité scientifique ignorée de tous. Même cette voie me semble des plus incertaines. La subconscience d'un groupe d'hommes qui interroge une table est une sorte de subconscience supérieure. M. Le Roy nous le disait tout à l'heure. Il peut y avoir des subconsciences de génie. Les hommes de génie eux-mêmes ne font souvent qu'enregistrer le travail fait par leur subconscience, alors qu'ils étaient occupés de toute autre recherche ou même plongés dans le sommeil. En fait, Dieu n'a pas jugé bon de prendre cette voie pour manifester sa pensée aux hommes. L'Urim et le Thummim n'est qu'un objet de curiosité archéologique et son usage est volontiers classé, même par les croyants, au nombre des pratiques divinatoires non seulement périmées, mais superstitieuses.

La réponse du rational s'explique fort bien pour nous par une sorte de suggestion du grand-prêtre qui croyait voir telle lettre, puis telle autre, briller d'un éclat plus vif. On peut aussi rapprocher ce phénomène core une fois, le miracle par le rational n'est plus que de certains cas de double vue par le miroir; mais en-matière d'archéologie religieuse. Nul catholique ne possède de rational parlant. La Vierge ni les Saints ne se sont pas encore avisés de parler avec nous au moyen d'un chapelet dont les grains correspondraient à nos lettres et à nos chiffres. La piété semble devoir désormais se passer de manifestations analogues. Table, rational ou chapelet parlant ne sont pas ou ne sont plus des oracles religieux. Ils n'ont jamais été les canaux des obligatoires doctrines révélées.

Peut-il y avoir des médiums de la pensée divine? Les morts, toujours d'après les spirites, se communiquent encore parfois aux vivants par l'intermédiaire de sujets spéciaux qu'on appelle des médiums. Les défunts entrent en eux, parlent par leur bouche, écrivent et dessinent par leurs mains. La conscience qui se manifeste ainsi est de toute évidence, dans tous les cas étudiés, la subconscience du médium. Dieu, nous dit-on, n'a pas dédaigné ce moyen de nous révéler sa pensée. Des prophètes ont cru que Dieu parlait par leur bouche. Des auteurs sacrés furent persuadés que Dieu écrivait par leurs mains. Comment prouver que ce qu'ils appelaient la voix ou l'écriture de Dieu n'étaient pas l'œuvre de leur subconscience ? On le prouvait jadis par des miracles de l'espèce des prodiges muets. Nous savons, du reste, que cette preuve n'a aucune valeur pour un incrédule.

L'inspiration des prophètes ou l'inspiration des médiums, les révélations divines des religions ou les révélations d'outre-tombe du spiritisme, sont des phénomènes du même ordre. Ils s'expliquent parfaitement par les hallucinations psychiques ou le dédoublement de la personnalité. Dans un cas, il s'agit des manifestations de notre subconscience ; dans l'autre, des manifestations automatiques et ingouvernables de notre conscience claire. Nous ne voyons aucun moyen, par suite, d'exclure la conscience de l'homme.

Le paganisme n'a pas ignoré cette sorte de phénomènes ; les pythonisses étaient des médiums divins Dans leur délire ou dans leur enthousiasme, elles sentaient Dieu en elles. Nul aujourd'hui ne songe cependant à voir dans les oracles des sibylles des révélations, dont le recueil, si elles pouvaient être rassemblées, constitueraient la Révélation païenne, la parole que Dieu aurait adressée aux aryens pour les guider et les sauver. Sans doute, les chrétiens les plus orthodoxes préféreront-ils avec nous, j'entends ceux qui ne voient pas le diable partout, admettre qu'il s'agissait de manifestations hallucinatoires ou subconscientes. Nous ne sortons donc toujours pas de l'homme.

Nous ne pouvons cependant passer sous silence une théorie qui prétend, sinon donner la solution de cette difficulté, du moins l'atténuer. « Mais en y réfléchissant, écrit M. H. Bois, l'homme religieux se rend compte qu'en effet, *s'il y a un Dieu*, les rapports normaux entre ce Dieu et les êtres humains ne peuvent avoir lieu ailleurs que dans la sphère de la subconscience ; car ces rapports ne sont pas seulement des rapports d'esprit à esprit, mais de créateur à créature. C'est par le fond subconscient de notre individu que nous sommes sans cesse raccrochés au Créateur, que notre nature procède incessamment de sa volonté, que nous avons en lui la vie, le mouvement et l'être. *La vie religieuse doit donc être une vie qui plonge par ses racines nourricières dans le subconscient, sur lequel Dieu agit et peut agir directement.* Et alors il est dans la nature même des choses, si Dieu existe et agit, que ce Dieu ne soit point pour l'homme *un objet d'expérience* (1). »

Je ne vois pas de raison de nier que Dieu, « s'il existe », puisse agir sur notre subconscience, mais j'avoue ne pas très bien saisir ce que peut être ce subconscient sur lequel seul Dieu agit et peut agir directement. M. Bois admettrait-il dans le subconscient humain, sur lequel agissent une quantité de causes naturelles, un subconscient humano-divin, j'allais dire exclusivement divin, sur lequel Dieu agit seul ? En ce cas, peut-être pourrions-nous espérer qu'il y a des critères propres à nous faire discerner les manifestations qui lui sont propres.

(1) H. Bois. *La Valeur de l'Expérience religieuse*, P., Nourry, 1908, in-12, p. 114.

Mais M. Bois ne prétend point nous fournir ces critères et peut-être même ai-je trahi sa pensée. Quoi qu'il en soit, nous ne pouvons que souligner l'importance des déclarations suivantes : « Il y a une utilité morale et religieuse à ce que l'homme ne puisse pas constater empiriquement la liberté surnaturelle de Dieu le prendre sur le fait, le prendre, si j'ose dire, en flagrant délit. Dieu intervient en nous de telle manière que nous ne puissions pas discerner infailliblement son rôle du nôtre et dire d'une pensée : elle est à moi, d'une autre : elle est à Dieu...

Et je conclus : le chrétien n'est pas troublé par la distinction entre l'expérience proprement dite et l'interprétation métaphysique de cette expérience, l'une s'imposant comme un fait, l'autre se présentant comme une hypothèse.

Les automatismes ont tous la même forme psychologique. Il serait vain de contester ce point, de dire, par exemple, que l'inspiration religieuse est psychologiquement normale et que l'inspiration poétique ou somnambulique est psychologiquement morbide. Ce ne serait pas exact ; il y a des cas où l'inspiration artistique et même somnambulique n'est réellement pas morbide et il y a des cas, en revanche, où l'inspiration religieuse l'est bien certainement. Dans cet ordre-là, c'est tout au plus si on a quelque chance d'arriver à établir des nuances, des différences, des degrés, et encore n'est-il pas sûr que ces différences soient irréversibles ; il est plus exact de reconnaître qu'on peut appliquer à la question de l'inspiration religieuse, ces mots de M. Ribot, recherchant les différences qui peuvent exister entre l'obsession saine et féconde de l'invention et l'obsession stérile et délirante du malade : « En réalité, la psychologie pure est incapable de découvrir une différence positive entre l'obsession créatrice et les autres formes, parce que, dans les deux cas, le mécanisme mental est, au fond, le même. » Tous les automatismes sont psychologiquement pareils et la science psychologique, science du relatif, ne peut entreprendre de dépasser cette sphère de relativité ; elle doit, sans se prononcer pour ou contre une hyperexistence quelconque, se borner à décrire et comparer les phénomènes, à en poursuivre une explication génétique.

Mais, psychologiquement pareils, les automatismes diffèrent les uns des autres et profondément au point de vue de leur contenu, de leur fond, les différences sont des différences de valeur. C'est ce que dit encore M. Ribot ; car après avoir déclaré qu'entre les obsessions créatrices et les autres formes de l'obsession, la psychologie pure est incapable de découvrir une différence positive, il continue : « Le critérium doit être cherché ailleurs. Pour cela, il faut juger l'idée fixe non en elle-même, mais par ses effets. Que produit-elle dans l'ordre pratique, esthétique, scientifique, moral, social, religieux ? Elle vaut ce que valent ses fruits (1). » Les automatismes diffèrent donc en valeur (2). »

Les révélations et les inspirations fausses ne se distinguent donc des révélations vraies par aucun critère sensible d'ordre psycho-physiologique. Il nous faudra donc les juger par leur contenu. M. Bois, après M. Le Roy, nous renvoie donc aux théologiens.

On peut, d'ailleurs, aller plus loin que M. Bois sans détruire l'essentiel de sa thèse. M. Revault d'Allonnes, qui étudiait récemment dans un livre fort curieux le

---

(1) Ribot. *Essai sur l'imagination créatrice*, p. 74.
(2) H. Bois. *La Valeur de l'Expérience religieuse*. P., Nourry, 1908, p. 121-125.

prophète Monod et le Monodisme, n'hésite pas à le considérer, et à juste titre, comme ayant été au moins un temps, un doux et sympathique aliéné ; mais cela ne l'empêche pas d'examiner la théologie monodiste, fruit des révélations et des inspirations du prophète, et la jugeant par son contenu, de constater sa cohérence intrinsèque et sa valeur morale et sociale.

Etant donné que Monod fut aliéné et enfermé à son heure dans une maison de santé, M. Revault d'Allonnes a-t-il tort de vouloir juger de ses inspirations par leur contenu. Je ne le pense point ; car si l'on refusait de juger en elle-même les productions des aliénés, on devrait refuser de juger toutes les inspirations de quelque ordre qu'elles soient qui impliquent l'automatisme de l'inspiré et par suite sans aucun doute possible une altération ou une maladie de la personnalité.

Il est à craindre toutefois, désormais, que le prédicateur religieux, dont l'enseignement se réclamerait d'une inspiration automatique personnelle ne compromette plutôt qu'il n'appuie de la sorte la valeur religieuse de son enseignement. Depuis longtemps, les sanctuaires où l'on allait dormir pour entendre les révélations des dieux et des saints sont devenus silencieux. L'ère des prophètes est close. Un Monod nous apparaît sur le même plan que les pythonisses antiques. Ni l'un ni l'autre ne nous semblent plus les organes particuliers d'un Dieu. La possession divine est une maladie au même titre que la possession diabolique.

Est-il possible cependant qu'une semblable maladie favorise le développement du sentiment religieux et lui fasse inventer des formes de pensée, des attitudes cultuelles ou rituelles propres à promouvoir le progrès religieux. Rien ne permet de le nier. Mais encore une fois, qui ne voit que l'automatisme religieux en tant que tel ne saurait nous fournir de critères psycho- physiologiques de sa valeur miraculeuse.

Dieu pourrait-il se manifester sous forme de fantôme? En décembre 1906, M. Loisy écrivait à M. Leroy : « Quoi qu'on pense de l'esprit, quoi qu'on pense de la matière, cette action (de l'esprit sur la matière) peut produire, en certaines occasions, des effets surprenants. Mais elle a pourtant des limites, impossibles à fixer théoriquement, moins difficiles peut-être à déterminer pratiquement. Ainsi, la résurrection de Lazare, dont la non-réalité peut se démontrer par la critique historique, doit dépasser la mesure de violence que la foi peut exercer sur la contingence de ce monde. La Résurrection du Christ lui-même, que l'Eglise entend bien maintenir comme un miracle de l'ordre sensible, se présentera dans des conditions analogues : on ne pourrait l'attribuer raisonnablement ni à la foi de Jésus, ni à celle de ses disciples (1). »

Si, cependant, on venait à répéter les expériences de William Crookes, qui aurait vécu de longs mois en compagnie d'un fantôme : Katie King, dont l'existence est liée, il est vrai, à celle du médium Florence Cook, qui pourrait encore nous persuader que l'esprit humain sera toujours dans l'impossibilité de fournir une théorie de la réanimation d'un cadavre (2) ou de la réincarnation d'un squelette. Cette dernière merveille, en tous cas, ne semble pas surpasser celle de la matérialisation d'un fantôme.

---

(1) A. Loisy. *Quelques lettres sur des Questions actuelles et sur des Evènements récents*, Ceffonds, 1908, in-12, p. 60.
(2) Paul Auguez a publié une relation fort curieuse, je ne dis pas authentique, dans laquelle nous voyons la main d'un cadavre s'appliquer à une main vivante et lui faire écrire de longues pages sur la vie d'outre-tombe. P. Auguez. *Spiritualisme, Faits curieux*. P., 1858, in-8°, p. 53-88.

Admettons, pour un instant, que Dieu ait jugé bon de venir à nous sous forme de fantôme qu'il ait réussi à se faire reconnaître pour un fantôme véritable, ce qui ne serait pas déjà si facile, il resterait à trouver un critère qui nous permette de reconnaître en lui le vrai fantôme de Dieu, qui nous permît d'assurer qu'il ne s'agit point là d'une émanation de la substance du médium ou des témoins et le rayonnement d'une subconscience simple ou collective.

Ainsi donc, en raisonnant par provision, en acceptant comme réels les faits les plus étranges du spiritisme et les récits les plus décidément légendaires, même alors nous n'arrivons point à découvrir le critère qui nous permettra d'affirmer, dans un fait singulier, une manifestation consciente qui ne dépende ni de la conscience ni de la subconscience des témoins. Toujours le même heurt, toujours le même mur.

Parmi les gnostiques, Cérinthe, Saturnin et Basilide soutinrent que Dieu ne pouvait revêtir une véritable nature humaine, que c'eut été abaisser sa divinité; mais qu'il n'en avait revêtu que les apparences et que son corps mortel n'avait été qu'un fantôme de corps. Il est inutile de rappeler que ce système est contraire à la doctrine chrétienne. Mais en admettant qu'il en fut ainsi, nous voyons fort bien aujourd'hui qu'il n'a point suffi à Dieu de revêtir la forme du fantôme Jésus pour se faire reconnaître comme Dieu sous cette forme singulière. D'aucuns prétendent que ce Jésus n'est qu'un homme ordinaire et ces d'aucuns-là attendent encore des critères qui leur permettraient de discerner le fantôme de Dieu de tout autre fantôme ou même tout uniment de tout autre membre de notre très réelle humanité.

En appeler aux miracles de ce fantôme divin, c'est

juger du miracle par le miracle d'un miracle qui devrait être clair par lui-même, par des prodiges muets d'une interprétation toujours douteuse. En appeler à sa doctrine, c'est en revenir de nouveau à l'appel aux théologiens, ces seuls juges des doctrines religieuses.

Peut-être serons-nous plus heureux auprès de ces derniers. Il ne nous reste plus qu'à les interroger.

QUATRIÈME PARTIE

Le Miracle

ET LA

Théologie positive

> « Les miracles qui ont faits pour prouver la foi doivent être évidents. »
> S. Thomas, *Summa Theologica*,
> p. III q. 29, art. 1-2.

LA THÉOLOGIE

SA DÉFINITION, SES LIMITES

§ 1. — *Les Postulats de l'Intuition.* — Nous avons dit précédemment ce qu'est la théologie, la science des faits surnaturels : il s'agit maintenant d'en donner une définition à la fois plus précise et plus explicite.

Y a-t-il des faits surnaturels ? Si oui, la théologie est possible ; si non, elle ne saurait être qu'un roman. Le surnaturel est une action singulière de Dieu et suppose, par suite, l'existence divine. Mais pouvons-nous assurer que Dieu est une hypothèse fondée en réalité et non pas une fiction ?

La science et la philosophie ne sont qu'une double phénoménologie du sensible et du conscient et n'atteignent, en aucune façon, le surnaturel. Dieu ne nous est donné ni par la science, ni par la philosophie. Bien plus, la critique philosophique depuis Kant n'admet plus que les preuves classiques de l'existence de Dieu, aient une force probante. Dieu n'est-il donc qu'un produit de notre fantaisie ?

Beaucoup d'hommes qui rejettent l'existence de Dieu, parce qu'on ne saurait en fournir des preuves rigoureuses, continuent cependant à croire à l'existence des autres hommes et à celles du monde extérieur ; cependant, la critique philosophique qui a ébranlé les anciennes démonstrations de l'objectivité du divin a établi, avec non moins de force le néant des preuves de l'objectivité du monde extérieur. Par suite, cette attitude est singulièrement illogique : c'est qu'on ne se rend pas compte que l'affirmation de la réalité ou de l'existence de Dieu, n'est pas plus indémontrée que l'affirmation de la réalité du monde extérieur ou que celle de l'existence des autres hommes. Ces incrédules auraient dû se poser tout d'abord cette question : D'où vient notre assurance à affirmer des existences distinctes de nos propres états de conscience ?

En fait, nous croyons invinciblement, irrésistiblement, à la réalité du monde extérieur, à notre propre réalité, à l'existence distincte des autres hommes et enfin à l'existence d'une pensée ordonnatrice de l'univers ; seulement, nous y croyons non pas en vertu de démonstrations rationnelles dont la critique a établi l'insuffisance, mais par suite d'une connaissance directe, connaissance de l'ordre intelligible analogue à la vision dans l'ordre sensible, à l'aperception dans l'ordre conscientiel, et fort connue, d'ailleurs, sous le nom d'intuition.

L'intuition est une capacité de connaître, à laquelle on a prêté des pouvoirs si fantastiques, à laquelle on a attribué des romans métaphysiques si singuliers et si extravagants, que volontiers aujourd'hui on la nie ou la suspecte et généralement on la méprise. Cependant, il n'est pas douteux que cette forme de la connaissance existe à quelque degré chez tous les hommes. Mieux vaut l'analyser et la définir que d'établir une discussion à son sujet. L'intuition est une capacité de connaître qui dépasse la capacité de la pure raison ou de la raison raisonnante qui procède par démonstrations et syllogisme. S'exerçant dans l'ordre intelligible, elle participe cependant à la nature de la raison : mais, guide souverain de l'action, elle participe aussi de la nature du sentiment et de la volonté. Elle vise à formuler des affirmations intelligibles, ainsi que la raison pure : mais, à la différence de celle-ci, elle n'est préoccupée que des vérités qui sont les normes de notre activité. L'intuition est une sorte d'appréhension active du réel, qui se traduit en des propositions nécessaires et irrésistibles, indémontrées et indémontrables. Or, tandis que la raison pure s'exprime par les *axiomes*, vérités purement représentatives, la raison intuitive s'exprime en *postulats*, vérités à la fois d'ordre représentatif et d'ordre pratique. L'intuition est la forme de la connaissance quand nous nous plaçons au point de vue de l'existence et du réel, c'est-à-dire sur le terrain de l'action et de la vie.

L'objet de l'intuition, ou de la connaissance intuitive, n'est autre chose que le réel. Elle s'intéresse à l'être en tant que réel, et, de ce point de vue, elle affirme ou nie en toute légitimité. Grâce à elle, nous pouvons affirmer l'existence de réalités distinctes de nos états de conscience, réalités d'une capitale importance et dont nécessairement nous devons tenir compte dans l'action et dans la vie. Quelles sont donc ces réalités dont elle postule l'existence?

1° *Le monde extérieur* existe réellement en dehors de nous, en dehors des sensations qu'il nous procure et de la conscience que nous en avons.

Toute la vie pratique suppose la vérité de ce postulat, tous les arts, toutes les industries, toutes les techniques, celle du jardinier, celle du tailleur, celle de l'ingénieur ou celle de l'artiste, supposent une réalité objective, qu'ils utilisent à d'innombrables fins, mais dont, pas un instant, ils ne mettent en doute la réalité et l'objectivité.

2° *Les autres hommes* et notre propre personne (corps et esprit formant une individualité unique) existent réellement en dehors de nos propres états de conscience.

Toute la vie sociale suppose la vérité de ce postulat. Toutes les morales qui font appel au respect de la personne humaine, toutes les jurisprudences qui s'appuient sur sa responsabilité, toutes les législations qui la contraignent à des servitudes, tels le service militaire et les impôts, supposent la foi implicite à l'existence des hommes, comme entités distinctes de nos états de conscience.

3° *L'ordre de l'univers* considéré dans son ensemble en tant qu'il embrasse tous les êtres inertes, vivants et intelligents, est une réalité objective et largement indépendante de sa perception, par nos consciences individuelles; bien plus, on ne saurait le nier et en fait tous le reconnaissent individuellement, soit qu'ils l'appellent Dieu, l'Ame du Monde, ou la Loi universelle.

Toute la vie religieuse de l'humanité, toutes les expériences dans lesquelles elle a eu le sentiment d'une relation vivante entre l'homme et des puissances extra-humaines dont l'univers entier est la manifestation, supposent implicitement ce postulat. Les théologiens prétendent qu'un Spinoza le nie ; mais c'est ignorance ou esprit de parti. Les libre-penseurs croient le rejeter alors qu'ils ne rejettent qu'une certaine conception anthropomorphique de la divinité et qu'ils affirment, j'allais dire avec ferveur, leur foi aux Lois de l'Univers.

Les Postulats de l'intuition s'imposent donc à toute

l'humanité qui vit, qui agit et qui veut vivre. Ils sont les ressorts secrets et implicites de son action, l'appui inébranlable de ses inspirations les plus hautes et de ses vertus les plus héroïques.

§ 2. L'INTUITION ET LA MÉTAPHYSIQUE

L'intuition est à la base de toutes les spéculations sur le réel et, si je ne craignais qu'on se méprît sur le mot faculté, je la définirais volontiers la faculté métaphysique.

Chaque groupe de sciences, chaque système de connaissances, aboutit à des hypothèses, à des théories d'ailleurs toujours provisoires et remplaçables.

Les sciences du sensible ou sciences physico-chimiques aboutissent à des théories et des hypothèses telles que l'unité de la matière, l'universalité de la vie, la génération spontanée et l'évolution qui, pour atteindre de grandes probabilités, ne sont cependant que des hypothèses. L'intuition acceptant ces données et s'appuyant sur le postulat de la réalité du monde extérieur, bâtit toute une physique du réel que l'on a nommée la métaphysique, parce que, précisément elle prolonge la physique bien *au delà* de ses limites propres et légitimes. C'est la science des êtres sensibles en tant que réels.

La science du conscient, la psychologie et la philosophie, aboutissent également dans leur domaine à des hypothèses sur la conscience, l'inconscient, le subconscient, sur leur nature, leur étendue et leur action qui deviennent la base de spéculations nouvelles, dont l'ensemble constitue la métapsychique. Cette autre branche de la métaphysique suppose également l'intervention de l'intuition et de ses deux premiers postulats. Elle peut se définir la science de l'être conscient en tant que réel.

Les sciences qui colligent et coordonnent les expériences religieuses, ascétiques et mystiques, constatent des phénomènes d'un ordre particulier qui nous sont donnés par la conscience, de même que la connaissance du sensible ou du conscient. Ces phénomènes, d'ordre intellectuel et sentimental, sont caractérisés par l'idée et le sentiment d'une relation de l'individu avec l'être universel ou la loi de l'univers. Ils entraînent à des hypothèses représentatives toutes plus ou moins symboliques : révélation, incarnation, médiation, rédemption, communion des saints sur lesquelles l'intuition appelée à dire son mot, bâtit des spéculations infinies auxquelles on a donné le nom de théologie. Ce sont ces spéculations variés que les religions imposent à leurs fidèles sous le nom de dogmes.

La théologie qui prétend avoir une connaissance assurée de l'être divin et de ses mystères, peut se définir la science de l'être en tant qu'universel. Après la métaphysique proprement dite ou métaphysique scientifique, après la métapsychique ou métaphysique psychologique, elle constitue la métaphysique religieuse et couronne ainsi tout l'édifice des spéculations de la raison intuitive dans le domaine du réel.

§ 3. — LES LIMITES DE LA THÉOLOGIE

Si l'on accepte ces définitions, les limites de la théologie semblent assez faciles à déterminer. Cependant, l'on a souvent confondu son domaine avec les autres domaines de la connaissance.

Nous avons vu que la théologie n'est qu'une branche de la métaphysique et l'ensemble des spéculations humaines sur la réalité et la nature de l'être universel, mais rien de plus. Aussi bien, lorsque le théologien prétend intervenir au nom de la théologie dans les autres branches de la métaphysique, métaphysique proprement dite et métapsychique, c'est avec raison que les savants et les philosophes qui s'adonnent à ces sortes de spéculations, protestent contre son intrusion. Le théologien qui prétend rejeter, au nom de la Révélation, la théorie de l'évolution des espèces ou la théorie psychologique de l'inspiration, démontre surabondamment qu'il n'a aucune idée, même approximative des limites de son propre domaine. La théologie catholique en particulier a, de ce fait, commis des fautes éclatantes dont la condamnation de Galilée et celle de Loisy resteront les exemples les plus lamentables.

Le véritable domaine de la théologie est exclusivement métaphysique et l'on s'étonne quand elle ose dogmatiser dans l'ordre de l'histoire ou de la science qui reposent sur les faits et contre lesquels aucune assertion *a priori* ne saurait prévaloir. La thèse moderniste consiste essentiellement en son fond dans le rejet de cet abus. La science a seule autorité pour affirmer ou nier la réalité d'un fait sensible ou expérimental. L'histoire a seule qualité pour apprécier la valeur d'un témoignage et prononcer sur le fait qu'il atteste. Aussi, quand la théologie qui est d'ordre purement métaphysique, vient affirmer qu'un fait illusoire pour le savant ou l'historien est cependant réel, nul esprit sérieux ne saurait accepter une pareille prétention. La théologie placée en face des théories métaphysiques ou métapsychiques doit se récuser, mais placée en face des faits qui appartiennent à l'ordre purement phénoménal, elle ne peut élever la voix que poussée par l'orgueil et l'autoritarisme.

§ 4. — LA THÉOLOGIE ET LE MIRACLE

Le miracle qui est un fait sensible, ou tout au moins psychologique, échappe-t-il donc nécessairement à l'appréciation des théologiens ? Le théologien, disons-le tout de suite, ne peut porter aucun jugement de réalité sur des faits, fussent-ils des faits merveilleux ; mais il lui reste la possibilité, disons plus, l'obligation, si toutefois ces faits présentent un caractère religieux, d'en porter un jugement de valeur.

Ce jugement sur la nature de la relation d'un fait singulier et merveilleux avec le principe de l'univers, variera nécessairement du tout au tout selon la façon dont l'on aura résolu le problème de la nature du divin.

Notons qu'un tel problème ne peut recevoir que des solutions hypothétiques et que certaines natures d'esprit répugnent entièrement à formuler ces sortes d'hypothèses. Ils admettent volontiers l'existence d'une Loi générale de l'univers ; mais ils prétendent que nous ne pouvons porter à son sujet que des jugements d'existence et non des jugements de nature : Agnostiques, positivistes, athées ; leur refus même d'essayer une représentation de la nature de Dieu ou d'accorder une valeur quelconque à celle que la théologie leur suggère, leur fait rejeter toute hypothèse relative à la nature et au discernement du miracle.

Pour eux, les merveilles les plus surprenantes trouvent une explication suffisante dans la loi universelle de la Nature.

D'autres considèrent Dieu comme une pensée législatrice, immanente au monde auquel certains d'entre eux, comme Spinoza, accordent la conscience. Ces philosophes ne vont pas cependant jusqu'à admettre un Dieu personnel, et ils ne pensent point que le Dieu qu'ils conçoivent puisse agir par des volontés particulières distinctes des lois générales. Tous approuveraient entièrement cette parabole du Talmud.

« Un jour, les rabbins agitaient une controverse. R. Éliézer avait essayé, mais sans succès, d'amener ses collègues à son opinion. Pour vous prouver, fit-il alors, que la vérité est de mon côté, voici un arbre qui va être transporté à cent coudées. Et l'arbre se déplaça. C'est un arbre arraché, dirent les docteurs, ce n'est pas une preuve ! Eh bien dit Éliézer, que ce ruisseau remonte vers sa source. Fut dit, fut fait. C'est une rivière tarie, répliquèrent les rabbins, ce n'est pas un argument ! R. Éliézer, comme ressource suprême, invoqua l'intervention céleste, et une voix se fit entendre qui dit : Qu'êtes-vous à côté de R. Éliézer ? C'est lui qui partout et toujours a raison. Mais alors R. Josué se leva et fit respectueusement : O Seigneur, tu nous as dit toi-même que ce n'est pas dans le ciel qu'il faut chercher la loi (*Deut.*, XXV, 11) nous ne tiendrons donc aucun compte de cette voix miraculeuse (1). »

A l'encontre des immanentistes, les théologiens qui conçoivent Dieu d'une façon plus ou moins anthropomorphique, admettent presque tous que Dieu peut agir dans le monde par des volontés particulières distinctes de ses volontés générales, représentées par les lois de l'univers. Cette action particulière constitue le miracle. Tous ont essayé d'établir des critères qui permettent de discerner les miracles des autres faits providentiels. Nous avons vu ce que valent les critères scientifiques

---

(1) *Baba Mecia* 59b, cité par L.-G. Lévy, *Une Religion rationnelle et laïque*, Paris, Nourry, 1908, in-12, p. 56-57.

ou philosophiques que les théologiens emploient d'ailleurs de préférence sous le nom de critères objectifs. Il nous reste à voir quelle est la valeur des critères subjectifs qui sont les critères proprement théologiques.

Sans prendre parti pour le théisme anthropomorphique, il nous est possible, en nous plaçant à son propre point de vue, d'examiner les thèses qui lui appartiennent spécialement. Un positiviste, un panthéiste peuvent s'intéresser à cet examen ; ils y trouveront des satisfactions de diverses natures.

PREMIÈRE SECTION

Le Miracle dans les diverses religions

CHAPITRE I

DES MIRACLES DE FORCE DANS L'ANCIEN TESTAMENT ET DANS LES RELIGIONS ÉTRANGÈRES AU JUDAISME

Toutes les religions se sont efforcées de prouver leur origine divine en arguant des miracles qui se sont opérés en leur faveur, soit qu'ils témoignent de l'héroïsme de leurs dévôts, soit qu'ils appuient la doctrine de leurs catéchistes.

Je ne puis songer à donner même une esquisse de l'histoire comparée des miracles dans les diverses religions; mais j'étudierai quelques types caractéristiques propres à marquer les étapes progressives de la pensée religieuse dans les religions les plus parfaites. J'étudierai successivement : 1° Les miracles astronomiques et météorologiques, qui sont les plus frappants des miracles du judaïsme. 2° Les miracles de résurrection qui sont incontestablement les plus significatifs parmi les miracles évangéliques; 3° Les miracles de guérison dont l'intérêt demeure toujours actuel, qu'il s'agisse de Bénarès, de Lourdes ou de La Mecque.

MIRACLES ASTRONOMIQUES, GÉOLOGIQUES ET MÉTÉOROLOGIQUES

Un feu céleste a quelquefois témoigné que Dieu agréait les hommages de son peuple comme l'assure l'Ecriture en parlant des sacrifices d'Abel, d'Elie, de Gédéon et de la consécration d'Aaron (1). La même chose est arrivée plusieurs fois parmi les païens et tout particulièrement chez les Romains. Le feu divin tomba sur le sacrifice de Paul Emile dans la ville d'Amphipolis (2). Ce prodige fut un des présages de la grandeur de Tibère (3). Séleucus connut à un pareil signe sa future élévation (4) et le consulat de Cicéron fut amené par un miracle semblable (5).

Du temps d'Horace un miracle analogue s'opérait à Gnatie (aujourd'hui Anasso), petite ville voisine de Naples (6).

La Bible nous raconte, comme un fait miraculeux, que Dieu envoya une pluie de pierres pour ruiner l'armée des Cinq Rois qui combattaient contre Josué (7); mais le Coran et les conteurs arabes disaient pareillement qu'Abraham Al-Ashram, roi des Ethiopiens, ayant assiégé La Mecque avec une armée nombreuse, dans le dessein d'en piller le Temple, Dieu envoya aussi contre les Ethiopiens une multitude d'oiseaux qui portaient chacun trois pierres qu'ils laissèrent tomber sur la tête des ennemis qui en furent écrasés (8).

---

(1) Gen. IV, 4. — Jug. VII, 17-24. — I Reg. XVIII, 19. — Levit. IX, 24.
(2) Cicéron. De divinatione. Plutarque. Vie de Paul Emile, dans Vie des hommes illustres.
(3) Suétone. Vie des douze Césars; Tibère, ch. 14.
(4) Appien. In Syriac., 82.
(5) Servius. In Virgil., Eglog. VIII.
(6) ..... De hinc Gnatia nymphis,
Iratis exstructa, dedit risusque jocosque;
Dum flamma sine, thura liquescere limine sacro
Persuadere cupit. Credat Judæus Apella,
Non ego..... Sat. 5, l. 1.
Gnatie, petite ville bâtie en dépit des Nymphes, nous amusa. On voulut nous persuader que l'encens s'y brûlait sur l'autel sans feu. Qu'on le fasse croire au Juif Apella. Moi je ne le crois point.
(7) Josué, X, 11.
(8) Abulfeda Al Massulli, Hist. Arab. Pars, I ch., 10.

C'est à cette guerre, dite guerre des éléphants, que le Coran fait allusion dans le chapitre cent-cinquième et ce n'est pas le seul récit où les Mahométans assurent que Dieu fit le même prodige en faveur de leur prophète poursuivi par des ennemis.

Josué, chef d'Israël, arrête le Soleil (1). Les saints de l'Islam font pâlir les étoiles et coupent la lune en deux (2). L'ombre recule, à l'ordre du prophète, sur le cadran d'Achaz ; mais le soleil s'arrête de lui-même et rétrograde aux yeux des Grecs pour ne point voir l'horrible festin d'Atrée dévorant les enfants de son frère (3).

(1) *Josué*, X, 2.
(2) C. Trumelet. *Les Saints de l'Islam*. P., Didier, 1881, in-12, passim.
(3) Schol., Eurip., *Orest.*, 812. — Ovide., *Trist.*, II, 392. — Lucain, *Phars.*, I, 543 ; VII, 451. Cf. Hygin., 88. De semblables histoires ne sont sans doute que les échos défigurés de récits très anciens nés de la pratique de la magie solaire par des peuples barbares : « Il se faisait tard, raconte Élie Reclus, et je m'écriai : Nous n'arriverons pas au gîte avant la nuit. Mon nègre descend de cheval et sans souffler mot, coupe une motte gazonnée, l'insère à la fourche d'un arbre, prend soin de la disposer dans la ligne exacte du soleil couchant. Puis il remonte sur sa bête et pour me rassurer : « Soleil bien attaché, long soleil encore. » Nous arrivâmes avant la nuit tombée et Sambo (ainsi s'appelait mon nègre) d'exprimer sa satisfaction : C'est que j'avais pris une bonne motte...
Les vire-soleils du Yucatan, des Andes péruviennes et des îles Fidgi ne montrent pas moins de simplicité héroïque, emploient à peu près les mêmes procédés que l'Australien. Ils immobilisent l'astre en soufflant à son encontre des poils qu'ils s'arrachent aux sourcils ; ils alourdissent son char en attachant une pierre contre un arbre de la route. E. Reclus. *Le Primitif d'Australie*, P., Schleicher, s. d., in-12, p. 310. Diverses peuplades pratiquent des rites analogues pour faire briller l'astre du jour. Frazer. *Le Rameau d'or*, trad. R. Stiebel, et Toutain, I, 123-126.
Ce thème se retrouve dans l'hagiographie de toutes les religions : Padma Sambhava, l'Instituteur du boudhisme au Thibet, arrête le soleil durant 7 jours. L. de Milloué. *Conf. au Musée Guimet*, P., 1907, in-12, p. 111. Saint Ludwin arrête le soleil afin de faire deux ordinations le même jour. *Acta SS.*, Sept., t. VIII, p. 171. Même chose dans la vie de saint Copras. Vincent de Beauvais. *Miroir Historial*. Pendant la fête funèbre qui suivit la mort de saint Patrice le soleil ne se coucha point pendant douze jours et douze nuits. Tachet de Barneval. *Hist. légend. de l'Irlande*, P., 1856, in-8°, p. 41.

Moïse, en frappant un rocher avec sa baguette, en fait jaillir une source d'eau vive (1). Atalante, revenant de la chasse, eut soif ; et frappant un rocher de son javelot, fait jaillir une source près du port de Cyphante, en Laconie (2).

Dieu, à la prière de Samson, qui venait de tuer mille Philistins avec la mâchoire d'un âne, fait sortir à l'instant une fontaine pour apaiser la soif de ce héros (3). L'eau manquait à Alexandre, un semblable prodige s'opère en sa faveur (4).

L'Ecriture dit qu'il ne plut point pendant tout le temps que l'Arche du Seigneur fut portée devant les Israélites, mais Pline assure qu'il ne pleuvait jamais sur l'autel de la Vénus de Paphos, bien qu'il fut toujours découvert dans la cour du temple (5).

Elie fait ouvrir le ciel par ses prières (6). Suivant Dion Cassius (7), un magicien égyptien nommé Arnuphis obtient de la pluie pendant l'expédition de Marc-Aurèle contre les Quades ; mais au lieu d'invoquer Jehovah il s'adressa à Hermès (Thoth) et à d'autres dieux égyptiens (8).

Les Philistins s'étant emparés de l'Arche des Juifs, placèrent ce vaisseau sacré dans le temple de Dagon, vis-à-vis la statue de ce Dieu ; mais, dit l'Ecriture, la statue de Dagon, se trouva renversée le lendemain (9).

(1) Exode XVIII, 5 et seq.
(2) Pausanias, Laconie, c. 24, Trad. Gedoyn, II, 126.
(3) Juges XV, 19.
(4) Plutarque, Vie d'Alexandre.
(5) Pline, XIV, c. 97. — Toujours au dire de Pline il ne pleuvait point à l'entour de la statue d'Athénée, à Néa, en Troade, Id. XIV, c. 97.
(6) I. Rois, XVIII, 41-42.
(7) Dion Cassius, LXXI, § 8.
(8) Les sorciers et les magiciens chez les peuples les plus divers, ont été des « faiseurs de pluie ». Cf. Frazer, Le Rameau d'or, trad. Stiebel et Toutain, I, 72 et s.
(9) I Sam. IV, 11 et s.

Voici quelque chose de plus frappant et qui ne se passe point dans l'ombre de la nuit. Les Athéniens ayant fait porter en procession les images d'Antigonus et de Démétrius, avec celles de Jupiter et de Minerve (1), un furieux orage s'éleva subitement. Un coup de vent déchira les images d'Antigonus et de Démétrius sans toucher à celles de Jupiter et de Minerve qui étaient auprès.

Le peuple de Dieu passe à pied sec la Mer Rouge et ensuite le Jourdain (2). Plusieurs historiens rapportent qu'Alexandre passa de la même manière la mer de Pamphylie, près de Phalésis (3). Josèphe, l'historien juif, s'empresse d'adopter cette narration en vue de confirmer le récit de l'Exode (4).

---

(1) Diod. de Sicile. *Bibl. hist.*, I, 19-20; et Plutarque, *in Demetrio*.
(2) Exode XIV, 21. — Josué, III, 15 et suiv.
(3) Plutarque. *Vie d'Alexandre*, § XXIII. C'est à propos de ce prétendu prodige que Ménandre dit dans une de ses pièces :

> J'ai cela d'Alexandre; ai-je un besoin extrême
> De rencontrer quelqu'un, il s'offre de lui-même.
> Veux-je passer la mer, elle abaisse ses eaux,
> Et s'empresse à l'instant de retirer ses flots.

(4) Josèphe. *Antiqu. Jud.*, livre II, sub fine. — Ce miracle est d'ailleurs un thème que nous retrouvons dans maintes traditions religieuses : Les flots s'entrouvent pour laisser passer les émigrants de la Nouvelle-Espagne. De Charencey. *Les Cités Votanides*, grand in-8°, p. 27. — La Chronique d'Alexandrie agrémente le récit du baptême de Jésus d'un arrêt des eaux. D. Cabrol. *Dict. d'Archéologie*, III, 349. — Krishna abaisse les eaux de la Yamouna débordée afin de permettre à son père, Vasoudeva, de la traverser à pied sec. — Les saints du christianisme, tels saint Spiridion, saint Hilarion, saint Colomban, renouvellent ce même miracle.

« Bey Salah, se trouvant à la tête d'une troupe de pèlerins se rendant à la Mecque, rencontra sur sa route un fort cours d'eau qui empêchait sa troupe de passer. Sidi-Belghit qui était parmi les pèlerins fut appelé et le bey Salah qui avait grande confiance en sa sagesse lui demanda conseil.

Sidi-Belghit lui répondit : « Rebbi Loua Moulana », Dieu est notre maître, et étendant son bâton de voyage sur les flots, ceux-ci se divisèrent et laissèrent passer les pèlerins. Salah Bey pour marquer sa reconnaissance envers Sidi-Belghit, lui fit construire, à son retour

Les peuples de l'Antiquité ne voyaient pas les phénomènes de la nature de la même manière que nous. L'arc-en-ciel, les tremblements de terre, les éclipses, les éruptions volcaniques, par le seul fait qu'ils n'étaient pas des phénomènes quotidiens leur apparaissaient déjà comme miraculeux. On en trouve maintes preuves chez les écrivains bibliques. La destruction de Sodome n'eut guère été moins miraculeuse pour un Romain des origines que pour les Juifs du temps d'Abraham.

Il suffisait, d'ailleurs, qu'un phénomène moins fréquent prit des proportions inaccoutumées pour qu'il apparut surnaturel. Une sécheresse ou une violente tempête était une punition divine. Une grêle (tel est le sens de pluie de pierres dans Josué), une grêle tombée à propos était nécessairement un secours divin.

L'histoire ancienne, celle des Juifs tout aussi bien que celle des païens, est emplie de légendes dont le fond réel a été déformé, agrandi, magnifié jusqu'au surnaturel. Les miracles de l'histoire ancienne sont le fruit d'une certaine vision des choses : mais ce sont aussi des fleurs de rhétorique.

Nous avons vu que pour nombre d'esprits, tout phénomène quelque peu irrégulier dans sa marche, toute calamité publique avait pour cause les dieux ou les démons. Il arrive que le Dieu d'Israël punit son peuple par la peste et par la famine, comme au temps de David [1] ou des prophètes Elie [2] et Elisée [3].

---

de la Mecque, la djemaa qui existe encore, et qui est actuellement administrée par Si Bouziane ben Tahar, descendant direct (6ᵉ génération) de Sidi-Belghit. » Achille Robert. *Légendes contemporaines*, dans *Rev. des Trad. popul.*, t. XI, 1896, p. 429.
[1] *Samuel* XXIV, 1.
[2] *I Rois* XVII, 1.
[3] *II Rois* VI, 31.

L'antiquité païenne nous fournit des traits semblables de la colère de ses dieux. Les habitants de Delphes ayant précipité Ésope du haut d'un rocher, Apollon irrité d'un acte si barbare les châtia par la peste et la famine (1). Ils ne purent faire cesser ce fléau qu'en donnant satisfaction jusqu'à la troisième génération. On voit les habitants d'Azot incommodés d'une multitude de rats que Dieu fit naître (2) et enfin ces malheureux frappés d'une plaie secrète et honteuse qui les empêchaient de s'asseoir (3). La Bible n'est pas le seul livre qui nous fournisse de tels exemple de la vengeance céleste. Justin nous apprend qu'au temps de Cassandre, roi de Macédoine, Abdère, ville maritime de la Thrace, fut désertée par ses habitants, parce qu'une multitude de rats y abondèrent subitement à titre de châtiment des dieux (4). Les hommes de l'île de Lemnos durent abandonner leurs propres femmes, parce qu'elles exhalaient une odeur insupportable, effet de la vengeance de Vénus (5).

On voyait jadis le miracle en des milliers de phénomènes où nous ne voyons plus que des évènements naturels, par suite du progrès des sciences. Aussi, pour peu qu'un fait surprenant, vu déjà sous l'angle du surnaturel, ait été embelli par le narrateur, il obtenait des récits légendaires d'un puissant effet sur les esprits incultes.

(1) Hérodote, II, 134.
(2) *I Samuel*, c. 5-6.
(3) *I Samuel*, c. 5-6. Noël Le Comte. *Mythologia*, ch. XIII, *De Baccho*, rapporte que Bacchus irrité contre les Athéniens qui ne l'avaient pas reçu avec assez de pompe, lorsqu'il leur fut porté de la Béotie, les avait frappés de maladies et de douleurs violentes dans les parties secrètes de leur corps et que tous ceux qui en étaient attaqués périssaient.
(4) Justin, XV, 2.
(5) Lactance, *In Stat*, V.

Au reste, il n'y a point d'écrivain antérieur au christianisme qui n'ait reçu comme historique non seulement des légendes, mais des mythes. En temps de disette, Athamas, roi d'Alus, ayant envoyé à Delphes un messager pour consulter l'oracle, cet homme gagné par Ino, la seconde femme du prince, lui rapporta cette réponse : La famine ne cessera que lorsque Athamas aura sacrifié à Zeus les enfants de sa première femme Néphélie. En apprenant cette nouvelle, Athamas envoya chercher Phrixus et Hellé qui gardaient ses troupeaux ; mais alors un bélier couvert d'une toison d'or, ouvrit les lèvres et s'adressant aux deux enfants, les avertit du danger qu'ils couraient (1). La Bible nous parle aussi d'une bête qui parle à la grande stupeur de son maître, le prophète Balaam.

Nous faut-il croire l'auteur des Rois qui nous rapporte l'enlèvement d'Élie sur un char de feu (2), mais alors admettrons-nous l'ascension de Pythagore sur la foi de Jamblique (3), le philosophe alexandrin ?

Un ancien rapporte qu'Hercule luttant contre Jupiter le saisit enfin par le milieu du corps et le terrassa (4). Tout le monde considère cette historiette comme un mythe. Que penser du récit qui nous montre Jacob luttant toute une nuit contre Dieu même, avant d'obtenir l'avantage (5) ? Pouvons-nous penser que Jéhovah se soit jamais livré à la lutte contre une de ses créatures ?

Tous les livres de l'antiquité racontent de semblables histoires et ces faits auraient pu être multipliés,

---

(1) Frazer. *Le Rameau d'Or*, II, 43-44 ; Cf., p. 45, note 1, les références assemblées.
(2) *II, Rois* II, 8.
(3) Jamblique. *Vit. Pithag.*
(4) Lycophron.
(5) *Genèse* XXXII, 24 et seq.

mais inutilement. Nous aurions pu établir toute une autre série parallèle en puisant dans les livres du boudhisme ; nous n'avons guère cité que deux évènements empruntés au mahométisme, nous aurions pu en citer cent. Mais alors que conclure de semblables miracles en faveur de la religion qui les produit, puisque toutes les religions, même polythéistes comme la grecque ou la romaine ou panthéiste comme la boudhique, attestent d'équivalentes merveilles ?

Rien, sinon que les religions ont enregistré, parmi leurs recueils de révélations ou d'hagiographies, des quantités de mythes et de légendes.

Les récits qui contiennent des miracles astronomiques et météorologiques supposent chez les rédacteurs une mentalité encore fort barbare, aussi bien voyons-nous ces sortes de merveilles disparaître les premières des légendes sacrées dans les religions qui progressent.

Sans doute, chaque religion peut soutenir que seules les histoires rapportées dans ses propres livres sont authentiques et que, pour les autres, ce ne sont que faussetés (1) ou même d'insignes plagiats. Des écrivains catholiques ont aussi essayé de démontrer qu'Hésiode et Homère, Virgile et Ovide ne sont que des adaptations plus ou moins habiles des récits bibliques. Ce genre d'apologétique a fait son temps. Le folklore et la mythologie comparée ont permis d'établir l'universalité et l'ubiquité des récits merveilleux les plus

---

(1) C'est par exemple l'attitude du R. P. de Bonniot, S. J., dans *Le Miracle et ses contrefaçons*, 5ᵉ édit., P., 1895, in-12, p. 130, 205 et passim.

Dans ce livre, qui était, en 1895, à sa cinquième édition, le R. P., avec une mauvaise foi insigne, prête à A. Maury et à Burnouf, des opinions parfaitement ridicules et précisément contraires aux leurs. A ce degré d'audace la malhonnêteté touche à l'esprit de folie mais pourquoi faut-il que la victime soit la vérité ?

étranges (1). Il n'est pas douteux que certaines nations aient été plus inventives, mais toutes ont prêté et emprunté et bien habile celui qui démêlerait la part des inventions simples ou multiples du même fait ou des emprunts de chaque peuple.

Ces sortes de merveilles ne peuvent servir de garantie à la vérité d'une religion, puisqu'au fait nous n'en connaissons point qui aient vraiment un caractère historique.

(1) Chaque grande catégorie de faits merveilleux voudrait une étude à part, analogue à celle que j'ai donnée à propos des *Vierges Mères et des Naissances miraculeuses*. Rien ne serait plus instructif.

CHAPITRE II

DES MIRACLES DE VIE DANS LE NOUVEAU TESTAMENT ET EN PARTICULIER DES RÉSURRECTIONS

Avec le Nouveau Testament, les prodiges d'ordre physique deviennent beaucoup plus rares. Il s'agit surtout de miracles d'ordre physiologique ou même intellectuel. Depuis les premières rédactions bibliques, le monde a vieilli de plusieurs siècles.

Pas plus que le Christ, les inspirés ou les grands initiés des religions païennes d'alors n'eussent volontiers renouvelé le défi de Moïse aux magiciens du Pharaon. La vie de Jésus nous présente bien encore des traits qui rappellent l'eau jaillie du rocher ou les verges changées en serpents ; tels l'eau changée en vin ou la multiplication des pains, prodiges exactement du même ordre. Cependant, ce ne sont pas ces faits légendaires qui caractérisent le pouvoir thaumaturgique de Jésus. Il fut, avant tout, le maître de la vie, de la maladie et de la mort.

Nous trouvons la même caractéristique chez deux personnages des premiers siècles de l'ère chrétienne : Apollonius de Tyane et Apulée. Les thérapeutes de ces temps furent tout d'abord des exorcistes de grande envergure. L'Évangile et Philostrate nous en fournissent des exemples frappants.

« Le jour suivant, comme ils descendaient de la montagne (celle de la transfiguration), une grande troupe vint au devant de Jésus. Et un homme de la troupe s'écria et dit : Maître, je te prie, jette les yeux sur mon fils ; car c'est mon fils unique.

Un esprit se saisit de lui, et aussitôt il jette de grands cris, il l'agite violemment, le fait écumer, et à peine le quitte-t-il après l'avoir tout brisé. Et j'ai prié tes disciples de le chasser; mais ils n'ont pu. Et Jésus répondant dit : Oh ! race incrédule et perverse, jusqu'à quand serai-je avec vous et vous supporterai-je ? Amène ici ton fils. Et comme il approchait, le démon le jeta contre terre, et l'agita violemment; mais Jésus reprit fortement l'esprit immonde et guérit l'enfant et le rendit à son père. Et tous furent étonnés de la gloire de Dieu (1). »

« Comme (Apollonius) dissertait sur les libations, il vint dans son auditoire un jeune homme d'une tenue si molle et si efféminée, qu'il était devenu le héros de quelque chanson de table. Il avait pour patrie Corcyre et il se disait descendu d'Alcinoüs le Phéacien, l'hôte d'Ulysse. Apollonius parlait donc des libations, et disait qu'il ne fallait pas boire soi-même, mais conserver le breuvage pur et intact pour le Dieu. Il ajouta que le vase devait avoir des anses, et qu'il fallait verser la libation du côté de l'anse, parce que l'homme ne boit jamais de ce côté : à ce moment, le jeune Corcyréen fit entendre un éclat de rire bruyant et plein d'insolence. Apollonius tourna les yeux vers lui et lui dit : Ce n'est pas vous qui êtes coupable, c'est le démon qui vous pousse sans que vous le sachiez. En effet, ce jeune homme ne savait pas qu'il était possédé : aussi lui arrivait-il de rire de ce qui ne faisait rire personne, puis, tout à coup, de se mettre à pleurer sans cause, ou bien de se parler à lui-même et de chanter. On croyait généralement que c'était la fougue de la jeunesse qui le rendait si peu maître de lui, mais il ne faisait que suivre les impulsions d'un démon; et, comme il venait de se conduire en homme ivre, les assistants le croyaient ivre. Mais Appolonius continuait à fixer sur lui ses regards, le démon poussait des cris de peur et de rage comme un malheureux qu'on aurait brûlé ou torturé; il jurait de quitter ce jeune homme et de ne plus entrer chez personne. Mais Apollonius l'apostrophait avec colère, comme eut fait un maître envers un esclave rusé, menteur et impudent; il lui commandait de partir et de donner quelque signe de son départ. Je ren-

(1) Luc IX, 37-43.

versera, telle statue, cria le démon, et il montra une des statues du portique royal, près duquel se passait cette scène. La statue chancela et tomba. Le bruit qui s'éleva, l'admiration et les applaudissements qui éclatèrent alors, je renonce à les décrire. Le jeune homme parut sortir d'un profond sommeil : il se frotta les yeux, les tourna vers le soleil, et fut confus de voir tous les regards fixés sur lui; il n'y avait plus rien en lui d'immodeste, son regard n'était plus égaré, il était rentré en possession de lui-même absolument comme s'il venait de prendre quelque remède. Bientôt il quitta son manteau, les étoffes délicates dont il était couvert et tout l'attirail de la mollesse; il s'éprit du grossier manteau d'Apollonius et embrassa tout son genre de vie (1). »

Toutes les maladies nerveuses et mentales étaient encore considérées universellement à cette époque comme surnaturelles. Ce n'est que dans les temps modernes que l'idiotie, l'épilepsie, la folie, l'hystérie (jadis connue sous le nom d'obsession et de possession) ont cessé d'être miraculeuses.

Il n'est pas douteux que Jésus (2), Apollonius (3) et Apulée (4) ont cru à l'existence des démons et leur ont attribué l'obsession et la possession comme leur œuvre propre.

Ils ont d'ailleurs d'autres et plus merveilleux prodiges à leur actif.

« Un des chefs de la Synagogue nommé Jaïre, vint (vers Jésus) et l'ayant vu il se jeta à ses pieds. Et il le pria instamment, disant : Ma petite-fille est à l'extrémité;

---

(1) Philostrate. *Vie d'Apollonius*, IV, 20; Ed. Chassang, P., 1862, in-12, p. 157-158.
(2) U. Draussin. *Les démoniaques au temps de N. S. Jésus-Christ*, Cahors, Coueslant, 1902, grand in-8', ch. IV, p. 49.
(3) Philostrate. *Vie d'Apollonius*, éd. Chassang, P., 1862, in-12, p. 52, 147, 163, 360.
(4) P. Monceaux. *Apulée romancier et magicien*. P., Quantin, s. d., in-12, p. 71 et suiv.

je te prie de venir lui imposer les mains, et elle sera guérie et elle vivra.

Comme il parlait encore, des gens de sa maison vinrent lui dire : Ta fille est morte; ne donne pas davantage de peine au Maître.

Aussitôt que Jésus eut ouï cela, il dit au chef de la Synagogue : ne crains point, crois seulement. Et il ne permit à personne de le suivre, mais à Pierre, à Jacques et à Jean, frère de Jacques. Etant arrivé à la maison du chef de la Synagogue, il vit qu'on y faisait un grand bruit et des gens qui pleuraient et jetaient de grands cris. Et étant entré, il leur dit : Pourquoi faites-vous ce bruit, et pourquoi pleurez-vous ? Cette petite fille n'est pas morte, mais elle dort. Et ils se moquèrent de lui; mais les ayant tous fait sortir, il prit le père et la mère de la jeune fille et ceux qui étaient avec lui et il entra dans le lieu où elle était couchée. Et l'ayant prise par la main, il lui dit : *Talitha cumi;* c'est-à-dire : Petite fille, lève-toi, je te le dis. Incontinent, la petite fille se leva et se mit à marcher, car elle était âgée de douze ans. Et ils en furent dans un grand étonnement. Et il leur commanda fortement que personne ne le sût; et il dit qu'on donne à manger à cette enfant (1). »

Voici un semblable miracle d'Apollonius : « Une jeune fille nubile passait pour morte, son fiancé suivait le lit mortuaire en poussant des cris, comme il arrive quand l'espoir d'un hymen a été trompé et Rome toute entière pleurait avec lui, car la jeune fille était de famille consulaire. Apollonius, s'étant trouvé témoin de ce deuil, s'écria : « Posez ce lit, je me charge d'arrêter vos larmes. » Et il demanda le nom de la jeune fille. Presque tous les assistants crurent qu'il allait prononcer un discours comme il s'en tenait dans les funérailles pour exciter les larmes. Mais Apollonius ne fit que toucher la jeune fille et balbutier quelques mots; et aussitôt cette personne qu'on avait crue morte parut sortir du sommeil. Elle poussa un cri et revint à la maison paternelle comme Alceste rendu à la vie par Hercule. Les parents firent présent à Apollonius de 150.000 drachmes qu'il donna en dot à la jeune fille. Maintenant,

---

(1) *Marc* V, 22-23, 35-43.

trouva-t-il en elle une dernière étincelle de vie, qui avait échappé à ceux qui la soignaient ? car on dit qu'il pleuvait et que le visage de la jeune personne fumait. Ou bien la vie était-elle éteinte et fut-elle rallumée par Apollonius ? Voilà un problème difficile à résoudre non seulement pour moi, mais pour les assistants eux-mêmes (1) ! »

Nous pourrions prolonger d'ailleurs ce parallèle. Il sera, je crois, plus utile d'aborder de suite le problème que posent ces récits analogues en des livres des premiers siècles du Christianisme les uns en faveur de la doctrine de Jésus, les autres en faveur d'un Pythagorisme progressif.

Hiéroclès le philosophe, qui fut successivement gouverneur de Palmyre, de Bithynie et d'Alexandrie, écrivit, vers 305, un ouvrage intitulé *Avis sincère aux Chrétiens*, où il oppose aux miracles du Christ les miracles d'Apollonius (2).

Lactance écrit, vers 315, dans son livre *Des Institutions divines* :

« Cet impie, dépréciait avec une merveilleuse subtilité les prodiges opérés par Jésus-Christ sans pourtant oser les nier. Il prétendait démontrer qu'Apollonius en avait accompli de pareils, sinon de plus éclatants. Je m'étonne qu'il ait omis Apulée, dont on a coutume de citer une foule de miracles. »

Tout en reconnaissant le pouvoir magique d'Apollonius et d'Apulée, Lactance conteste un certain nombre des miracles qu'on leur prête, puis il ajoute : « Si les chrétiens proclament la divinité de Jésus-Christ, ce n'est pas tant à cause de ses miracles, mais parce qu'il réalisait en sa personne tout ce que les prophètes

---

(1) Philostrate. *Vie d'Apollonius*, IV, 45, éd. Chassang, P., 1862, in-12, p. 184.
(2) Lactance. *Divin. Institut.*, V, 2 et 3.

avaient annoncé. » Et encore « Ni Apollonius, ni Apulée, ni aucun magicien n'a pu et ne saura jamais invoquer une telle autorité. »

Saint Augustin qui, volontiers, lui aussi, met la note sur les prophéties au détriment des miracles, connaît et raille les deux thaumaturges. « Parlons, dit-il, de l'aventure de Jonas. En peut-on citer une semblable d'Apulée de Madaure, d'Apollonius, de Tyane ? On vante pourtant leurs prodiges que ne démontre aucune autorité fidèle (notez qu'ils sont cent fois plus historiques que la légende de Jonas). Il est vrai, ajoute-t-il, que les démons peuvent accomplir quelques miracles, comme les saints anges, non par la vérité, mais par la plus insigne fourberie (1). »

La légende magique d'Apollonius et celle d'Apulée sont également connues de Saint Jérôme qui écrit : « Ce n'est pas un grand privilège que de faire des miracles : En Egypte, les Egyptiens en firent contre Moïse ; de même Apollonius et Apulée (2). »

Les païens et les chrétiens sont unanimes à tenir Apollonius et Apulée pour de grands enchanteurs (3), mais, tandis que les premiers s'exagèrent leur pouvoir surnaturel et leur en font honneur, les autres contestent quelques-uns de leurs miracles et en attribuent le reste à la collaboration des diables (4).

---

(1) Cité par P. Monceaux. *Apulée*, p. 298-299. Cependant saint Augustin constate que la réputation du Tyanéen quant à la vertu était bien supérieure à celle attribuée à Jupiter. *Epître CXXXVIII*.

(2) Cité par P. Monceaux. *Apulée*, p. 300. Saint Jérôme parle d'Apollonius avec louange disant que ce philosophe trouve partout à s'instruire et à s'améliorer. *Ep. ad Paullinum*, 53.

(3) Arnobe, le maître de Lactance, classe Apollonius parmi les Mages avec Zoroastre et quelques autres. Arnobe. *Adversus nationes*, I, 52.

(4) Le grand Tillemont lui-même, soutient qu'Apollonius de Tyane était un envoyé du démon. *Histoire des Empereurs*, t. II, *Récit de la vie d'Apollonius*.

Le succès de toutes les légendes miraculeuses des premiers siècles chrétiens s'expliquent par les luttes religieuses qui ont passionné cette époque troublée d'où sortirent le christianisme, le gnosticisme, le mithriacisme en tant d'autres disciplines qui exaltaient les âmes. Le Christ, Apollonius, Apulée en ont tous bénéficié.

Au reste, les dieux antiques n'avaient point abandonné la partie. Nous ne saurions oublier que nos deux philosophes ont été tous les deux pontifes d'Esculape et tous les deux initiés aux plus grands mystères du paganisme (1). La foi aux résurrections dues à ce dieu, à Hercule ou à Apollon, n'était pas encore sur le point de disparaître. Les païens et les juifs ne se faisaient pas faute de retourner contre le Christ et les chrétiens les accusations de magie (2), dont furent honorés tous leurs grands initiés, tels Porphyre et Plotin, Apollonius et Apulée.

« Dans le *Dialogue avec Tryphon*, saint Justin, tout en reconnaissant que le Sauveur opéra des guérisons miraculeuses et ressuscita même des morts, ne mentionna ces prodiges qu'en passant, et on peut dire qu'il les laissa en dehors de sa démonstration (3). Tertullien ne leur fit aucune place dans son livre *Adversus Judaeos*. De même, dans sa première *Apologie*, Justin ne mentionne que deux fois les miracles évangéliques. Et l'une et l'autre de ces mentions furent également rapides. La première avait pour but d'excuser les chrétiens d'attribuer des prodiges au Christ, et elle les excusait par cette raison que les païens mettaient sur le compte d'Esculape des prodiges sembla-

---

(1) D' K. H. E. Jong. *De Apuleio Isiacorum Mysteriorum Teste*, Leyde, 1900, in-8°. — S. Mead. *Apollonius de Tyane*, P., 1906, in-12, ch. IX et ch. XII.
(2) Cf. Le Rouge. *Traité dogmatique sur les faux miracles*, s. l., (Paris), in-4°, p. 118-121.
(3) Justin. *Dial.*, P. G., VI, 640, et encore *Dial.*, 30 et 85, P. G., VI, 510 et 675.

bles (1). Dans la seconde, saint Justin déclara aux adversaires de la religion chrétienne que s'ils voulaient expliquer par la magie les actions merveilleuses du Sauveur, ils devraient du moins se laisser convaincre par les prophéties (2). Et après cette observation préliminaire, le saint docteur passe en revue les oracles de l'*Ancien Testament*, relatifs à la venue du Sauveur. Dans l'*Apologétique*, Tertullien, après avoir donné une description rationnelle de la génération du *Logos*, résuma en quelques lignes les miracles accomplis par le Christ (3), et ce fut uniquement pour dire que les Juifs, mettant ces miracles sur le compte de la magie, firent néanmoins mourir le Sauveur (4). Quelques années plus tard, saint Cyprien, écrivant son livre : *De la vanité des idoles*, copia à peu près littéralement l'endroit de l'*Apologétique* qui vient d'être mentionné. Puis à l'exemple de saint Justin, il mit l'accent sur les prophéties. On le voit, qu'ils eussent affaire aux païens ou aux juifs, les premiers défenseurs de la foi ne crurent pas devoir utiliser les miracles évangéliques. Clément d'Alexandrie (6) mentionne les miracles faits après l'Ascension. Et on aperçoit sans peine que cette attitude leur fut dictée par le spectre de la magie. Juifs et païens croyaient aux puissances occultes et à l'existence de recettes spéciales pour mettre ces puissances en action. La difficulté n'était donc pas de leur faire accepter des prodiges, mais de leur en faire démêler l'origine. Il fallait leur apprendre à discerner le merveilleux divin du merveilleux magique. Et plutôt que de se résoudre à aborder cette tâche délicate, les premiers apologistes préférèrent se priver d'une preuve dont la valeur pourtant ne faisait pas de doute à leurs yeux (7). »

---

(1) Justin, *Apol*. 22, P. G., VI, 364.
(2) Justin, *Apol*., 30, P. G., VI, 373.
(3) Tertullien. *Apol*. 21, P. L., I, 399.
(4) Tertullien. *Apol*. 21, P. L., I, 400.
(5) St Cyprien. *De Idolorum vanitate*, 13, P. L., IV, 579.
(6) *Stromates*, VI, 15, P. G., IX, 345.
(7) Abbé J. Turmel. *Histoire de la théologie positive*, Paris, Beauchesne, 1904, in-8°, p. 9 et 10. — Les pères n'ont pas fait de difficulté en général pour reconnaître l'existenc des miracles du paganisme. Cf. Les références réunies par Le Rouge, D' en Sorbonne. *Traité dogmatique sur les faux miracles*, s. l. (Paris), 1737, in-4°, p. 45-46; 98-118; où l'on trouvera des textes d'Origène, de Lactance, d'Arnobe, de Minutius Félix.

Devons-nous nous arrêter à la résurrection de Lazare et à la résurrection du Christ lui-même? La critique les considère aujourd'hui comme entièrement légendaires.

Elle n'admet pas davantage avec les Crétois qu'Apollonius ait quitté volontairement le temple de Dictynne pour s'élever aux cieux et soit, par la suite, apparu pour démontrer l'immortalité de l'âme et sa propre immortalité.

« Quand nous disons que nous faisons partie de l'Eglise du Christ, écrit Saint Augustin,... nous ne disons pas que par tout l'univers dans les lieux saints où nous nous rassemblons, il se fait de grands miracles, que les nôtres y sont exaucés, recouvrent la santé, que des corps de martyrs, si longtemps couchés, ont été révélés à saint Ambroise, ce que bien des gens peuvent leur apprendre... Les miracles qui ont lieu dans l'Eglise catholique, *on doit les approuver, parce qu'ils ont lieu dans l'Eglise catholique, mais elle n'est pas déclarée la véritable Eglise, parce que c'est chez elle qu'ils se produisent.*

« *Le Seigneur Jésus lui-même, après sa résurrection, ne se contente pas de s'offrir aux regards de ses disciples, de leur faire toucher son corps; mais pour leur ôter toute idée d'une supercherie, il juge à propos de confirmer leur foi par le témoignage de la loi des Prophètes et des Psaumes* et il leur montre s'accomplissant en lui tout ce qui avait été prédit si longtemps à l'avance. C'est ainsi qu'il donne à tous, le moyen de reconnaître son Eglise : — En mon nom, la pénitence et la rémission des péchés seront prêchées par toutes les nations, à commencer par Jérusalem. — Cela est écrit dans la loi, dans les Prophètes, dans les psaumes : il l'a déclaré lui-même, il a affirmé la même chose de sa propre bouche. Tels sont les documents de notre cause, tels sont les fondements de notre foi (1). »

Ainsi, pour saint Augustin, même le miracle de la résurrection de Jésus ne saurait être une preuve s'il n'était appuyé sur les prophéties qui l'ont annoncé et qu'à son tour il a faites et sur la sainteté de sa doctrine (2).

Mais la plupart des miracles attribués à Apollonius, sont des prophéties (3) ; on en trouverait qui l'ont annoncé aussi certainement que celles qui ont annoncé le Christ, et ce thaumaturge fut grand parmi les sages. Saint Sidoine Apollinaire, évêque de Clermont, écrivait à Léon, conseiller du roi Euric, en lui envoyant la vie de ce grand homme : Lisez la vie d'un homme qui, sans parler du côté religieux, vous ressemble en bien des points ; recherché des riches sans les avoir jamais recherchés ; aimant la Sagesse et méprisant l'or ; frugal au milieu des festins ; habillé de toile parmi les voluptés (4). » Le Sage, disait Apollonius, doit mourir pour ses idées et la vérité doit lui être plus chère que la vie (5).

Pour nous, nulle résurrection que ce soit celle du Christ ou celle d'un fakir ne saurait déterminer notre adhésion à une doctrine indépendamment de sa valeur morale et sociale. M. de Mirville nous cite plusieurs cas de fakirs qui se sont fait enterrer vivants et sont

---

(1) *De l'unité de l'Eglise.* Ch. XIX, cf., E. Nourry. *Le miracle d'après St Augustin*, Paris, 1903, in-8°, p. 19-20.

(2) De graves théologiens modernes n'ont pas hésité à reconnaître, à la suite du même Augustin, que les miracles sans les prophéties sont une preuve suspecte. Cf. Le Rouge (D' en Sorbonne), *Traité dogmatique sur les faux miracles*, s. l. (Paris), 1737, in-4°, p. 304 et seq., 321 et seq. — (Dom Prudent Maran), *La Doctrine de l'Ecriture et des Pères sur les guérisons miraculeuses*, s. l. (Paris), 1754, in-12, p. 453 et seq.

(3) Cf. Philostrate, I, 22, 34; IV, 4, 6, 18, 24, 43; V, 7, 11, 13, 30, 37; VI, 32; VII, 26.

(4) *Epître* VIII, 3.

(5) Philostrate, VII, 14.

restés dans la tombe durant vingt jours et plus, puis il conclut : « Quel que soit le *procédé* plus ou moins naturel employé pour l'obtention de si merveilleux phénomènes si l'on tient à ne pas se tromper sur la vraie cause, il faut absolument renoncer au préjugé général et tenir grand compte des prières préalables, du grand soin apporté par le sujet de l'expérience à l'éloignement de *tout au nom de son Dieu*, du zèle avec lequel les témoins de la prétendue résurrection se jettent sur les reliques de leurs saints, etc., etc. Que l'on se récrie tant que l'on voudra, toutes ces simagrées n'en sont pas moins les notes *dominantes* du drame et probablement le *secret* de son succès (1). » M. de Mirville parlait déjà comme M. Le Roy, mais en admettant que les résurrections puissent être l'œuvre de la foi et des prières de ceux qui ont foi au Messie ou au fakir descendu dans la tombe, comment discerner la foi véritable, puisque toutes deux opèrent de semblables merveilles. C'est qu'en effet si nous voulons, contre toute probabilité, admettre la valeur historique des récits de la résurrection de Lazare et de la résurrection du Christ, il nous faut admettre la valeur historique de certaines résurrections bouddhistes ou païennes qui ne sont pas moins bien attestées (2). Le critique qui recevrait ces histoires n'en serait pas moins amené à conclure que la foi religieuse semble capable d'obtenir de son Dieu, *quel qu'il soit*, la résurrection des morts.

(1) J. E. de Mirville, *Les Esprits, de l'Esprit saint et du Miracle*, P., s. d., in-8°. Supplément au tome VI, p. 69. — *Sur les inhumations de fakirs vivants*. Cf., *Revue Britannique*, t. XXVII, p. 368, qui reproduit le cas rapporté par le D' Mac Grégor, dans sa *Topographie médicale de l'Oudhiana*.
(2) Les schismatiques de leur côté n'hésitent pas à en produire. Quarante-deux résurrections auraient été opérées au tombeau du cardinal Pierre de Luxembourg, mort en 1387, et qui avait été l'un des plus fermes appuis de l'antipape Clément VII.

CHAPITRE III

LES MIRACLES DE GUÉRISON DANS TOUTES LES RELIGIONS

Il existe une troisième catégorie de miracles qui a d'autant plus d'importance pour nous qu'il s'en produit encore d'analogues sous nos yeux, j'entends les miracles de guérison. Il semble bien qu'ils devraient être le privilège de la véritable religion, car ils sont toujours et partout : a) l'œuvre de la foi, prières, espoirs pieux, supplications religieuses; b) ils servent toujours et partout à accroître la foi du miraculé et celle des autres témoins du miracle; c) ils sont par eux-mêmes un bienfait social indiscuté pour des misérables atteints d'infirmités pour la plupart abandonnées de la médecine officielle. En fait, ces miracles de guérison furent-ils le privilège de quelque grande religion ?

Chez les phéniciens, Eschmun, le roi des sept Cabires, était l'un des principaux dieux de Carthage. Son nom signifie le huitième et, par conséquent, le plus haut, le dernier des Cabires. Les malades se rendaient dans ses temples pour être guéris. Il portait des serpents symboles du feu céleste révélé dans l'éclair et qui naguère encore passait pour l'agent et le restaurateur de la santé (1).

La hiératique Egypte avait des sanctuaires aussi

(1) Réville. *La Religion des Phéniciens*. (Rev. des Deux-Mondes, 15 mai 1873. Au témoignage de Damasclus et Sanchoniathon, il fut identifié par les Grecs à leur Esculape. Damasclus raconte que le Dieu s'étant rendu eunuque pour échapper à Astronoë, la mère des dieux, qui soupirait après sa beauté. Mais cette reine divine lui rendit sa chaleur vitale et lui conféra le titre de *Pœan*.

célèbres que ceux de Lourdes et de la Salette. Abydos sanctuaire d'Osiris; Busiris sanctuaire d'Isis étaient fréquentés; mais Alexandrie, Memphis (1) et surtout Canope, où s'élevaient de magnifiques Sérapéions, étaient d'illustres lieux de pèlerinage (2). On invoquait Sérapis même en faveur des animaux (3). Dans les quarante-trois temples égyptiens élevés à cette divinité au temps d'Aristide, les malades pratiquaient la *veille* durant laquelle le dieu apparaissait en songe ordonnant les remèdes aux visiteurs et parfois les appliquant lui-même (4). Il en sera de même au temps de Grégoire de Tours, aux églises et basiliques où reposaient les corps des saints ceux d'un Saint Martin ou d'un Saint Étienne (5).

(1) Pausanias. *Att.*, chap. XVIII, nous apprend qu'en Égypte le Serapeum d'Alexandrie était le plus remarquable et celui de Memphis le plus ancien. Peut-être pourrait-on ajouter que celui de Canope était le plus achalandé. On y conservait le recueil des nombreux miracles opérés par le dieu.

(2) Strabon. *Geogr.*, l. XVII, ch. I. Migne. *Dictionnaire des pèlerinages* aux noms de ces différentes villes. Sur les pèlerinages à Sérapis et les Sérapeums, voir : W. Brunet de Presles, *Mémoires sur le Sérapeum de Memphis*, 1852, in-4°, p. 10. — Mariette Bey. *Choix de monuments et de dessins découverts ou exécutés pendant le déblaiement du Sérapéum de Memphis*, in-4°, 1856. — A. Mariette. *Le sérapeum de Memphis*, 1866, in-f°. — C'est sur les indications de Sérapis que Vespasien opéra les miracles qui lui sont attribués. Tacite, *Histor.* IV,81, et Suétone, *In Vespas.*

(3) Élien. *De Natura animal.*, l. XI, cap. 31 et voir le Commentaire qu'en a donné le R. P. de Bonniot dans *Histoire merveilleuse des animaux*, Tours, Cattier, 1890, in-8°, p. 261-263.

(4) Cfr. Birger Thorlacius. *De somniis Serapicis praecipue ex Aristidis orationibus sacris delineatis*, Copenhague, 1813, in-4°, et sur Aristide : Malacarone. *La maladia tredecenale di Aristide*, Milan, 1794, in-4°. — C. A. Schmidt. *De Aristidis Incubatione*, Iena, 1818. — E. Preuschen. *Monchtum und Sarapishult*, Giessen Richer., 1903, in-8°.

(5) Sur l'incubation on peut consulter. H. Couring. *Disputatio de Incubatione in fanis deorum, medicinae causa olim facta.* Helmstaed, 1654, in-4°. — Brendel. *De Incubatione*, Vittemberg, 1701, in-4°. — Hundertmark. *De Incrementis artis medicae per expositionem aegrotorum apud veteres in vias publicas et templa*, Leipzig, 1739, in-40. — Kinderling. *Der Somnambulismus unserer zeit mit der Incubation der*

On n'ignorait point ces pratiques dans les temples d'Isis. Diodore de Sicile écrivait : « Selon les Egyptiens, Isis a inventé beaucoup de remèdes utiles à la santé, elle se plaît à guérir les malades, elle se manifeste aux malades sous sa forme particulière, et apporte en songe des secours à ceux qui l'implorent ; enfin, elle se montre comme un être bienfaisant à ceux qui l'invoquent. A l'appui de leur opinion, *ils citent non pas des fables* comme les Grecs, mais des faits réels et assurent que le monde entier leur rend ce témoignage ; par le culte offert à cette déesse pour son art dans la guérison des maladies. *Elle se montre surtout aux souffrants pendant le sommeil, leur apporte des soulagements et guérit d'une façon surnaturelle ceux qui lui obéissent. Bien des malades que les médecins avaient désespéré de rétablir ont été sauvés par elle ;* un grand nombre d'aveugles et d'estropiés guérissaient quand ils avaient recours à la déesse (2). »

Ces expressions ne pourraient-elles pas aussi bien s'appliquer à la Vierge Marie ?

Alten in Vergluchung gertellt, Dresde, 1788, in-8°. — Alf. Maury. *Hist. des Relig. de la Grèce Antique*, P., 1857, in-8°, t. II, p. 447-460. — Alf. Maury. *La Magie et l'Astrologie dans l'Antiquité et au Moyen-Age*, P., 1860, in-8°, p. 229-255. — Bouché-Leclercq. *Histoire de la Divination dans l'Antiquité*, P., 1879-1882, grand in-8°, I, 277 sq.; III, 271 sq. et 315 sq. — A. Marignan. *La Médecine dans l'Eglise au VI° siècle*, Paris, 1887, in-8°, ch. VI, p. 9 à 11. — A. Marignan. *Le culte des Saints sous les Mérovingiens*, Paris, 1899, grand in-8°, p. XXXI et suiv., ch. VII. Les remèdes du saint, p. 193 à 198. — L. Deubner. *De Incubatione*, Lipsiae, 1900, in-8°. — Daremberg et Saglio. *Dict. des Antiqu. grecques et rom.*, P., 1900, in 4°, v° *Incubatio*, par H. Lechat, t. III, 1re p., p. 458-460. — Mary Hamilton. *Incubation or the cure of disease in pagan temples and christian churches*, Simpkin, London, 1906, in-8°. — L. Deubner, *Kosmas und Damian*, Leipzig, Teubner, 1907, in-8°. Voir les notes précédentes sur le culte de Sérapis et plus bas la Bibliogr. relative aux Asklipeions.

(2) **Diodore de Sicile.** *Bibliothèque Historique*, I, 25, trad. Hœfer, P., Hachette, 1865, in-12, I, p. 127.

La théurgie en Égypte, partageait entre trente-six génies, habitants de l'air, le soin des diverses parties du corps humain ; et les prêtres connaissaient les invocations propres à obtenir de chaque génie, la guérison du membre soumis à son influence (1). Tous les grands dieux ou même simplement tous les dieux à la mode étaient susceptibles de procurer les guérisons. Horus (2), Khonsou (3), Miritsko (4), qu'on identifiait parfois avec Isis, opéraient volontiers des guérisons miraculeuses.

La médecine se présentait volontiers comme d'origine divine. « Le magicien qui, avec le prêtre et le mé-

---

(1) Origène. *Contre Celse*, liv. VIII.
(2) Diodore de Sicile, I, 25.
(3) G. Maspéro. *Les Contes populaires de l'Ancienne Egypte*, 3ᵉ éd., P., s. d., in-8°, p. XXIV.
(4) « Le culte actuel du sheikh Abd-el-Gournah qui a donné son nom à la colline de Gournah aurait eu probablement trois sièges, la grotte où s'opèrent les miracles, un édifice ruiné qui m'a paru être de construction antique, la chapelle actuelle. La colline était consacrée dans l'antiquité à l'uraeus Miritsko qui y opérait, elle aussi, des guérisons miraculeuses; la chapelle était bâtie au pied de la colline, non loin de l'endroit sinon à l'endroit même où le premier tombeau du sheikh moderne s'élevait. Y a-t-il là une coïncidence fortuite, ou doit-on rattacher la déesse païenne au saint musulman? Je ne doute point, quant à moi, que le saint ne soit la déesse défigurée et accommodée aux exigences de la religion nouvelle. La bonne uraeus d'autrefois n'a été tolérée qu'à condition de changer de nature et de se transformer en un saint. Je pense qu'un saint chrétien a dû s'intercaler entre elle et son incarnation musulmane, celui-là peut-être dont j'ai retrouvé l'église et la laure à peu de distance de la grotte miraculeuse. Les chrétiens indigènes partagent, en effet, la confiance de leurs compatriotes musulmans au pouvoir surnaturel du sheikh. Le même phénomène paraît avoir eu lieu sur la colline du sheikh Abd-el-Gournah qui s'est produit à Akhmin, à Bibeh, à Assouan, à Kouft : l'être qui exécutait les miracles a changé de religion et de nature selon les temps et s'est fait chrétien puis musulman. Mais ses pouvoirs lui sont restés et la croyance aux miracles qu'il accomplissait a persisté jusqu'à nous. » G. Maspéro. *La déesse Miritsko et ses guérisons miraculeuses* dans *Etude de Mythol. et d'Archéol. Egyptiennes*, t. II, P., 1893, in-8°, p. 410.— Sur cette déesse on peut consulter encore J. Capart. *Miritsko et le culte des serpents dans l'ancienne Egypte* in *Rev. de l'Histoire des Relig.*, t. 44, p. 483.

decin, connaît l'art de guérir (1), tire sa science de livres mystérieux que les dieux ont donnés aux hommes dans des circonstances miraculeuses. Ainsi, le *traité de détruire les abcès* sur tous les membres de l'homme a été trouvé sous les pieds du dieu Anubis et apporté au roi Ousaphaïs (de la 1re dynastie) (2) ; le papyrus médical, conservé à Londres, « fut trouvé une nuit dans la grande salle du temple de Koptos par un prêtre du temple. Toute la terre était plongée dans les ténèbres, mais la lune se leva soudain sur le livre et l'enveloppa de ses rayons. On l'apporta au roi Khéops (3) » (4).

Le payrus de Reisner ou papyrus Hearst, qui est un recueil tout à fait analogue, formé d'une masse d'aphorismes ou de prescriptions empiriques en usage parmi les prêtres des temples et par les gens du peuple (5), a sans doute une semblable origine.

Les Grecs ne se contentaient pas de leur Asklépios (6) et de son père Apollo (7), mais ils s'adres-

---

(1) Pour le traitement des maladies, les Egyptiens distinguaient trois spécialistes : le médecin, le prêtre, le sorcier. — Cf. **Maspéro**. *Proceedings*, S. B. A., XIII, 501.
(2) Papyrus Ebers, 103, I, 1-2.
(3) Aeg. Zeitschrift, 1871, p. 61.
(4) **Loret**. *La Magie dans l'Egypte ancienne*, dans *Conf. au musée Guimet*, t. XX, P., 1906, p. 255. — Sur le même sujet, voir **Maspéro**. *Le Papyrus Hearst et la Médecine Egyptienne* dans *Etudes de Mythologie et d'Archéologie Egyptiennes*, III, Paris, 1898, p. 289.
(5) Georges A. **Reisner**. *The Hearst Medical Payrus*. Hieratic text h-17 facsimile plates in collotype with introduction and vocabulary. Hinrichs, Leipzig, 1905, in-4°, V, 48 p., et 17 pl. — Cf. **Maspéro**. *Un nouveau traité de médecine égyptienne*, dans *Journal des Débats*, 18 mars 1906.
(6) Alice **Walton**. *The Cult of Asclepios*, dans *The Cornell studies in classical Philology*, Ithaca, N. Y., 1894. — Th. **Lefort**. *Notes sur le culte d'Asklepios*, dans *Le Musée Belge*, 1905, IX, p. 197-221; 1906, X, 21-38, 101-126. — Sur le sanctuaire d'Epidaure, cf., le fameux texte de Pausanias, II, 31.
(7) « Apollon joue en une foule de circonstances le rôle de médecin

saient à sa femme, Epioné, à ses filles : Panakeia (panacée, remède universel), Aeglé, Iaso, Hygie, à son gendre Télesphoros, qu'on appelait aussi Niképhorion ou le génie de la convalescence, à ses fils Machaon, Podalire, Janiskos, Alexanor et Aratos. Les spécialités étaient assez mal définies. Les nymphes anigrides semblaient cependant s'occuper exclusivement des maladies de la peau. Heraklès se recommandait contre l'épilepsie (1), mais en général tous les dieux s'adonnaient aux diverses maladies, et, au besoin, on avait recours à certains grands dieux comme Bacchus-Sabazios. Tous, à l'occasion, exauçaient leurs dévots (2). Les Asklépéions comme les Sérapéions, avaient leur chambre de malades appelées Abatons (3). Aristo-

et de préservateur de la santé : chez les Milésiens et les Déliens, par exemple, sous le nom d'*oulios* ou sauveur, en Elide sous celui d'*aesios* ou guérisseur, à Lindos et à Rhodes sous celui de *loimios* cu pestifuge, à Bassae, près de Phigalie, où on lui avait élevé un temple pendant l'effroyable peste du commencement de la guerre du Péloponèse sous le nom d'*epicourios* ou secoureur et finalement comme *alexikakos* qui écarte les maux. On le trouve même assimilé à Pœan le médecin des dieux. Il eut aussi ce caractère à Rome où les Vestales l'invoquaient en des oraisons jaculatoires comme celle-ci : *Apollo medico, Apollo Pœan!* Mais en Italie comme en Grèce ce trait du mythe apollonien n'est qu'une superposition : le dieu n'est devenu guérisseur et sauveur qu'en se substituant à un principe chtonien. » Baissac. *L'Origine des Religions*, P., Alcan, 1899, in-8°, II, 58.

(1) S'il faut en croire certaines pierres gravées, Hercule chassait la bile et Persée la goutte. Le Blant. *Une collection de pierres gravées à la bibliothèque de Ravenne*, Paris, 1883, in-8°, p. 8 et 9.

(2) Max Collignon. *Mythologie figurée de la Grèce*, 1883, in-8°, liv. v, chap. I. — P. Decharme. *Mythologie de la Grèce antique*, 1886, grand in-8°, chap. XV, § II, p. 390.

(3) Sur les Asklépéions, voir : Von Sallet. *Asklepéion und Hygeia*, Berlin, 1878. — Lambert. *Un lieu de pèlerinages et de miracles en Grèce*, in Bulletin des Amis de l'Univ. de Dijon, Janvier, 1903, p. 21 à 42. — D' Vercoutre. *La médecine sacerdotale dans l'antiquité grecque*, in Rev. Archeol., 1885, 2, 273; 1886, 1, 22, et 106. — A. Gauthier. *Recherches historiques sur l'exercice de la médecine dans les temples chez les peuples de l'Antiquité*. Paris, 1844, in-12. — Colletz, Bechtel, *Sammlung der griechischen, Inschriften*; n° 3339-3341. —

phane, dans sa comédie de Plutus, nous a laissé une charge irrévérencieuse des scènes qui s'y passaient. Henri Estienne nous permet de croire que la satire du célèbre poète comique pouvait s'appliquer tout aussi justement de son temps à certains temples chrétiens (1).

Chez les Romains, les temples d'Esculape offraient les mêmes spectacles de malades et de veilleurs, les mêmes pittoresques alignements d'ex-voto : moulages de pieds difformes, béquilles rendues inutiles, reproductions de jambes et de seins détériorés (2). Les dieux

---

Paul Valette. *Les Sanctuaires d'Asklépios et les guérisons miraculeuses en Grèce*, in *Biblioth. Univer. et Revue Suisse*, 104ᵉ année, octobre 1899, p. 98, 119. — P. Girard. *L'Asklépieion d'Athènes d'après les récentes découvertes*, Paris, 1881, in-8°. — Defresnes et Lechat. *Epidaure. Restauration et description des principaux monuments du sanctuaire d'Asclépios*, in-f°. — P. Kawadias. *Sur la guérison des malades au Hiéron d'Epidaure*, dans *Mélanges Perrot*, 1903.

(1) Le Père Delehaye, S. J., a insisté sur ce point que la veille aux sanctuaires des saints différait notablement de l'incubation. « Il y a quelques traits communs, dit-il, l'ensemble des pratiques, l'institution elle-même n'y paraissent point. » *Lég. hag.*, p. 177. Il nous suffira de rappeler ce qu'il avait dit quelques pages avant au sujet des recueils de miracles des Saints Cosme et Damien et des Saints Cyr et Jean : « Il est difficile de n'y pas relever une foule de traits rappelant l'incubation telle qu'elle était pratiquée dans les temples d'Esculape. Les saints apparaissent aux patients dans leur sommeil et les guérissent en leur prescrivant des remèdes. Rien n'indique cependant que dans ces sanctuaires chrétiens la pratique de l'incubation ait des règlements organisés comme à Epidaure. » *Lég. Hag.*, p.173. Que la veille ait été à l'état d'institution réglementée on pourrait difficilement le soutenir pour tel ou tel temple, mais elle était alors d'usage courant dans tous les sanctuaires de guérison et comportait nécessairement une certaine réglementation : Autorisation de veille, obligation au silence durant certaines heures, etc...

(2) Pour des reproductions d'ex-voto voir : **Tomasinus.** *De donariis ac tabellis votivis*, Utini, 1639, in-4°. — **Major.** *Epistola de oraculis medicinae ergo quaesitis et votivis convalescentium tabulis*. Vittemberg, 1663, in-4°. — **Frey.** *De more diis simulacra membrorum consecrandi*. Altorf, 1746, in-4°. — **Montfaucon.** *Antiquité expliquée*, t. II, liv. 1, ch. XX et t. III, p. 250. — **Sylvain Maréchal.** *Antiquités d'Herculanum*, Paris, 1780, in-8°, t. VI, p. 9, 84, 85. — *Annales du Magnétisme animal*, 2ᵉ année, p. 168-192; 202-211; 251-285.

Cette pratique des ex-votos est immémoriale. Les anus d'or offerts

et les déesses vouées aux spécialités étaient beaucoup plus nombreux à Rome qu'en Grèce, et offraient un caractère plus abstrait. Cardéa ou Carna s'adonnait à la thérapeutique du cœur, du foie et des viscères (1), Fébris était implorée par les fiévreux qui ne lui demandaient guère que d'être un peu moins nuisible (*ad minus nocendum*) (2). Angenoria résolvait les angines ; elle avait une fête publique en mémoire de l'arrêt miraculeux d'une angine épidémique qui ravagea le peuple de Rome (3). On avait imaginé des dieux pour une infinité de maux. Agénoria donnait de l'activité (du verbe agere?), Murcia rendait balourd (de muradin, paresseux), Stimula excitait les déprimés. Quies procurait le repos, Cœculus prenait soin des aveugles (4), Rubigo préservait les blés de l'atteinte de la rouille (5), etc., etc.

Salus et Strenua étaient des divinités médicales à talents universels (6). Minerva medica s'occupait éga-

par les Philistins en sont un témoignage. Elle était et demeure universelle. *Pour la Grèce et la Rome anciennes*, voir : W. H. Denham Rouse, *Greek votive offerings*, Oxford, 1902, in-8°. — Th. Homolle, art *Donarium*, dans Daremberg et Saglio, *Dict. des Antiq. grecques et rom.*. — Th. Homolle. *Mémoires sur les ex-voto de Lysandre à Delphes*, P., 1901, in-8°.

Sur le Moyen-Age : L. J. Guenebault. *Note sur les ex-voto*, dans *Dict. iconographique*, P., Migne, 1850, in-4°, col. 969-974.

Pour les temps modernes : Dʳ L. Stida. *Anatomisches über altitalische Weihegeschenke* (Donaria), Wiesbaden, 1901. — Richard Andrée. *Einige Bemerkungen über Votive und Weihegaben*, dans *Correspondenzblatt der Deutschen Anthropologischen Gesellschaft*,

(1) Macrobe. Sat., I, 12, 31.
(2) Valère Max. II, 5, 6. — Cicéron. De nat. Deor., III, 25. — Plin. II, 5. — Min. Felix. In Octav., 25.
(3) Macrob. I, 19. — P. Festus. — Plin. III, 10.
(4) Tertull. Ad. Nat., II, 15.
(5) S. Aug. De civit. Dei IV, 16. — P. Festus. — Ovid. Fastes, IV, 905.
(6) Preller. *Les dieux de l'ancienne Rome*, Paris, 1884, in-12, p. 402 et seq. — C'est à la seconde de ces divinités que remonte l'usage des étrennes et des souhaits de bonne santé qui les accompagnent.

lement de toutes les maladies (1). Elle fit recouvrer l'ouïe à un certain Caltidius qui, par reconnaissance, lui consacra des oreilles d'argent. Citons encore, pour terminer la *Dea Viriplaca*, chargée d'apaiser les maris incommodes. On ignorait, il est vrai, la *Dea fœminea placa*, mais nous savons que C. Vessius dédia une plaque votive à Proserpine pour lui avoir rendu l'affection de sa femme (2).

Vers le second siècle, Tatien, un défenseur du christianisme, ne niait point les miracles opérés par les prêtres ou les dieux des polythéistes : il les expliquait en supposant que ces dieux, véritables démons portaient la maladie dans le corps de l'homme sain ; puis, ayant averti, en songe, celui-ci qu'il guérirait pourvu qu'il implorât leur secours, ils se donnaient la gloire d'opérer un miracle en faisant cesser le mal qu'eux seuls avaient produit (3).

Partout la même espérance produit les mêmes guérisons. Après les sanctuaires de l'antiquité, les sanctuaires du boudhisme (4), du mahométisme (5) et du

(1) N'est-ce pas à Minerve que parlait ainsi Tibulle :
   Nunc Dea nunc succurre mihi; nam posse mederi.
   Picta docent templis multa tabella tuis.
Maintenant ô Déesse, maintenant viens à mon secours; car beaucoup de tablettes peintes (votives) apprennent dans tes temples que tu peux guérir.

(2) Sur tout ce sujet, voir : Paul Saint-Olive. *Le culte de la médecine dans l'ancienne Rome*, Lyon, 1865, in-8°, de 27 pages.

(3) Tatien. *Orat ad Graecos*, p. 157. — Les apologistes de nos jours sont loin d'avoir renoncé aux opinions de Tatien. Cf. R. P. de Bonniot. *Le miracle et ses contrefaçons*, P., 1895, in-12, p. 165-175.

(4) Cf. A. Chevrillon. *Sanctuaires et Paysages d'Asie*, P., Hachette, 1905, in-12. — D' Ch. Valentino. *Notes sur l'Inde : Serpents, Hygiène, Médecine*, P., 1906, in-12. Lire en particulier le chapitre sur Mari-Ammé, déesse de la variole. — L. de Milloué. *Le miracle dans la religion de l'Inde*, in *Confér. au Musée Guimet*, P., Leroux, 1907, in-12, p. 119-140, et enfin Byramji Hormusji. *Adambar : Une Lourdes Hindoue*, dans *Annales des Sciences Psychiques*, oct. 1908, p. 302-305.

(5) Il suffira de renvoyer aux deux volumes du colonel Trumelet

christianisme (1), en fourniraient d'innombrables témoignages (2).

Nous sommes donc nécessairement forcés de conclure que les miracles de guérison se retrouvent chez tous les peuples et dans toutes les religions. Si nous entendons les attribuer à la foi religieuse, il nous sera en tous cas impossible de les faire témoigner en faveur de telle foi religieuse plutôt qu'en faveur de telle autre.

Si d'ailleurs nous essayons de préciser quelles sont les forces qui poussent les malades à des pèlerinages aux dieux ou aux saints guérisseurs, nous distinguons facilement deux sentiments essentiels et d'une incalculable puissance le vouloir vivre et la confiance en quelque puissance surnaturelle : saint ou sainte, dieu ou déesse.

Tous ces malades qui roulent en des trains encombrés vers Lourdes la Sainte, n'y vont point poussés par quelque pensée de contemplation mystique, la soif de la vie brûle leur cœur affligé. Que faire avec ces corps débiles et lamentables, incapables même de l'effort pour le pain quotidien ? Les malades sont détachés de bien des choses, leurs sentiments se sont affai-

---

sur les saints islamiques de l'Algérie. C. Trumelet. *Les Saints de l'Islam. Légendes hagiologiques et croyances algériennes*, P., Didier, 1881, in-12. — *L'Algérie légendaire en pèlerinage çà et là aux tombeaux des principaux thaumaturges de l'Islam*. Alger, Jourdan, 1892, in-12.

(1) En dehors des ouvrages de dévotion on peut consulter : P. Saintyves. *Les Saints, successeurs des Dieux*, P., Nourry, 1907, in-8° passim et du même : *Les Vierges mères et les Naissances miraculeuses*, P., Nourry, 1908, in-12.

(2) Des religions, mêmes barbares, connaissent les dieux guérisseurs et les sanctuaires de guérison. — Je n'en citerai qu'un exemple. Les Finlandais connaissent plusieurs divinités de la bonne et de la mauvaise santé. Leouzon-Le-Duc. *La Finlande*, P., s. d., in-8°, I, XCX-XCVIII. — L'une d'elles, Ukko, est préposée aux accouchements, *ibid.*, I, LXXXV; de même qu'Illithia chez les Grecs et Lucine chez les Romains.

blis ; mais il y en a un qui surnage de jour en jour plus fort, accaparant les dernières énergies de l'être : guérir, vivre encore. On leur a dit que la Vierge avait sauvé des incurables, ils ont entendu conter maintes guérisons miraculeuses. Puis un beau jour le vouloir vivre, soutenu par ces récits a créé la confiance, un sentiment d'espoir s'est installé au cœur de leurs forces défaillantes, ils se lèvent et ils vont.

La passion de la vie, ce sentiment merveilleux qui nous soutient et nous déborde, est comparable à une source infinie et divine dans les flots de laquelle baignent les espèces et les races qui roulent à l'éternité. C'est l'une des sources de la foi qui guérit. Poussé par elle, des mourants accomplissent déjà un premier miracle en affrontant et en supportant des fatigues inouïes.

L'autre source de la foi qui guérit, ne jaillit pas du terrain de la vie organique, mais elle coule dans tout le terrain de la vie psychique et particulièrement dans l'imagination. Que sont, en effet, ces idoles de guérison, ces saints guérisseurs apocryphes, sinon des créations et des fictions de l'imagination religieuse? Fictions en effet qu'Isis, Sérapis et Osiris, mais fictions qui furent capables d'éveiller tous les sentiments religieux des anciens Égyptiens, leur respect, leur amour et leur confiance. Fictions également toutes les Notre-Dames locales, distinctes les unes des autres et se rendant parfois les unes aux autres visite ; mais, grâce à l'une quelconque de ces Saintes Marie, l'imagination du chrétien malade éveilla, concentra, renforça et confirma son espoir. Beaucoup d'autres et tout aussi malades que lui ont été guéris par Elle : voilà l'éveil des espérances. Elle est si bonne, il la priera beaucoup ; d'autres la prieront pour lui, il touchera son cœur par sa misère même et l'espoir grandit. Après le vouloir vivre, voici l'espoir en la vie ; qu'importe que l'être mystérieux que l'on considère comme préposé à la vie à laquelle on aspire soit imaginaire ? Le vouloir vivre et l'espoir en la vie sont réels et ces deux pôles organique et psychique venant à se rejoindre par suite de quelque tension intérieure, l'étincelle de vie jaillit.

Pauvres êtres fanés, plantes presque détachées de leur tige, voilà que de leur être tout entier les dernières sèves vitales se sont rassemblées. Le vouloir vivre et la confiance les ont suscitées et canalisées et voici que la fleur de la vie s'entr'ouvre à nouveau parfumée de joie et de reconnaissance. Louons donc les dieux et les saints ou plutôt louons la vie qui sort de Dieu.

Les dieux égyptiens, grecs et romains ont cessé de guérir, car on a cessé de croire en eux (1). Un jour viendra où les dieux du boudhisme et les saints de l'Islam et du christianisme cesseront, à leur tour, leurs bienfaits. D'autres, sans doute, les remplaceront encore jusqu'à ce que la vie disparaisse sur la terre.

Choisir entre toutes ces religions et juger de la véritable par le pouvoir guérisseur de ses divinités ou de ses bienheureux est donc une prétention insoutenable.

Dans toutes les religions, nous retrouvons des miracles semblables à ceux du judaïsme, du christianisme et du catholicisme. Tous sont faits par la foi et pour la foi avec la seule différence qu'elle s'adresse à des

---

(1) Un païen des premiers siècles du christianisme se plaignait ainsi : « Maintenant on s'étonne que la maladie se soit emparée depuis tant d'années, de la cité, lorsque ni Esculape ni aucun Dieu n'y a plus accès Depuis que Jésus est honoré personne n'a ressenti aucun bienfait public des dieux. » Cité par Théodoret, *Græc. affect. curatio* 13. Migne, P. G., LXXXIII, 115.

divinités diverses. On ne devra donc point juger de la valeur relative des religions à miracles par les miracles eux-mêmes, mais par la noblesse morale et la fécondité sociale de leurs doctrines religieuses. Ce n'est pas le miracle qui nous fera choisir entre le renoncement absolu du boudhisme et la résignation chrétienne.

DEUXIÈME SECTION

Les critères religieux du Miracle
Les solutions historiques du problème

CHAPITRE PREMIER

LE MIRACLE, ŒUVRE DES INSPIRÉS OU DES ENVOYÉS DE DIEU

Les Grecs et les Romains croyaient à l'intervention de Zeus ou de Jupiter, d'Héraclès ou d'Hercule, de Héra ou de Junon et de cent autres êtres divins. Les Juifs crurent d'abord à l'intervention des Elohims, mais lorsque, entre tous les Elohims, ils eurent élu Iaveh, pour être leur Dieu unique, ils ne cessèrent point de croire à l'existence et à la présence des dieux de l'étranger. Ceux-ci pouvaient aussi faire des miracles; seulement, comme ils étaient moins puissants que le vrai Dieu, ils ne pouvaient faire toutes les œuvres merveilleuses dont celui-ci était capable.

Iaveh, l'antique dieu de l'orage et du tonnerre, ne devint que peu à peu le vrai Dieu. Il ne fut, à l'origine, que le plus puissant et le plus terrible des dieux. Le meilleur Dieu pour les peuples de l'antiquité était celui qui pouvait être le plus utile ou qui pouvait devenir le plus redoutable. Les anciens Hébreux ne différaient pas, sur ce point, des autres peuples anciens.

Josué voyant que les Juifs semblaient hésiter dans le culte de Iaveh, crut devoir leur rappeler tous les services que l'Adonaï du Sinaï leur avait rendus (1), puis il ajouta : « Maintenant donc, craignez l'Eternel et servez-le en intégrité et en vérité, et quittez les dieux que vos pères ont servis au delà du fleuve et en Egypte, et servez l'Eternel. S'il ne vous plaît de servir l'Eternel, choisissez aujourd'hui qui vous voulez servir ou *les dieux que vos pères ont servis jadis au delà du fleuve, ou les dieux des Amorrhéens au pays desquels vous habitez*, mais pour moi et ma maison, nous servirons l'Eternel.

Alors le peuple répondit et dit : Dieu nous garde d'abandonner l'Eternel pour servir d'autres dieux ; car l'Eternel notre Dieu est celui qui nous a fait monter, nous et nos pères du pays d'Egypte, de la maison de servitude, et qui nous a gardés dans tout le chemin par lequel nous avons marché (2). »

Pour de semblables populations qui croyaient à la fois à la réalité de Iaveh, à celle des dieux d'Egypte et des Baalim des autres sémites, la question du discernement des miracles se ramenait à celle-ci : comment reconnaître le plus puissant des Dieux ?

Le miracle était alors le privilège des prophètes envoyés de Dieu ou des chefs préposés par Dieu au gouvernement de son peuple. Lorsque Moïse veut sortir d'Egypte, il n'agit point de son propre mouvement, mais sous l'inspiration de Iaveh : « Et l'Eternel dit à Moïse : Voici, je t'ai établi pour tenir la place de Dieu vers Pharaon et Aaron ton frère sera ton prophète. Tu diras toutes les choses que je t'aurai commandées et Aaron, ton frère, parlera à Pharaon, afin qu'il laisse aller les enfants d'Israël hors de son pays.

(1) *Josué* XXIV, 1-13.
(2) *Josué* XXIV, 14-17.

Et l'Eternel parla à Moïse et à Aaron en disant : Quand Pharaon vous parlera et vous dira : Faites un miracle, alors tu diras à Aaron : Prends ta verge et la jette devant Pharaon et elle deviendra un serpent (1). »

Bien plus, comme nous le voyons par les propres paroles de l'Eternel, le miracle même est commandé et proprement inspiré. Il en est de même pour toute la série des plaies d'Egypte. C'est l'Eternel qui ordonne à Moïse de changer en sang les eaux des Egyptiens (2), de faire monter les grenouilles sur le pays du Pharaon (3), de transformer la poussière du pays en poux innombrables (4), et ainsi des autres actes de cette nature.

Le miracle est donc indiscutablement une œuvre due à l'inspiration de Iaveh.

La Bible nous fournit encore un autre épisode propre à nous bien faire comprendre cette antique conception. Il se place à l'époque de la sécheresse qui désolait la Judée au temps d'Achab.

« La troisième année (de cette sécheresse) la parole de l'Eternel fut adressée à Elie, disant : Va, montre-toi à Achab et je donnerai de la pluie à la terre (5). »

Elie se rend vers Achab qui, le voyant, lui reproche d'être l'auteur des maux dont souffrent lui et son peuple.

« Mais Elie répondit : Je n'ai pas troublé Israël ; mais c'est toi et la maison de ton père, en ce que vous avez abandonné les commandements de l'Etenel, et que vous avez marché après les *Bahalim*...

---

(1) *Exode* VII, 1-2; 8-9.
(2) *Exode* VII, 19.
(3) *Exode* VIII, 5.
(4) *Exode* VIII, 16.
(5) I *Rois* XVIII, 1.

Alors Élie dit au peuple : « Je suis demeuré seul prophète de l'Éternel ; et les prophètes de Baal sont au nombre de quatre cent cinquante. Qu'on nous donne deux veaux... »

Le livre des Rois ne nous dit pas que le miracle ait été ici commandé par l'Éternel à son prophète ; mais il est clair qu'il dut l'être. Il vient, en effet, à son heure pour démontrer à Achab et à son peuple que la pluie dont Élie est l'annonciateur inspiré, est une bénédiction de la main de Iaveh. D'autre part, nous voyons par ce même livre des Rois que les prêtres de Baal désirant attirer le feu du ciel sur leurs holocaustes, font en vain les prophètes, c'est-à-dire sautent par-dessus l'autel, poussent des cris aigus, s'incisent et se tailladent comme le font encore les fakirs indous ou les derviches musulmans lorsqu'ils veulent provoquer les convulsions religieuses et l'extase.

Il nous apparaît donc fort clairement que le miracle était pour les peuples anciens et, en particulier, pour les Hébreux, une œuvre de thaumaturges inspirés par leur dieu.

Les Sages et les magiciens d'Égypte métamorphosent, comme Moïse, des verges en serpents, changent les eaux en sang, provoquent des invasions de grenouilles.

Sans doute leurs dieux les inspirent-ils alors dans leurs luttes contre le prophète de Jéhovah, mais nous les voyons tout à coup s'arrêter impuissants, lorsqu'il s'agit de transformer de la terre en vermine.

Moïse triomphe et le Pharaon est bien obligé de reconnaître en son for intérieur que les miracles de l'étranger, sont des œuvres divines et que Iaveh, son Dieu, est plus puissant que l'Osiris des Hypogées.

Les mages eux-mêmes déclarent alors que cette merveille est vraiment l'œuvre d'un Dieu (1).

Pour les Egyptiens, comme pour les Hébreux, s'il faut en croire la Bible, le miracle est une œuvre de puissance et certains miracles ne sont possibles qu'à Iaveh, le plus puissant des Dieux.

Si les théologiens de cette époque avaient voulu mettre en théorie leurs idées sur les miracles, ils les auraient, je crois, résumées ainsi :

Les miracles sont les œuvres des représentants des dieux et ne peuvent être accomplis que sous leur inspiration et par leur secours.

Certains miracles ne peuvent être accomplis que par le Démiurge de l'Univers et le maître des dieux, tels sont le refoulement des eaux du Jourdain, la fabrication des poux avec la poussière des chemins, l'arrêt du soleil ou le gouvernement de la foudre.

De là, cette doctrine des théologiens scolastiques qui divisent les miracles en miracles de premier ordre et en miracle de second ordre. Pour eux, d'ailleurs, rien n'est plus facile que de reconnaître un miracle de premier ordre, c'est une œuvre de création ou d'une difficulté équivalente.

Cette distinction théorique, plus ou moins implicitement admise par les rédacteurs de l'Exode et des Rois, est fort nette en principe. Malheureusement, il est bien loin d'en être de même dans la pratique et nous ne voyons pas bien en quoi il est plus difficile de faire des poux avec de la terre, que des serpents avec des verges. Les prêtres de Baal n'ont pu faire tomber le feu sur le bûcher de l'holocauste, ni en sautant, ni en conjurant leur Dieu, ni en se tailladant en son honneur, mais nous savons par Pausanias, qui en fut té-

(1) I *Rois* VIII, 19.

moin oculaire, que les prêtres de la Lydie faisaient à leurs prières s'enflammer le bois sur l'autel (1). Nous n'arrivons pas à admettre avec le R. P. Pesch (2), que le réveil d'un membre atrophié soit l'équivalent d'un acte de création. La guérison des atrophies consécutives aux paralysies hystériques s'opèrent trop facilement aujourd'hui dans nos hôpitaux.

Les résurrections elles-mêmes peuvent être une œuvre de simulation fort difficile à démasquer. Saint Augustin rapporte qu'un prêtre de Cœlame, nommé Restitutus, pouvait à volonté se rendre insensible et semblable à un cadavre, qu'il ne sentait rien quand on lui arrachait les poils ou quand on le piquait et même quand on approchait le feu de ses membres (3). Avec un tel sujet, on eut pu faire constater la mort par des attestations concluantes. On eut pu l'enfermer dans un tombeau antique où il eut été facile de produire une odeur putride. Puis on l'eut ressuscité, en présence de cent témoins.

Le miracle de premier ordre serait un fait qui, par sa nature même, ne pourrait être attribué qu'à Dieu; mais un tel fait n'existe pas, il faudrait qu'il eut des proportions infinies et alors l'homme ne pourrait l'embrasser.

Cette distinction nous apparaît comme effectivement

(1) Pausanias. Lib V, sub. fine. Cf. Solin, c. V.
(2) Ch. Pesch. *Prælectiones dogmaticae*, Friburgi, Brisgovia, 1889, grand in-8°, II, p. 110.
(3) *De Civitat Dei*. Lib. XIV, ch. 24. Rien de plus inconcevable que les exemples de mort apparente rapportés par Cheyne, Haller, Rigaudaux, Pecklin, Heister, Morgagni, Desgranges de Lyon, etc. Que dire de l'histoire authentique et minutieusement racontée, du colonel *Townshend* qui mourait à volonté, du moins en apparence, et ressuscitait au grand étonnement des témoins graves et instruits dont il s'entourait?

vaine (1). L'auteur du Deutéronome en était déjà fort persuadé lorsqu'il écrivait :

« S'il s'élève au milieu de toi un Prophète ou un Songeur de songes, qui fasse devant toi quelque signe ou miracle et que ce signe ou ce miracle dont il t'aura parlé arrive ; s'il te dit : Allons après d'autres dieux que tu n'as point connu, et les servons ; tu n'écouteras point les paroles de ce Prophète, ni de ce Songeur de songes : car l'Eternel vous éprouve, pour savoir si vous aimez l'Eternel votre Dieu de tout votre cœur et de toute votre âme... Mais on fera mourir ce Prophète-là, ou ce Songeur de songes parce qu'il a parlé de révolte contre l'Eternel votre Dieu qui vous a tiré du pays d'Egypte... Ainsi, tu extermineras le méchant du milieu de toi (2). »

(1) Sur la vanité de cette distinction : **Abbé Pernoud**. *A propos du miracle* dans *Revue du Clergé français*, 1er nov. 1906, p. 543-547.
(2) *Deut.* XIII, 1.

CHAPITRE II

LES MIRACLES DES INITIÉS

§ I. — LES PRESTIGES DES PRÊTRES ; LA PHYSIQUE DES SANCTUAIRES

Les miracles ne restèrent pas toujours le privilège des inspirés, prophètes, nabis ou envoyés de Dieu. C'était bon pour des peuples errants sans autels fixes ni pays qui fut le leur. Dès que le sacerdoce devint une situation stable et le sanctuaire un lieu immobile, nous voyons apparaître la thaumaturgie des temples.

Les miracles ne sont plus alors le privilège des délégués de Dieu. Tous les hauts initiés peuvent en opérer après leur longue et parfois dangereuse initiation.

Ces secrets sont de deux sortes : les uns sont de simples secrets de nature et supposent soit quelque ingénieux mécanisme, soit quelque recette élémentaire de physique ou de chimie ; les autres sont des secrets rituels. L'ensemble constitue une sorte de liturgie thaumaturgique dont les deux branches se complètent l'une l'autre. La limite entre la physique occulte et la théurgie des temples est, d'ailleurs, des moins nettes et tel initié croyait sans doute, telles paroles ou telles incantations aussi nécessaires que le mélange ou le procédé qu'elles étaient censées rendre efficace et miraculeux.

« Il y a peu de temps, disait A. France à l'inauguration de la statue d'Ernest Renan, j'ai eu le rare plaisir de causer avec un prince oriental d'une belle intelligence, qui a vécu sa jeunesse dans une contrée où la puissance créatrice de l'esprit religieux n'est pas épuisée, et qui produit encore des prophètes, des apôtres et des martyrs.

Il me demandait avec une surprise à peine feinte et un orgueil asiatique, comment il se faisait que l'Occident n'eut point de prophètes lorsqu'en Orient il s'en levait sans cesse des milliers.

Aujourd'hui comme autrefois, me disait-il, par tout l'Islam on trouve des prophètes, au bazar, dans la boutique du barbier, au coin de la rue où hurlent les chiens errants. Et les Européens n'en découvrent pas un seul, alors qu'ils en auraient le plus besoin.

Nous parlâmes des dieux morts et des dieux vivants. J'écoutais avec une attention singulière cet oriental qui sait comment se font les religions, qui en a vu faire, qui peut-être en a fait une. Il ne me confia pas sans doute toute sa pensée, mais j'appris de lui qu'il faut trois choses pour faire une religion. D'abord une idée générale d'une extrême simplicité, une idée sociale. En second lieu, une liturgie ancienne, depuis longtemps en usage, dans laquelle on introduit cette idée. Car il est à noter qu'un culte naissant emprunte toujours son mobilier sacré au culte régnant et que les nouvelles religions ne sont guère que des hérésies. Troisièmement (et j'obtins cet aveu sans trop de difficulté), il y faut un tour de main, il y faut cet art des prestiges qu'on appelle dans notre vieille Europe la physique amusante. Et je me suis demandé après avoir entendu ce prince intelligent et religieux, si parfois la nouvelle école n'a pas noyé trop complaisamment le miracle dans le demi-jour de la pathologie nerveuse, s'il ne faut pas admettre de temps en temps l'hypothèse de la fraude consciente, s'il n'y aurait pas lieu enfin, sur ce point, comme sur plusieurs autres, de concilier Voltaire avec Renan (1). »

Ce moderne prince avait raison. Les prêtres de l'Orient ont toujours connu et pratiqué cet art du prestige.

---

(1) A. France. *Vers les temps meilleurs*, P., 1906, in-12, II, 37-38.

Hiéron d'Alexandrie nous décrit un certain nombre des procédés qu'ils employaient. Il nous apprend comment construire un autel pour que les statues qui sont sur les côtés fassent les libations lorsqu'on allume le feu du sacrifice (1), comment préparer une lampe qui s'entretienne d'elle-même (2), ou telle que lorsqu'on y verse de l'eau, on l'alimente d'huile (3). Il nous enseigne également de quelle façon construire une chapelle soit pour qu'à l'ouverture des portes un son de trompette y appelle spontanément les fidèles (4) soit pour qu'elle s'ouvre toute seule et se ferme de même lorsque le feu sacré vient à s'éteindre (5).

Berthelot, dont la connaissance approfondie de l'histoire de la chimie et de la physique des anciens était sans égale, a établi la réalité historique de toutes ces pratiques par d'ingénieux rapprochements entre les traditions populaires recueillies par l'auteur égypto-arabe de l'*Abrégé des Merveilles* et les traditions scientifiques des savants d'Alexandrie tels que Hiéron, Damascius et Stobée (6). Il les ramène à quatre groupes principaux :

« Prestiges fondés sur des phénomènes *optiques*, tels que miroirs, effets lumineux, fantômes, apparitions, etc.

Prestiges fondés sur des phénomènes *acoustiques*, tels que dragons sifflants; oiseaux chantants, personnages jouant de la trompette, figure parlante, etc.

Prestiges fondés sur des phénomènes *mécaniques*, tels

---

(1) *Les Pneumatiques* dans A. de Rochas. *La science des philosophes et l'art des thaumaturges dans l'antiquité*, Paris, 1882, in-8°, p. 116, 173, et pour un procédé analogue, p. 185.
(2) A. de Rochas. *Loc. cit.*, p. 142.
(3) A. de Rochas. *Loc. cit.*, p. 188.
(4) A. de Rochas. *Loc. cit.*, p. 204.
(5) A. de Rochas. *Loc. cit.*, p. 146.
(6) M. Berthelot. *Les merveilles de l'Egypte et les prestiges des prêtres et des savants dans l'antiquité*, dans *Science et Libre pensée*, Paris, 1905, p. 73-108.

que statues mouvantes et menaçantes, ouverture et fermeture des portes des chapelles, objets animés de mouvements automatiques, etc.

Prestiges fondés sur des phénomènes *chimiques*, tels qu'effets de combustion réelle ou apparente, phosphorescence, idoles incendiaires, lampes perpétuelles, etc. (1). »

Nous savons, d'ailleurs, par les témoignages des anciens que les prêtres d'Egypte se vouèrent à l'étude des sciences (2). L'usage des statues parlantes, dites statues prophétiques, étaient courant dans les temples égyptiens. Mercure Trismégiste nous dit que les prêtres y possédaient *l'art de faire des aieux* (3), de fabriquer des statues douées d'intelligence qui prédisaient l'avenir et interprétaient les songes. Il avoue même que des initiés adonnés à une doctrine moins pure, savaient aussi *faire des dieux*, des statues que les démons animaient et qui, pour les vertus surnaturelles ne le cédaient guère aux ouvrages sacrés des véritables prêtres. En d'autres termes, le même secret était mis en œuvre par deux sacerdoces rivaux (4).

Ce n'est pas là, d'ailleurs, la seule espèce de prestige du sacerdoce égyptien dont témoigne l'histoire et l'archéologie.

« Celse compare les miracles de Jésus avec ceux que font au milieu des places publiques ceux qui ont étudié en Egypte, qui, pour quelques oboles, vous étalent toutes les merveilles de leur science, chassant les démons hors du corps des hommes, guérissant les malades en soufflant dessus, évoquant les âmes des héros,

---

(1) Berthelot. *Loc. cit.*, p. 78.
(2) Strabon l'affirme des prêtres de Thèbes et d'Héliopolis, XVII, ch. I, § 27; Id., § 49.
(3) Mercurii Trismegisti. *Pymander Asclepius*, Basilae, 1532, in-12, p. 145-146 et 165.
(4) Salverte. *Des sciences occultes*, II, 292.

dressant les tables qui semblent toutes couvertes de mets exquis, quoique, en effet, il n'eut rien et faisant mouvoir, comme si c'était des animaux, de certaines figures qui n'en ont que l'apparence. Après quoi, il demande si, lorsqu'on leur voit faire cela, on doit conclure qu'ils sont les enfants de Dieu, ou s'il ne faut pas plutôt les prendre pour des misérables et pour des méchants (1). »

§ II. — LA THÉURGIE LITURGIQUE. — LA MAITRISE DES BONS ET DES MAUVAIS ESPRITS

Il ne faudrait point voir cependant dans tous ces prestiges de simples tours de passe-passe. Le thaumaturge ou l'initié ne manquent jamais d'opérer ces merveilles au nom de quelque personnage céleste ou diabolique. Les Grecs, les Gnostiques, les Syriens, les Perses et enfin les Sémites, d'après la captivité, admettaient deux sortes d'esprits invisibles ainsi désignés par le Scholiaste d'Oppien « *Daimones*, essences immatérielles nuisibles; *Dieux*, essences immatérielles bienfaisantes. »

Bien plus, les initiés connaissaient l'art de commander à ces puissances invisibles; ils apprenaient à les évoquer, à les interroger sur l'avenir, à leur faire opérer des prodiges. Les pratiques théurgiques se composaient principalement de brûlements de cierges et de lampes, de fumigations d'herbes et de parfums et surtout d'incantations et d'exorcismes. La théurgie ne pouvait, d'ailleurs, être pratiquée que par des ascètes et, grâce à l'accomplissement de veilles incessantes et de jeunes exténuants, elle permettait d'obtenir et le secours des dieux et de commander en leurs noms aux

---

(1) Origène. *Contre Celse*, I, 67.

puissances malfaisantes pour leur faire opérer malgré elles, les œuvres des prêtres et des dieux. La magie n'exigeait pas l'austérité demandée aux thérapeutes sacrés; aussi ne pouvait-elle qu'évoquer les puissances mauvaises qui, parfois, se vengeaient sur le magicien ou le sorcier de la contrainte qu'on leur faisait subir. Les prêtres d'un sacerdoce accusaient volontiers de magie les prêtres d'un autre sacerdoce.

Les secrets mécaniques utilisés dans les temples n'étaient pas toujours ignorés des fidèles; mais on leur expliquait alors que le prêtre qui s'en servait ne le faisait que sous l'inspiration des Dieux.

Dans l'oasis de Siouah, la statue d'Ammon reposait dans le sanctuaire voisin de la fontaine du Soleil.

« Comme toutes les statues prophétiques, celle-ci était machinée et pouvait exécuter un nombre restreint de gestes, agiter la tête, remuer les bras ou les mains. Le jeu des bras était rare et réservé à certaines cérémonies; le choix d'un souverain dans le royaume égyptien d'Ethiopie, ou en Egypte l'opposition des mains, par laquelle on transmettait le fluide mystérieux appelé *sa* à une autre statue ou à un être vivant. A l'ordinaire, le dieu répondait aux questions en relevant la tête et en la laissant retomber lourdement par deux fois, lorsqu'il voulait dire oui; quand la réponse était négative, rien ne bougeait. Il parlait, mais plus rarement, surtout quand un prince s'adressait à lui, et alors on entendait sa voix résonner au fond du sanctuaire. Un prêtre tirait la corde qui agitait la tête ou les bras et récitait l'oracle; chacun le connaissait, mais personne ne l'accusait de fraude ou ne suspectait sa bonne foi. Il était l'instrument du dieu, mais un instrument inconscient. L'esprit d'en haut le saisissait au moment voulu : il secouait les fils et mouvait les lèvres, il prêtait ses mains ou sa voix, c'était le dieu qui lui dictait ses gestes ou lui imposait ses discours (1). »

(1) G. Maspéro. *Comment Alexandre devint dieu en Egypte*, dans *Annuaire 1897 de l'Ecole prat. des Hautes-Etudes*, Paris, 1896, in-8°, p. 13-14. Cfr. Maspéro. *Études de Myth. et d'Arch. Egyptiennes*, I, 81-91.

Toute cette thaumaturgie des initiés antiques est un mélange de ritualisme théurgique et de tours de passe-passe revêtus d'un caractère liturgique. Il serait facile d'en multiplier les exemples.

Parmi les gnostiques égyptiens, Markos de l'école de Basilide « inventa des sacrements particuliers, des rites, des onctions, et surtout une sorte de messe à son usage qui pouvait être assez imposante, quoiqu'il s'y mêlât des tours de passe-passe analogues aux miracles de saint Janvier. Il prétendait par la vertu d'une certaine formule changer réellement l'eau en sang dans le calice. Au moyen d'une poudre, il donnait à l'eau une couleur rougeâtre. Il faisait faire la consécration par une femme sur un petit calice; puis il versait l'eau du petit calice dans un plus grand qu'il tenait, en prononçant ces paroles : Que la grâce infinie et ineffable qui est avant toute chose, remplisse ton être intérieur et augmente en toi sa gnose, répandant le grain de sénevé en bonne terre. Le liquide se dilatait alors, sans doute par suite de quelques réactions chimiques et débordait de la grande coupe. La pauvre femme était stupéfaite et tous étaient frappés d'admiration (1). »

Ce misérable prodige fait involontairement songer à celui des noces de Cana que les chrétiens commémorent le 5 janvier en la fête de l'Ephiphanie et qui, s'il faut en croire Saint Epiphane, se renouvelait jadis à cette date en plusieurs lieux spécialement à Cibyre et à Gérare (2). Ce renouvellement annuel du miracle de l'Evangile nous semble singulièrement inquiétant et nous ne pouvons nous empêcher de croire aujourd'hui qu'il s'agissait non point d'une transformation réelle, mais d'un mélange de caractère sacré et rituel qui se pratiquait également, au dire de Pline, et à cette même date du 5 janvier, dans le culte de Dionysos. Le mi-

---

(1) Renan. *Marc-Aurèle*, Paris, In-8°, p. 127-128.
(2) Hœres, L. I, 30. — Cf. *Les Saints Successeurs des Dieux*, p. 396-397.

racle bachique de l'île d'Andros (1) a dû servir de type liturgique aux miracles chrétiens de Cibyre et de Gérare.

Lorsqu'il s'établit une concurrence entre deux cultes, ou qu'il se produit une lutte entre les prêtres de deux sectes, s'ils viennent à effectuer l'un et l'autre des miracles, chacun ne manque pas de dire qu'il agit par la vertu de puissances bienfaisantes ou la force du Très-Haut, tandis que ses concurrents n'opèrent que des prestiges et le plus ordinairement avec le secours des diables.

La lutte de Simon de Samarie, avec le prince des Apôtres : Simon Pierre nous fournit un cas typique de ces sortes de conflits. Nous savons par les Actes que le premier Simon remplissait d'étonnement les peuples de Samarie ; ils nous laissent même facilement deviner qu'il balança le succès des apôtres (2). Ce fut pour Simon le plus impardonnable des crimes. « On prétendit que ses prodiges et ceux de ses disciples étaient l'ouvrage du diable (3) et on flétrit le théosophe samaritain du nom de « Magicien » (4), que les fidèles prenaient en très mauvaise part. Toute la légende chrétienne de Simon fut empreinte d'une colère concentrée. On lui prêta les maximes du Quétisme et les excès qu'on suppose d'ordinaire en être la conséquence (5). On le considéra comme le père de toute erreur, le premier hérésiaque. On se plut à raconter ses mésaventures risibles, ses défaites par l'apôtre Pierre. (S'étant élevé dans les airs par ses propres moyens, l'apôtre l'en fit choir par une simple prière).

(1) Pline. Liv. II, ch. 103.
(2) Act. VIII, 9-10.
(3) St Justin. *Apologie*, ch. XXVI.
(4) Act. VIII, 9; Irénée. Adv. Hær., I, XXIII, 1.
(5) *Philosophumena* VI, 1, 19, 20.

On attribua au plus vil motif le mouvement qui le porta vers le christianisme. On était si préoccupé de son nom, qu'on croyait le lire à tort ou à travers sur des cippes où il n'était pas écrit. Le symbolisme dont il avait revêtu ses idées était interprété de la façon la plus grotesque. L'Hélène qu'il identifiait avec « la première intelligence », devenait une fille publique qu'il avait achetée sur le marché de Tyr. Son nom enfin, haï presqu'à l'égal de celui de Judas, et pris comme synonyme d'antiapôtre, devint la dernière injure et comme un mot proverbial pour désigner un imposteur de profession, un adversaire de la vérité, qu'on voulait indiquer avec mystère (1). »

Je crois bon de montrer l'esprit de parti à l'œuvre dans un second exemple, curieux à plus d'un titre (2). L'épisode date du XVIe siècle, au moment de la koranisation de certaines tribus de l'Algérie. Sidi Ikhlef, marabout des Saouda, désespérant de leur avarice et de leur indifférence, avait cru devoir les laisser sans pasteur, il leur avait même laissé en charge sa femme et ses enfants. Quand il revint, de longs mois après, il trouva installé au milieu d'eux un autre marabout, Ben Rkhiça. Ce dernier avait su obtenir de cette tribu rapace les commodités personnelles que Sidi Ikhlef avait toujours vainement sollicitées.

Sidi Ikhlef, doublement peiné de les voir traiter généreusement un mauvais berger, résolut de provoquer Ben Rkhiça à une sorte de duel au miracle.

---

(1) Renan. *Les Apôtres*, P., sd., in-8°, p. 274-76.
(2) J'aurais pu citer un cas beaucoup plus célèbre : la lutte de Bouddha contre les six brahmanes, mais le récit est par trop fantastique et se rapporte à un passé trop peu historique. — On en trouvera un abrégé, d'ailleurs sujet à caution, dans R. P. De Bonniot. *Le Miracle et ses contrefaçons*, P., 1895, in-12, p. 124-127.

« A l'arrivée de Sidi Ikhlef, près de la maison de Ben Rkhiça, les groupes, au milieu desquels on remarquait à sa haute taille le marabout des Soumata se reculèrent de quelques pas.

Bien que le Ben Rkhiça ne désespérât pas absolument, à l'aide de quelques pratiques de magie qui lui avaient été enseignées dans les écoles d'Égypte et de l'Inde, de se tirer assez convenablement de la scabreuse situation dans laquelle le mettait la provocation de Sidi Ikhlef, il n'était pas cependant complètement rassuré sur les suites de la lutte qu'allait indubitablement lui proposer le saint marabout. Il est vrai qu'on citait des cas où, dans ses querelles avec Dieu, Satan ne s'en était pas trop mal tiré. Ben Rkhiça se rappelait particulièrement l'histoire du Feráoun (Pharaon) d'Égypte avec le prophète Mouça (Moïse) « O Moïse ! (1) lui dit le Pharaon, es-tu venu pour nous chasser de notre pays par tes enchantements ? »

« Nous t'en ferons voir de pareils. Donne-nous un rendez-vous, nous n'y manquerons pas; toi non plus, tu n'y manqueras pas. Que tout soit égal. »

« Moïse répondit : « Je vous donne rendez-vous au jour
« des fêtes; que le peuple soit rassemblé en plein jour. »

« Pharaon se retira; il prépara ses artifices et vint au jour fixé.

« Moïse leur dit alors (aux magiciens) : « Malheur à
« vous ! Gardez-vous d'inventer des mensonges sur le
« compte de Dieu »;

« Car il vous atteindrait de son châtiment. Ceux qui inventaient des mensonges ont péri.

« Les magiciens se concertèrent et parlèrent en secret.

« Ces deux hommes (Moïse et son frère Aaron), dirent-ils, sont des magiciens. »

« Réunissez, dit Moïse, vos artifices, puis venez vous ranger en ordre. Heureux celui qui aura aujourd'hui le dessus ! »

« O Moïse, dirent-ils, est-ce toi qui jetteras ta baguette le premier, ou bien nous ? »

« Il répondit : Jetez les premiers. » Et voici que tout d'un coup leurs cordes et leurs baguettes lui parurent courir par l'effet de leurs enchantements.

---

(1) Le Koran sourate XX, versets 59 et suivants.

« Moïse conçut une frayeur secrète en lui-même;

« Nous lui dîmes (Dieu) : Ne crains rien, car tu es le plus fort.

« Jette ce que tu tiens dans ta main droite (la baguette); el'e dévorera ce qu'ils ont imaginé; ce qu'ils ont imaginé n'est qu'un artifice de magicien et le magicien n'est pas heureux quand il vient subir l'examen. »

« Moïse, pensait Ben Rkhiça, eut évidemment le dessus dans la lutte avec les magiciens; mais tout cela ne prouve qu'une chose, c'est qu'il était plus savant qu'eux dans les sciences occultes. Or, pourquoi ne triompherais-je pas d'Ikhlef ? »

« Ce raisonnement péchait énormément par la base; car il est hors de doute que, si Moïse battit les magiciens, c'est que Dieu était avec lui...

« L'attitude de Ben Rkhiça tranchait considérablement avec celle du saint marabout, tandis que le visage de celui-ci respirait le calme le plus parfait et que le souffle de la familiarité divine paraissait être descendu sur sa tête, la haine la plus intense se lisait, au contraire, sur les traits de celui-là et la veine de la colère se dressait sanglante entre ses yeux. Il était facile de voir que les passions qui, en ce moment, agitaient Ben Rkhiça provenaient de source impure et que Satan ne devait pas être étranger à leur manifestation (1). »

Le marabout des Soumatas fit alors apporter des fagots de bois sec et s'avança dédaigneusement vers Sidi. Ikhlef en lui disant d'une voix qu'il s'efforçait de grossir : « O Ikhlef ! tu m'as appelé à la lutte et j'ai répondu à ton appel... C'est aujourd'hui le jour de l'épreuve. Allons ! ô Ikhlef ! donne-nous les preuves de ta puissance ! Allons ! si tu as le don des miracles, comme on le prétend dans le R'arb, précipite-toi dans ce brasier et si tu en sors vivant, ajouta le Soumata en ricanant, nous croirons en toi (2). »

Le saint marabout pria mentalement Dieu de l'inspirer. Il en reçut sans doute une réponse favorable, car s'adressant à Ben-Rkhiça, il lui dit d'un ton calme, mais qui pour-

(1) Trumelet. C. . *Les Saints de l'Islam*, P., 1881, in-12, p. 139-141.
(2) *Loc. cit.*, p. 145.

tant n'admettait pas de réplique : Commence l'épreuve, ô Ben Rkhiça; je te suivrai...

Ben Rkhiça se dirigea sans hésiter vers le brasier ardent, et le traversa nu-pieds à pas lents, sans en paraître incommodé, et sans même que ses vêtements en souffrissent.

Un long cri d'admiration s'éleva du milieu des foules et Ben-Rkhiça était rayonnant (1).

Rien ne manque au récit, mais tandis que l'hagiographe musulman traite le miracle de Ben Rkhiça de prestige qu'il attribue explicitement à quelque recette diabolique connue d'ailleurs de tous les *foukara haïdariens* (fakirs de la secte de Haïdar), il attribue catégoriquement l'incombustibilité de Sidi Ikhlef à la visible protection du Très Haut.

On retrouve le même esprit chez tous les hagiographes qui se piquent de théologie. De là, cette distinction des miracles opérés par Dieu ou par ses anges et des miracles opérés par les démons. La question du discernement du miracle se ramène alors à la différenciation du miracle divin et du miracle diabolique, du vrai et du faux miracle.

Le pape Benoît XIV a, d'ailleurs, précisé quels sont les caractères auxquels on peut reconnaître les uns et les autres. Nous croyons qu'on peut résumer sa pensée en deux ou trois traits.

1° Le vrai miracle doit être *produit par une cause religieuse* : les pieux désirs, l'espérance sacrée, la prière ou toute autre œuvre de religion. Il est nécessairement un *effet* de la foi et suppose la foi du thaumaturge, ou la foi du miraculé ou simplement la foi des témoins. Le vrai miracle est une œuvre de la foi.

2° Le vrai miracle doit *tendre à l'amélioration religieuse des âmes*, car Dieu ne peut prodiguer sa puis-

(1) *Loc. cit.*, p. 146.

sance en vain. Une action singulière de la Providence ne peut avoir pour fin un but ridicule ou puéril. Elle n'agit point pour amuser ou étonner; mais pour accroître la foi et provoquer l'amour. Le vrai miracle a nécessairement une finalité mystique.

3° *Il doit manifester la gloire de Dieu*, c'est-à-dire montrer dans ses effets non religieux la grandeur, la noblesse, la bonté de la cause souveraine, d'où il jaillit. Et les marques les plus sensibles de la magnanimité de Celui qui l'opère sont *les bienfaits moraux et sociaux*, dont il est l'occasion pour l'humanité.

Le premier critère du miracle est un critère qui n'a malheureusement qu'une valeur fort relative, car les miracles de toutes les religions sont l'œuvre de la foi, voire de la foi religieuse.

Le second critère, qui est une augmentation de la foi intérieure ou un accroissement de la foi d'adhésion que l'âme religieuse donne à ce qu'on lui présente ou à ce qu'elle considère comme la vérité révélée, se prête à la même objection. Les miracles servent dans toutes les religions à accroître l'esprit de foi chez leurs adhérents.

Le troisième critère serait donc le critère essentiel. Le miracle ne peut prouver une vérité religieuse qui ne servirait pas le progrès moral et social de l'humanité et cela revient à dire que le miracle doit être l'œuvre de la bonté divine.

Je dois dire toute ma pensée. Il n'y a guère de grande religion qui n'ait apparu, à un moment donné et particulièrement aux yeux des nations où elle est née et s'est propagée tout d'abord, comme un bienfait moral et social.

Mais alors où trouver le critère solide qui permette

à une secte ou à une religion de contraindre l'esprit des croyants d'une autre secte ou d'une autre religion ?
Abd-oul-Béha parlant des œuvres de son père, le fondateur du Béhaïsme, religion récente qui fait tous les jours de nouveaux adeptes, déclare :

« Je ne veux pas mentionner les miracles de Béha-Oullah; peut-être en les entendant dirait-on que ce sont des histoires sujettes à la vérité et à l'erreur. Ainsi, les miracles du Christ dans les Evangiles, nous sont racontés par les Apôtres et non par quelqu'un d'autre; néanmoins, les juifs les nient. Si je voulais mentionner des choses surnaturelles dans la vie de Beha-Oullah, elles abondent; elles sont établies en Orient et même auprès de gens étrangers à la cause. Mais ces récits ne sont pas des arguments et des preuves péremptoires pour tous; en les entendant, on pourrait dire que peut-être cela n'est pas bien conforme à la vérité des faits. Et puis, les autres sectes font également le récit des miracles de leurs fondateurs.
Ainsi, les Brahmanistes rapportent des miracles, d'où pouvons-nous savoir que ceux-ci sont faux et ceux-là sont vrais ? Si les uns sont des contes, les autres en sont aussi; si les uns sont acceptés universellement, les autres le sont aussi. Ces récits ne sont donc pas des preuves solides. Ce sont des preuves pour celui qui était présent; et encore, lui aussi pourrait douter que ce fut un miracle et non de la sorcellerie. N'a-t-on pas raconté aussi sur des sorciers des choses extraordinaires ?
Bref, j'en arrive à ceci que beaucoup de choses extraordinaires furent accomplies par Beha-Oullah; mais nous ne les raconterons pas, parce qu'elles ne constituent pas des preuves et des arguments pour tous les peuples du monde, et que même pour ceux qui en ont été témoins, ce ne sont pas des preuves péremptoires; ils peuvent croire que c'est de la sorcellerie (1). »

Ce refus d'Abd-oul-Béha d'utiliser l'argument tiré

---

(1) Abd-Oul-Beha. *Les leçons de saint Jean d'Acre.*, P., Leroux, 1908, in-12, p. 56-57.

des miracles, nous rappelle l'attitude du Christ refusant des miracles aux Juifs ou priant ses disciples de taire les merveilles qu'il opérait.

Des chrétiens ne sauraient, d'ailleurs, oublier que l'Antéchrist, ce symbole de toute irréligion, sèmera de miracles le chemin de son pèlerinage terrestre.

Saint Paul écrivait : « L'Avènement du méchant sera, selon l'efficace de Satan, en toute puissance, en prodiges et en merveilles de mensonges (1). » En effet : « Rien n'est plus remarqué dans les écritures, écrit Dom Calmet, que les miracles qu'il doit faire : Il viendra avec toutes sortes de pouvoirs, faisant de faux miracles et de faux prodiges accompagné de tout ce que l'iniquité peut employer pour séduire ceux qui se perdent; parce qu'ils n'ont pas donné entrée à la vérité pour être sauvé. Saint Jean, dans l'Apocalyse, nous donne trois exemples des miracles qu'il doit produire. Le premier, qu'*il fera descendre le feu du ciel;* comme autrefois Elie (2). Le second qu'*il animera et fera parler l'image de la Bête* (3). Il fera rendre apparemment des oracles en sa faveur où il animera certaines figures magiques et les fera parler pour séduire les simples. Le troisième, *il fera vivre la figure de la Bête même après qu'elle aura été mise à mort par le glaive.* A quoi on peut ajouter cet autre passage du même livre : *J'ai vu une des têtes de la Bête comme mise à mort; mais sa plaie mortelle a été guérie et toute la terre a été dans l'admiration et a suivi la Bête* (4). La plupart des Pères et des interprètes l'entendent de la mort de l'Antéchrist et de sa résurrection prétendue. Il sera frappé à mort, il sera tenu pour mort; mais, après quelque temps, il paraîtra ressuscité et attirera par là une infinité de personnes à sa suite...

A l'égard des autres miracles qu'on lui attribue, et qu'on lit dans les auteurs ecclésiastiques, on ne peut guère y faire de fond. On dit, par exemple, qu'il nettoiera les lépreux, qu'il fera marcher des paralytiques, qu'il chassera les dé-

(1) II *Thess.* II, 9-11.
(2) *Apoc.* XII, 13-14.
(3) *Apoc.* XIII, 13-14.
(4) *Apoc.* XIII, 3.

mons, prédira les choses éloignées et à venir comme si elles étaient présentes, qu'il ressuscitera les morts, qu'il transportera les montagnes à la vue de tout le monde, qu'il marchera à pied sec sur la mer, qu'il changera le jour en ténèbres et la nuit en jour; qu'il fera tourner le soleil où il voudra et disposera des éléments à sa volonté. Tout cela se dit par conjectures, nous ne doutons point après ce que l'Ecriture nous en dit qu'il ne doive faire tous les plus surprenants prodiges; en sorte que la plupart de ceux qui en témoins en seront ébranlés et croiront y remarquer le doigt et la puissance de Dieu; et qu'il serait capable d'induire à erreur, s'il était possible, même les Elus (1)(2) ».

Les critères moraux dont nous signalions tout à l'heure la faiblesse seraient, aux yeux des simples qui sont frappés surtout par des prodiges de force et de puissance entièrement inefficaces.

Ils sont déjà notoirement impuissants, ils feraient alors une banqueroute éclatante.

Mais peut-on admettre que Dieu, maître du choix de ses preuves quand il veut instruire les hommes, prenne des signes qui lui soient communs avec le diable : la volonté de Dieu, si elle se manifeste, doit briller d'une telle clarté qu'il ne puisse subsister aucun doute.

(1) « Il s'élèvera de faux Christs et de faux prophètes qui feront de grands signes et de grands miracles pour séduire même les élus, s'il était possible. » Math., XXIV, 24.
(2) **Dom Calmet.** *Dissertations sur les livres de l'Ancien et du Nouveau Testament*, I, in-8°, V., p. 210-211.

CHAPITRE III

LE MIRACLE, ŒUVRE DES SAINTS EN FAVEUR D'UNE DOCTRINE SAINTE

Les partisans de la preuve miraculeuse ne se tiendront sans doute pas pour convaincus de son insuffisance. Ils objecteront que les faux dieux ne sont que des diables. Et comme les démons ne sauraient faire des miracles en faveur d'une doctrine de bonté et de sainteté, cette indication suffit, avec quelque bon sens et une conscience pure, pour discerner les vrais miracles des prestiges. D'ailleurs, ajouteront-ils, les miracles ne sont pas uniquement l'œuvre des inspirés (nabis ou prophètes) ou des initiés (isiaques, éleusiniens ou gnostiques); mais ils sont surtout l'œuvre des saints. Lisez la *légende dorée* ou quelque *Vie des Saints* du christianisme et vous les verrez emplir le monde de leurs prodiges. Les miracles ne prouvent la vérité d'une doctrine qu'à deux conditions, c'est qu'ils soient l'œuvre des saints et qu'ils soient faits en faveur d'une doctrine sainte. Saint Jean de la Croix n'hésite pas à l'affirmer : sous une forme impérative qui rappelle les enseignements du Deutéronome : « Si quelqu'un tâchait de vous persuader une doctrine relâchée, quand il ferait des miracles pour l'appuyer, ne le croyez pas (1). » Quiconque suivra ce conseil, vint-il au monde sous le règne de l'Antéchrist, ne risquera point de se laisser égarer par des prestiges.

(1) St Jean de la Croix. *Sentences spirituelles*, p. 72.

Les apologistes qui généraliseraient ces principes et les appliqueraient à tous les miracles indistinctement, seront entraînés à abandonner la distinction des miracles de premier ordre, œuvres de Dieu, et des miracles de second ordre, œuvres artificieuses des hommes, des faux dieux et des démons.

Il n'importe, répondront-ils à cette objection. Il est bien certain que cette conception est périmée; mais les critères moraux qui suffisent à caractériser les miracles de second ordre peuvent fort bien remplir le même office, relativement aux miracles qu'on baptisait jadis de premier ordre. Bien plus, nous renoncerons si vous voulez à opposer les miracles du vrai Dieu aux miracles des faux dieux, les miracles du Très-Haut aux miracles des démons. Les vrais miracles sont ceux qui, opérés par des saints, appuient une doctrine propre à promouvoir notre perfection morale, les faux miracles sont ceux qui, opérés par des hommes dissolus ou d'une fausse austérité, appuient une doctrine de bassesse morale ou de relâchement.

Voilà donc l'apologiste amené à une distinction qui met en plein relief le côté entièrement subjectif de ce qu'il appelle miracle ou vrai miracle. N'est miracle que ce qui appuie son idéal moral.

Ce subjectivisme lui-même est-il à l'abri de toute critique? Je ne le pense pas. Je pourrais faire observer que le boudhisme tend à un haut idéal d'abnégation et de sainteté, que le Pythagorisme qui fut fécond en miracles (1), réclamait de ses adeptes une austérité de

---

(1) Pythagore fit des miracles; son historien Jamblique eut la réputation d'un thaumaturge. P. Quillard. *Le Livre de Jamblique sur les mystères*, P., 1895, in-12, p. VII. — Ce dernier déclarait, lui aussi, que l'on reconnaissait un faux thaumaturge à ce qu'il n'agissait pas en vue du bien. *Loc. cit.*, p. 204; un thaumaturge pur à ce qu'il était inspiré par un dieu pur. *Loc. cit.*, p. 124.

mœurs, un esprit de charité dignes de tous éloges. Mais je préfère rester sur un terrain historique plus assuré, au sein même du christianisme moderne.

§ 1. — *Des miracles qui appuyèrent ou contredirent le dogme de l'Immaculée Conception*

Le dogme de l'Immaculée Conception n'a rien en soi d'immoral, il parachève la haute idée que l'Eglise s'était formée de la pureté et de la sainteté de Marie, et par cette glorification nouvelle exalte encore un idéal qui ne fut pas sans une bienfaisante influence sur nombre de fidèles.

Cette doctrine n'a aucun fondement dans l'Ecriture ni dans la tradition apostolique ; Saint Augustin et Saint Ambroise, Saint Hilaire de Poitiers (1) et Saint Jean Damascène (2) qui sont parmi les plus grands docteurs du christianisme affirment que Marie vint au monde avec la tache du péché originel.

Cependant, le dogme de l'Immaculée Conception a su s'imposer à l'église, grâce, a-t-on dit justement, aux instances de la piété populaire et j'ajouterai grâce surtout aux miracles qui, après l'avoir excitée, l'ont émue, puis transportée.

Un concile tenu à Londres, en 1129, approuva la fête de la Conception, alors très contestée en occident. Des miracles manifestes, disait-on, avaient témoigné de façon décisive du désir de la Vierge Marie. Voici ceux qui se colportaient le plus ordinairement.

Un jour, un abbé nommé Elsin, surpris en mer par une effroyable tempête, se recommandait avec ferveur à Marie : Tout à coup, il vit apparaître un messager céleste qui lui

---

(1) *Enarratio in Psalm* CXVIII, Litt ghimel.
(2) *De Fid. orthadoxa*, lib. III, cap. 2.

garantit le salut, s'il promettait de se conformer aux désirs de la reine du ciel. Naturellement, Elsin accepta de grand cœur cette condition. « Voici donc, ajouta le personnage mystérieux ce que tu feras : tu célébreras et tu travailleras à faire célébrer autour de toi la fête de la conception et de la création de la mère du Seigneur Jésus. Quel jour, demanda Elsin, faudra-t-il la célébrer ? Le 6 des ides de décembre. Quel office faudra-t-il réciter ? Tu prendras l'office de la Nativité de Marie avec cette réserve que partout où tu rencontreras le mot *Nativité*, tu y substitueras le mot *Conception*. » Elsin fut sauvé et propagea activement la fête de la conception de la Sainte Vierge (1). »

Une autre fois, un clerc très dévot à Marie, mais qui, malgré son amour pour la mère du Sauveur, venait de se marier, reçut, le soir même de ses noces la visite de la Vierge qui lui reprocha vivement sa conduite. Le pauvre clerc confus promit à sa Dame du ciel de faire, pour réparer sa faute tout ce qu'elle exigerait de lui. Marie lui dit alors : « Si tu renvoies l'épouse charnelle à laquelle tu es sur le point de t'unir, tu m'auras pour épouse dans le ciel, et si, chaque année, le 6 des ides de décembre, tu célèbres et fais célébrer la fête de ma conception, tu seras couronné avec moi dans le royaume de mon Fils. » Sur-le-champ le coupable repentant renvoya son épouse et s'enferma dans un monastère. Quelque temps après, grâce à la protection de Marie, il devint patriarche d'Aquilée et son premier soin fut d'établir dans son Eglise la fête de la Conception.

Enfin le miracle suivant montre plus encore que les deux précédents, combien la reine des anges avait à cœur qu'on célébrât la nouvelle fête. Un vénérable chanoine qui habitait près de l'embouchure de la Seine, venait de faire visite à une dame avec laquelle il avait commis le péché d'adultère, et retournait à son domicile situé de l'autre côté du fleuve. Arrivé au bord de la Seine, il monta dans une barque et se fit transporter sur la rive opposée. Ce chanoine, non moins dévot que le clerc dont il vient d'être

---

(1) Vers le milieu du XII° siècle, le poète anglo-normand, Robert Wace, rima la vision d'Elsin, en donnant pour titre à son poème : *C'est comment la Conception Notre-Dame fut établie*, éd. Mancel et Trébutien, Caen, 1842, in-8°.

question, ne passait jamais un jour sans réciter l'office de la Vierge. Fidèle à son habitude, il employa le temps de la traversée à réciter son office. La barque était arrivée sans encombre au milieu de la Seine, quand, tout à coup, une armée de démons fondit sur elle et la fit chavirer. Le corps du dévot chanoine roula, comme on le pense bien, au fond du fleuve; quant à son âme, elle roula plus bas encore et fut précipitée par les démons dans les enfers. Là, pendant trois jours, elle fut le jouet des esprits pervers qui la tourmentèrent à leur gré. Au bout de ce temps, les portes de l'abîme infernal s'ouvrirent et laissèrent passer une visiteuse extraordinaire. C'était la mère de Dieu en personne qui venait réclamer l'âme du bon chanoine. « Pourquoi, dit-elle aux démons d'une voix sévère, pourquoi tourmentez-vous ainsi mon serviteur ? » Les ministres de Satan répliquèrent que leur victime leur appartenait de droit, attendu que, peu d'instants avant sa mort, elle avait accompli les œuvres de l'enfer. Ils se croyaient sûrs de leur cause : erreur ! « Si le chanoine, reprit Marie, appartient à celui dont il a pratiqué les œuvres, c'est à moi qu'il appartient; car au moment de sa mort, il récitait mes matines. » A ces mots, les démons prirent la fuite; l'auguste Vierge ramena sur la terre la pauvre âme, la fit rentrer dans le corps qui était resté gisant au fond de la Seine, puis les retira tous deux du fleuve. L'heureux chanoine n'eut pas plus tôt mis le pied sur la rive, qu'il se prosterna devant sa bienfaitrice et la supplia de lui dire comment il pourrait lui témoigner sa reconnaissance. Marie lui dit : « Je te demande d'abord de ne plus pratiquer l'adultère. Je te demande ensuite de célébrer chaque année, dévotement, la fête de ma conception, le 6 des ides de décembre et de le propager autant que tu le pourras. » A ces mots, elle s'envola vers le ciel (1). »

Ces trois miracles extraits de deux pièces sur la Conception de la Vierge, longtemps attribuées à Saint

---

(1) G. Herzog. *La Sainte Vierge dans l'Histoire*, Paris, E. Nourry, 1908, gd. in-8°, p. 108-110. Ce dernier miracle fut même reproduit dans un vitrail de la chapelle de la Conception de saint Jean de Rouen.

Anselme (1), permirent aux partisans de cette fête nouvelle de la faire recevoir avec la plus grande facilité.

Si nous doutions un instant qu'il s'agit là d'inventions monastiques, il suffira, je pense, de faire observer que le second récit n'est que l'adaptation d'un thème légendaire fort connu, même du grand public, depuis qu'il a été repris par Mérimée dans la célèbre nouvelle intitulée la Vénus d'Ille (2).

Ces visions particulières n'en furent pas moins exploitées avec acharnement en faveur de la fête nouvelle et servirent du même coup à appuyer la doctrine de l'Immaculée Conception. Notons, en effet, que les défenseurs les plus ardents de la fête, tels Osbert et Eadmer s'expriment nettement en faveur de cette opinion.

Au début du XII° siècle, la fête et la doctrine émigrèrent d'Angleterre en France et nous les voyons adoptées peu après par les chanoines de Lyon. Saint Bernard, qui mérita le titre de Docteur de la Vierge Marie crut devoir intervenir et combattit l'une et l'autre dans sa *Lettre aux chanoines de Lyon* (3). Il croit devoir souligner en particulier l'inanité des révélations que colportaient à l'envi les partisans de ces deux nouveautés.

« Les défenseurs de l'Immaculée Conception ont tout mis en œuvre pour se débarrasser de l'objection créée par l'attitude de Saint Bernard. On a nié l'authenticité de la lettre; on a dit que l'abbé de Clairvaux n'atta-

---

(1) *Sermo de Conceptione Beatae Mariae*. — *Miraculum de Conceptione sanctae Mariae* à la suite des œuvres de saint Anselme, P., L. CLIX, col. 319-324.

(2) P. Mérimée. *Colomba*, P., C. Levy, s. d., in-12, p. 241-293, pour d'autres parallèles, voir : P. Saintyves. *Les Saints successeurs des Dieux*, I, 255-256.

(3) *Lettre 174*, dans P. L., CLXXXII, col. 323-326.

quaient pas la doctrine même... Efforts infructueux, la lettre est authentique et il n'est pas douteux que le docteur cistercien s'attaque à la doctrine même (1). »

Après la canonisation du docte bourguignon, en 1165, Nicolas, moine anglais de Saint-Alban, partisan décidé de l'Immaculée Conception, mit un nouveau miracle en circulation :

« Un frère convers, eut une apparition dans laquelle il vit le saint abbé revêtu d'habits aussi blancs que la neige, cependant une tache assez considérable sur la mammelle ternissait l'éclat de cette blancheur. Ce bon religieux triste de cet accident lui dit : Mais pourquoi, mon père, vous aperçois-je ainsi souillé d'une tache noire ? C'est, lui répondit le saint abbé, que j'ai parlé mal de la conception de la Sainte Vierge; et ce frère ne put s'empêcher de faire le récit de cette histoire aux religieux de Cîteaux, assemblés dans un chapitre général (2). »

Cette historiette n'eut pas le succès qu'on en espérait, car Pierre de Celles, abbé de Saint Rémy de Reims, reprocha vivement à Nicolas d'avoir osé mettre en circulation une semblable imposture (3) et ne craignit pas de s'élever publiquement contre cette nouvelle invention.

Pendant les XII° et XIII° siècles, Saint Anselme de Cantorbury, le célèbre auteur du *Monologium* (4); Pierre Lombard, le *Maître des Sentences* (5); Saint Anselme de Laon, le *Docteur des Docteurs* (6);

---

(1) Le Bachelet, S. J. *L'Immaculée Conception*, P., Bloud, s. d., in-12, I, 29.
(2) Abbé Lenglet-Dufresnoy. *Traité historique et dogmatique sur les apparitions*, Avignon et Paris, 1751, in-12, I, 149-150.
(3) *Lettre 173*, dans P. L., CCII, col. 632.
(4) S. Anselmi. *Cur Deus Homo*. Lib. II, c. XVI; *Lib. de Conceptu Virginali*.
(5) P. Lombardi. *Sentent* III, Dist., III, Q. 1.
(6) Dans son commentaire interlinéaire de P. Lombard.

Alexandre de Hales, le *Docteur Irréfragable*; le cardinal Henri de Suze, appelé de son temps, *Source et Splendeur du droit*; le Bienheureux Albert de Bollstaedt, surnommé *le Grand*; Saint Bonaventure (1), *le docteur Séraphique*; Richard de Saint-Victor; Saint Thomas d'Aquin, *le docteur Angélique* (2), en un mot, tous les grands docteurs de la Sorbonne et de l'étranger se prononcèrent contre le dogme de l'Immaculée Conception.

Cependant, vers la fin du siècle, le franciscain Duns Scot, qui se piquait de soutenir des opinions contraires à celles de Saint Thomas, défendit la thèse nouvelle, sans aller toutefois jusqu'à la donner comme un dogme certain.

Dans ce pêle-mêle d'idées contradictoires, d'aspirations ferventes et passionnées, un fait se produisit qui mérite toute notre attention. Sainte Brigitte eut une révélation qui lui apprenait que la Vierge était conçue dans le péché; les dominicains défenseurs nés des opinions de Saint Thomas, en tirèrent le plus grand parti. Mais les franciscains, disciples de Duns Scot, purent alléguer presque aussitôt une révélation entièrement contraire, dont Sainte Catherine de Sienne avait été favorisée.

Nous n'avons aucune raison de suspecter la sincérité de ces saintes femmes; mais nous ne pouvons considérer leurs voix que comme des reflets des opinions diverses qui s'agitaient alors (3). Lorsque ces

---

(1) S. Bonavent. *Speculum Beatae Virginis*, c. 1, II, VIII, IX.
(2) S. Thomas. *Summ.* I, 2, Q 81, art. IV; III, Q. 14, art. 4; Q 27 et Q 31, art. 8.
(3) Le cardinal Cajetan, théologien très estimé, après avoir mûrement examiné le témoignage des deux saintes, Brigitte et Catherine, se rangea de l'avis de la Siennoise en raison de la sainteté plus grande de sainte Catherine de Sienne : « Et majori fide digna videtur Sancta Catharina. » *Tractatus de Conceptione*, cap. 5.

deux saintes moururent, l'une en 1373, l'autre en 1380, la querelle s'apaisa (1). L'année même de la mort de Sainte Brigitte, la Sorbonne s'étant rendue. Vers le milieu du XV° siècle, le concile de Bâle (1431) traita d'odieuse l'opinion de Saint Thomas.

Les efforts des pasteurs furent de nouveau secondés par des manifestations miraculeuses : « En 1440, dans une ville d'Allemagne, un dominicain prêchant contre l'Immaculée Conception, appela sur sa propre tête la malemort; le jour même, s'il ne professait pas la vérité; or, à Vêpres, alors que les moines étaient assemblés dans le chœur, un loup monstrueux entra, tua l'infortuné prédicateur et disparut. A Mantoue, un autre dominicain entreprit une discussion publique contre le dogme, mais la Vierge changea les paroles dans la bouche même du moine, et il ne put qu'affirmer les vérités qu'il voulait nier. Maître Giovanni da Viterba argumentant contre ce dogme, tomba gravement malade; se rappelant comment Alexandre de Hales avait été puni de la même façon pour avoir refusé de célébrer la fête de la Conception, et comment le rebelle avait été guéri après avoir fait vœu de célébrer cette solennité, il demanda à la Vierge de lui envoyer la santé pour attester son Immaculée Conception et il fut guéri. Tandis qu'un autre dominicain prêchait contre le dogme, une image de la Vierge, qui surmontait le portail de l'Eglise tomba à terre et fut réduite en poussière. Ce miracle excita la colère de la populace au point qu'on put à grand'peine l'empêcher de tuer le moine et de détruire le couvent (2). »

Bernardin de Bustis, qui nous rapporte ces merveilles, est également le premier qui ait parlé de la joute théologique légendaire, dans laquelle Duns Scot aurait réfuté deux cents arguments contraires au

---

(1) Sur cette querelle, ses violences et ses enfantillages, voir H. C. Lea. *Hist. de l'Inquisit. au M.-A.*, P., 1902, in-12, III, 722-728.
(2) H. C. Lea. *l.oc. cit.*, d'après Bernardinus de Bustis. *Mariale seu sermones in singulis festivitatibus B. Mariae Virginis*, Milan, 1594, Serm. VII, p. 2.

dogme de l'Immaculée Conception. Sa qualité de capucin qui suffirait aujourd'hui à nous rendre ses inventions suspectes, lui permettait de les porter de chaire en chaire.

La situation des dominicains devenait désespérée. C'est alors que quelques-uns d'entre eux poussés par l'amour passionné de leur ordre et de ses gloires, se décidèrent à machiner un miracle, qui, dans leur pensée, devait être le triomphe de leur doctrine et l'écrasement de celle des franciscains.

En l'an 1517, Jetzer, homme simple d'esprit et de basse condition, fut invité par les frères du couvent de Berne à solliciter son admission au nombre des novices. Admis, sur sa demande, il eut bientôt une apparition de la Vierge, qui lui révéla sa tristesse de voir qu'on répandait parmi les hommes la croyance à sa conception sans péché. C'est, lui dit cette sainte mère, au Christ seul qu'il appartient d'être pur et sans tache.

Tout se fut sans doute bien passé, si, pour donner du crédit à cette apparition, on n'eut pas eu l'idée d'octroyer à Jetzer des plaies véritables, destinées à reproduire les plaies de la passion. Le bruit de ces apparitions arriva aux franciscains. Ceux-ci soupçonnèrent immédiatement une supercherie et sur leurs démarches réitérées, le Sénat de Berne dut intervenir et faire arrêter notre miraculé.

Celui-ci, pris de peur, se déclara victime d'une odieuse machination et dit avoir reconnu dans la Vierge qui lui avait troué les membres avec une pointe métallique, l'un des pères du couvent. Quoiqu'il en soit de la responsabilité de ce pauvre hère, et bien que les historiens les plus sévères admettent aujourd'hui sa complicité, les évêques de Lausanne, de Sion et de

Castel reconnurent qu'il n'avait jamais participé de plein gré à cette infâme comédie. En revanche, le prieur, le sous-prieur, l'économe et le lecteur qui avaient joué le rôle de la Vierge et des divers personnages célestes qui l'accompagnaient furent par eux condamnés au feu et brûlés dans la prairie qui s'étend au-dessous de Berne, de l'autre côté de l'Aar (1).

Ce miracle manqué contre le nouveau dogme authentiqua par contre-coup tous les miracles apocryphes plus anciens qui couraient en sa faveur et leur donna un regain de vitalité.

Les XVII° et XVIII° siècle furent absorbés par d'autres tracas (2). Le Jansénisme et la Révolution suffirent à alimenter les querelles religieuses. Mais avec le XIX° siècle avec les progrès de l'ultramontanisme, avec le retour aux traditions légendaires dans tout le domaine de l'histoire, le courant qui sommeillait, se grossit et

---

(1) On trouve divers récits de cette triste affaire dans Glassberger. *Chronica*, ann. 1507, 1509; Trithémius. *Cronic Hirsaug*, ann. 1509; Paulus Langius. *Chronic. Cisterci*, ann. 1509. — Une histoire plus détaillée est due, croit-on, à Thomas Murner. *De quatuor Heresiarchis in civitate Bernensi nuper combustis*, s. l. n. d. (Strasbourg, 1509), in-4°. Cette dernière a été résumée par H. C. Lea. *Histoire de l'Inquisition*, tr. S. Reinach, III, 729-733.

G. Rettig admet la complicité de Jetzer et des dominicains. *Archiv der historischen vereins* du Canton de Berne, 1884-1886. — De même Rudolf Steck. *Der Berner Jetzerprocess* (1507-1509), in *Neuer Belenchtung nebst Mittheillüngen aus den noch unge drukten Ackten*, Berne Schmidt und Francke, 1902, in-8°. Roll. Reuss soutient également cette thèse d'après Steck. *Revue d'histoire des Religions*, 1902, t. 46, p. 426-429.

L'abbé Nicolas Paulus a vainement essayé de réhabiliter les dominicains aux dépens de Jetzer dans son livre : *Un assassinat judiciaire commis contre quatre dominicains*, Francfort, 1897, in-8°. Le travail de Steck démolit toute son apologétique.

(2) Notons cependant, en 1623, l'institution d'un ordre militaire de Chevaliers de la Conception de la Bienheureuse vierge Immaculée, rattaché à la grande famille franciscaine. Helyot. *Dict. des Ordres Religieux*, P., Migne, 1847, in-4°, 1077-1084. Voir aussi Donceur. *Les Premières Interventions du Saint Siège relatives à l'Immaculée Conception*, Louvain, Peeters, 1908, in-8°, 57 p.

la pieuse croyance du XII° siècle, devenue la croyance dominante dans l'Eglise, suscita de nouveaux miracles propres à l'imposer au pape et à tous les fidèles.

En juillet et novembre 1830, Sœur Catherine Labouré, des filles de la charité est gratifiée de plusieurs visions de la Vierge qui lui confia l'importante mission de faire frapper et de répandre une médaille en l'honneur de l'Immaculée Conception. Au commencement de 1832, Mgr de Quélen autorise la frappe de cette médaille qui fut aussitôt propagée avec un grand succès de dévotion et de miracles. Les prodiges qu'opéra la nouvelle médaille pendant vingt ans furent si nombreux qu'ils lui valurent le nom de *médaille miraculeuse*.

De 1834 à 1847, trois cents évêques demandèrent de joindre dans la préface de la messe le mot *Immaculée* au mot *Conception*. Au mois de décembre 1843, le maître général de l'ordre de Saint-Dominique obtenait du Saint Siège la faveur de célébrer avec octave la fête de la Conception de Marie dans toutes les maisons de l'ordre, en se servant à la préface de la clause *Et te in Conceptione Immaculata*.

Les miracles avaient convaincu un grand nombre de fidèles, la presque totalité du clergé et vaincu jusqu'aux dominicains. Le pape jugea que l'heure était venue de définir le nouveau dogme et le 8 décembre 1854, la Bulle *Ineffabilis* le proclamait à la face du monde entier.

Le rôle du pape dans cette définition, l'objet auquel elle s'appliquait, furent l'occasion d'un grand courant d'enthousiasme parmi les croyants et d'un flot de railleries parmi les incrédules. Bon nombre de catholiques, auxquels on fit ressortir qu'il était étrange qu'un pape put bouleverser le catéchisme à son gré, furent défavorablement influencés. J'en ai connu un grand nombre pour ma part. C'est dans ces circonstances très particulières que la Vierge apparut à Lourdes pour informer l'univers, par la bouche d'une enfant, de la vérité de ce privilège contesté. Elle dit, en effet, à Bernadette : *Je suis l'Immaculée Conception*. Comme le remarque l'abbé Bertrin, professeur à l'Institut catholique, c'était la définition du ciel après la définition de la terre.

Durant les mois de février, mars, avril 1858, que la Soubirous vit souventes fois la Vierge Immaculée, voici comment elle la décrivit :

« (*Age*). La dame a l'air, disait-elle, d'une jeune fille de seize à dix-sept ans. (*Vêtements*). Elle porte une robe blanche serrée à la ceinture par un ruban bleu, qui glisse le long de la robe, presque jusqu'aux pieds. Sur sa tête, un voile blanc laisse à peine apercevoir les cheveux; il retombe en arrière, enveloppe les épaules et descend au-dessous de la taille. (*Pieds*). Les pieds nus, que couvrent en grande partie les derniers plis de la robe, portent chacun, à leur extrémité, une rose couleur d'or. (*Bras*.) Elle tient sur le bras droit un chapelet aux grains blancs et dont la chaîne d'or brille comme la rose de ses pieds. »

Mais chose singulière, Mgr Malou, dans un travail sur l'Iconographie de l'Immaculée Conception paru deux ans auparavant, avait exposé comme il suit la façon dont l'on doit peindre ou représenter l'Immaculée :

« *Age*. Marie paraît dans sa première adolescence, avec les traits de la modestie, de l'innocence, de la candeur et de la beauté.

« *Vêtements*. Une robe blanche un peu large et un manteau bleu hyacinthe assez vastes qui lui couvrent tout le corps et en dissimulent les formes. La tête couverte d'un voile léger et, si l'on veut, transparent.

« *Bras et mains*. Rien dans les mains, pas même l'Enfant Jésus. Les mains dans l'attitude de la prière ou croisées sur la poitrine ou plutôt jointes ensemble (ce qui est bien l'attitude de Marie dans la vision de Bernadette) ou modestement élevée vers le ciel.

« *Pieds*. Le pied droit chaussé d'une sandale, posé sur la tête du serpent pour l'écraser; le pied gauche caché sous les vêtements (1). »

Par ailleurs, Mgr Malou s'était demandé si la rose que les imagiers du moyen-âge plaçaient dans la main de la Mère de Dieu devait être employée dans la représentation de l'Immaculée Conception. Et il avait répondu :

« Si l'on considère la rose comme le symbole de la virginité, ou de Marie elle-même, qui fut ornée dès sa con-

(1) Mgr Malou (évêque de Bruges). *Iconographie de l'Immaculée Conception de la T. S. V. M., ou de la meilleure manière de représenter ce mystère*, Bruxelles, 1856, in-8°, p. 118 (D. 42685). — L'apparition de Tilly-sur-Seulles (N.-D. du Rosaire), qui ressemblait, paraît-il, à la Vierge de la médaille miraculeuse dont nous avons parlé plus haut, demanda à Marie Martel, la Bernadette du lieu, de recommander aux fidèles la méditation des mystères du rosaire dans un ordre particulier auquel elle déclare tenir singulièrement. — *Les Apparitions de la Sainte Vierge à Tilly-sur-Seulles (Calvados)*. Rapport lu au Congrès Marial, de Fribourg, le 19 août 1902, p. 44.
Un critique avisé fit remarquer que cet ordre et ces formules recommandées n'étaient autres que celles que l'on trouve dans *Le Livre de piété de la jeune fille*, par l'auteur des *Paillettes d'or*, d'après une édition de 1876, antérieure de 26 ans aux phénomènes de Tilly. *Echo du Merveilleux*, 1er nov. 1904, p. 402-405.
Un théologien zélé répondit aussitôt : « Pourquoi veut-il que la Très Sainte Vierge — si c'est elle — ait été obligée de donner de l'*inédit*, de produire du *nouveau*, au lieu de recommander de préférence à tant d'autres formules variées répandues partout, celle du *Livre de Piété*, ci-dessus honorée de la bénédiction de S. S. Pie IX... Est-ce que la sainte Vierge ne serait plus libre d'adopter, comme les meilleures de toutes, les formules publiées par l'auteur des *Paillettes d'or*, et bénies spécialement par le premier pontife de son Immaculée-Conception? — Allons donc. » *Echo du Merveilleux*, 1er nov. 1904, p. 407.
La Sainte Vierge était non moins libre d'adopter le costume que lui avait désigné d'avance Mgr Malou, évêque de Bruges, le premier iconographe de l'Immaculée-Conception.

ception des grâces que la rose représente et rappelle, il me paraît qu'on peut l'employer. Cependant, comme ce symbole n'est pas nécessaire et qu'il empêcherait l'artiste d'imprimer aux mains de la Sainte Vierge l'attitude de la prière, je crois qu'en général il vaut mieux l'omettre dans la représentation du mystère de l'Immaculée Conception (1). »

La vision de Bernadette apporte une solution élégante à cette difficulté en supprimant la sandale demandée par Mgr Malou et en plaçant la rose sur les pieds de la Vierge.

La conformité générale des visions de Bernadette avec ce modèle *a priori* ne peut guère être attribuée au hasard. Nous savons que notre héroïne passe les quelques mois qui précèdent les apparitions dans le village de Bartrès.

Là « Bernadette n'allait pas en classe; mais elle suivait assidûment les cours du catéchisme faits par le vicaire, l'abbé Ader. En ces temps de piété officielle, l'instituteur soumis à l'autorité ecclésiastique remplaçait les prêtres empêchés, pour les leçons du catéchisme. M. Barbet vit donc Bernadette et la remarqua. Naïf et imprudent chroniqueur, il écrit (2) :

Au dernier séjour que Bernadette fit à Bartrès, où nous étions instituteur, elle assistait à l'église aux leçons du catéchisme.

« Un jour, le vicaire de la paroisse, M. l'abbé Ader, prêtre très pieux, étant indisposé, nous chargea de le remplacer pour la leçon du catéchisme. A la fin de l'exercice, il nous demanda notre appréciation sur Bernadette. Nous lui répondîmes :

« Bernadette a de la peine à retenir le mot à mot du

(1) Mgr Malou, *Ibid.*, p. 93.
(2) Barbet, *Guide du Pèlerin à Lourdes*. — Ce témoignage que l'on a fait disparaître des éditions postérieures est confirmé par J. B. Estrade, *Les Apparitions de Lourdes*, éd. de la Grotte, 1906, in-12, p. 27.

catéchisme; mais elle rachète son défaut de mémoire par le soin qu'elle met à s'approprier le sens intime des explications. Cette enfant est très pieuse et très modeste.

« *Oui, dit l'abbé, vous la jugez comme moi. Elle me paraît comme une fleur des champs et toute embaumée du parfum divin. Tenez, ajouta-t-il, je vous avoue que bien des fois, en la voyant, j'ai pensé aux enfants de la Salette. Assurément, si la Sainte Vierge est apparue à ces enfants, ils doivent être simples, bons et pieux comme Bernadette.* »

« A quelques semaines de là, nous nous promenions avec M. l'abbé Ader, sur un chemin en dehors du village. Bernadette vint à passer, conduisant un troupeau. M. l'abbé Ader se retourna plusieurs fois pour la regarder; puis, revenant à la conversation, il nous dit :

« *J'ignore ce qui se passe en moi, mais toutes les fois que je rencontre cette enfant, il me semble apercevoir les bergers de la Salette.* »

Et l'honnête, le pieux instituteur, dévôt de la Grotte, termine ainsi la révélation, dont il ne mesure pas la portée.

Peu de temps après, Bernadette revenait à Lourdes et se trouvait en communication avec la Reine du Ciel. »

Le bon Barbet prouve ainsi que l'abbé Ader exerçait à Bartrès une suggestion sur l'imagination de Bernadette et la préparait aux apparitions. Il est difficile d'admettre que l'abbé ait eu six mois d'avance, l'*intuition* des évènements qui devaient se passer le 11 février 1858. (1). »

L'abbé Ader, qui dut connaître l'ouvrage ou tout au moins les conclusions de Mgr Malou fut-il un suggestionneur inconscient comme d'aucuns le croient, ou fut-il l'ouvrier principal d'une machination savante à laquelle aurait collaboré l'abbé Pomier, sous la haute direction de Mgr Peyramale, curé de Lourdes, ainsi que le soutient un polémiste de talent (2)? Il n'en

---

(1) J. de Bonnefon. *Lourdes et ses tenanciers*, P., s. d., in-12, p. 119-120.
(2) Jean de Bonnefon. *Lourdes et ses tenanciers*, P., s. d., in-12. — Cet écrivain a reproduit une lettre que M. Falconnet, procureur général de Pau, aurait écrite à M. le procureur impérial de Lourdes,

reste pas moins que les hallucinations de Bernadette furent suscitées par un enseignement et une action qui n'étaient que l'écho des préoccupations doctrinales du moment, comme jadis les révélations contradictoires de Sainte Brigitte et de Sainte Catherine de Sienne.

En 1877, dans la Bavière rhénane, aux environs de Sarrebruck, la Vierge apparut encore à Anna Thomé et à Marguerite Hirsch, du village de Marpingen et déclara à la première : « *Je suis la conçue Immaculée.* » Un pèlerinage s'organisa, des miracles se produisirent, l'autorité crut devoir intervenir. L'affaire fut portée devant le tribunal correctionnel de Sarrebruck. Les deux enfants âgées de neuf et dix ans furent, vu leur âge, mises hors de cause, et le prêtre qui avait encouragé le pèlerinage, acquitté ; mais dans ses considérants, le tribunal qualifia la prétendue apparition de *honteuse imposture*. Le pèlerinage et les miracles furent enrayés. Lourdes n'avait nul besoin d'être renouvelée, le dogme était définitivement accepté.

Il est temps de tirer la moralité de cet exemple topique. Que prouve cette floraison de miracles qui préparèrent, appuyèrent, combattirent et enfin confir-

le 28 décembre 1857, afin de l'informer des merveilles prochaines (p. 117-118). Cette lettre tranche le débat, dans le sens de la machination ; mais on a pu soutenir avec quelque apparence qu'elle est apocryphe. Cf. G. Bertrin. *Lourdes. Un document apocryphe*, dans *Revue pratique d'apologétique*, du 15 avril 1908, p. 125-133. Un ami de M. Falconet a conservé le registre qui contient la minute de toutes ses lettres. Cette pièce s'y trouve à sa date ; néanmoins on aurait souhaité que M. de Bonnefon nous indiquât le lieu où la dite lettre est conservée et la fît reproduire en fac-similé.

Notons, par impartialité, qu'une action criminelle n'était pas impossible. Les docteurs Bourru et Bourot ont provoqué chez une Juive une apparition de la Vierge avec extase rien qu'en approchant du corps de cette femme un flacon d'eau de laurier-cerise et cela sans suggestion préalable. D' Cullerre. *Magnétisme et Hypnotisme*, p. 162-163.

mèrent la doctrine, puis le dogme de l'Immaculée Conception ?

Des miracles opérés en faveur d'une doctrine le sont toujours en faveur de certaines passions morales et religieuses et même d'intérêts matériels qu'il serait puéril, par une sorte de faux respect, de vouloir ignorer. Tout miracle qui milite en faveur d'une théologie, est doublement suspect : suspect d'abord en tant que fait singulier et merveilleux, suspect ensuite en raison des passions et des intérêts qu'il sert.

Les apologistes veulent que nous jugions du miracle par sa signification religieuse, or il appert de cet exposé que plus il tend directement à une démonstration doctrinale, plus il est suspect et cela compromet singulièrement leurs prétentions. Mais comme on pourrait dédaigner une démonstration appuyée sur un cas isolé, nous voulons en appeler aux catholiques eux-mêmes et à leur attitude dans l'affaire du Jansénisme.

§ 2. — *Des miracles qui appuyèrent la doctrine de Jansénius*

Jansénius laissait à sa mort un énorme manuscrit intitulé l'*Augustinus* qui, disait-on, résumait la doctrine de Saint Augustin sur la grâce et constituait, en fait, un interminable plaidoyer contre la liberté humaine et le mérite personnel, dans l'œuvre du Salut. Ce manuscrit, aussitôt imprimé, devint un brandon de discorde. Après deux ans d'examen, Innocent X condamna cinq propositions soi-disant extraites de ce livre, en les déclarant fausses et hérétiques.

Les Jésuites, tous partisans de la doctrine de Molina (1), et, de ce chef, appelé Molinistes, se réjouirent bruyamment. Mais Arnaud en tête, les Solitaires, les Religieux de Port-Royal et les amis de ces saintes âmes, tout en reconnaissant que les cinq propositions étaient justement condamnées, prétendirent, d'ailleurs avec raison, qu'elles n'étaient point dans Jansénius. C'est un point que la Bulle d'Innocent X avait négligé d'établir.

C'est alors que se produisit à Port-Royal d'abord, à Saint-Médard ensuite, une double série de miracles que les Jansénistes considérèrent naturellement comme des confirmations célestes de l'innocence de leur attitude et de la doctrine vraie de Jansénius. N'avait-on pas le droit, par suite, et sur une question de fait de soutenir l'orthodoxie de la doctrine de Jansénius qui n'était point celle des cinq propositions.

« M. de la Poterie, ecclésiastique de condition et de piété avait depuis quelque temps, parmi les autres reliques de sa chapelle une sainte épine de la couronne de Notre-Seigneur, laquelle ayant envoyée aux religieuses carmélites qui avaient eu une sainte curiosité de la voir, il l'envoya aussi à Port-Royal, le vendredi, 24 mars dernier (1656). Les religieuses la reçurent avec beaucoup de dévotion; elles la mirent au dedans de leur chœur, sur une table parée en forme d'autel et après avoir chanté l'antienne de la Sainte Couronne, elles allèrent toutes la baiser. Une petite pensionnaire, nommée Marguerite Périer, qui, depuis trois ans et demi avait une fistule lacrymale, s'ap-

---

(1) L. Molina publia, en 1588, son livre : *De concordia gratiæ et liberi arbitrii*. Il y mettait d'accord la grâce et le libre arbitre en donnant à celui-ci une assez large indépendance vis-à-vis de la première. Les Dominicains d'abord protestèrent contre une opinion qui semblait restreindre la part réelle de l'action divine dans les actions humaines; les Jansénistes vinrent ensuite, qui portèrent cette protestation aux extrémités que l'on sait, accordant à Dieu un tel rôle que celui de l'homme en était anéanti et par suite tout mérite personnel réduit à n'être plus qu'une pure chimère.

procha pour la baiser en son rang, et la religieuse, sa maîtresse, ayant eu plus d'horreur que jamais de l'enflure et de la difformité de son œil, eut mouvement de faire toucher la relique à son mal, croyant que Dieu était assez bon et assez puissant pour la guérir. Elle n'y fit pas alors d'autre attention. Mais la petite fille s'étant retirée à sa chambre, un quart d'heure après, elle s'aperçut que son mal était guéri, et l'ayant dit à ses compagnes, on trouva, en effet, qu'il n'y paraissait plus rien : il n'y avait plus aucune tumeur; son œil, que cette enflure, qui avait été perpétuelle depuis plus de trois ans, avait rapetissé et rendu pleurant, était devenu aussi sec, aussi sain et aussi vif que l'autre. La source de cette boue qui coulait de quart d'heure en quart d'heure par l'œil, par le nez et par la bouche, et qui avait encore coulé sur sa joue un moment avant le miracle, comme elle l'a déclaré dans sa déposition, se trouva séchée. *L'os, qui était carrié et pourri, fut rétabli en son premier état.* Toute la puanteur qui en sortait, et était si insupportable, qu'il avait fallu la séparer d'avec les autres par l'ordre des médecins et des chirurgiens, se changea en une haleine aussi douce que celle d'un enfant; elle recouvra aussi au même instant l'odorat, qu'elle avait perdu entièrement par la corruption de ce pus qui lui sortait par le nez. Et tous ses autres maux qui étaient une suite de celui-là, ne parurent plus : jusque-là même que son teint qui était pâle et plombé, devint vif et clair autant qu'elle l'eut jamais (1). »

Les Jésuites, qui virent de suite le parti qu'on pouvait tirer de ce miracle en faveur du jansénisme, en contestèrent aussitôt la réalité. Ils firent paraître plusieurs pamphlets, dont le plus connu est celui intitulé *Rabat-Joie ou Observations sur ce qu'on dit être arrivé à Port-Royal au sujet de la Sainte-Épine.*

Pascal crut devoir répondre à ce dernier. Cet auteur, dit-il, parle de ce miracle « comme s'il n'était appuyé que

(1) Pascal. *Réponse à un écrit sur les miracles de Port-Royal*, dans *Œuvres complètes*, éd. Hachette, 1881, in-12, II, 301. — Voyez aussi la Relation de ce miracle dans l'*Abrégé de l'histoire de Port-Royal*, par Racine. *Œuvres complètes*, éd. Hachette, in-12, II, 53 et suiv.

sur des rapports de particuliers qu'on ne peut croire sans légèreté de cœur », au lieu qu'il l'est sur la solennelle attestation que des personnes publiques, tels que sont des médecins et des chirurgiens en ont donnée par écrit, et sur l'information juridique composée de 25 témoins tous irréprochables, que Mgr l'évêque de Toul a faite à la requête de M. le Promoteur, à laquelle il a travaillé avec un soin extraordinaire, comme il l'a témoigné lui-même; qu'il a entièrement achevée et signée de sa main, et qu'il aurait confirmée il y a longtemps par son jugement s'il avait continué de gouverner l'archevêché de Paris, puisqu'il a témoigné lui-même qu'il avait écrit et à Rome et à la cour, que la vérité de ce miracle ne pouvait être révoquée en doute (1). »

La relique de la sainte Épine ayant été retournée à M. de la Poterie, elle fut successivement exposée dans différents monastères de carmélites et d'ursulines, sans que cependant les personnes qui venaient y chercher la guérison après le bruit de ce premier miracle, n'aient jamais rien obtenu. C'est alors que M. de la Poterie redevenu détenteur de la relique et accablé par les sollicteurs qui voulaient la vénérer, jugea que puisque Dieu n'avait fait de miracles par cette sainte épine qu'à Port-Royal, c'était là où il voulait qu'elle fût.

« Cette relique ne fut pas plutôt revenue à Port-Royal que Dieu commença d'y faire de nouveaux miracles. On put bientôt ajouter à la guérison de la petite Périer une dizaine d'autres cas, tous suffisamment circonstanciés et attestés.
Aussi, Pascal de s'écrier : « Dieu « pouvait-il mieux étouffer que par ces miracles cette maligne et vraiment diabolique calomnie, qui, ne voyant rien de pieux et de catholique dans cette maison religieuse, lui attribuait un *venin caché* d'intentions secrètes et criminelles ?... Si Port Royal « avait regardé l'iniquité dans son cœur », selon

(1) Pascal. *Réponse ibid.*, 300-301.

l'expression de David, « le Seigneur ne l'aurait point exaucé ». S'il y avait eu de la duplicité et de la corruption d'esprit dans son humble soumission aux constitutions et aux décrets de l'Église romaine, que devait-il attendre, que des châtiments de la justice de Dieu, ennemi des fourbes et des hypocrites? Et si on avait demandé à ces écrivains ce que cette maison religieuse devait espérer de lui au mois de mars dernier, lorsque tout était conjuré contre elle, ils ne lui auraient promis que les vengeances dues à des complices *d'une nouvelle hérésie*. Mais il a paru qu'ils ont plus de crédit sur la terre que dans le ciel et qu'ils gouvernent plus les hommes, qui peuvent être surpris, que le Dieu des hommes qui ne peut l'être. Au lieu de ces châtiments et de ces vengeances dont ils menaçaient Port-Royal plus que jamais, ce juge des Vierges a répandu sur cette maison ses bénédictions et ses faveurs les plus singulières. « Il a trompé les trompeurs », selon la parole de l'Écriture. Il a montré combien la témérité de leurs pensées était éloignée de la vérité des siennes; combien l'aveuglément de leur passion était contraire à la lumière de sa sagesse; combien la cruauté de leur haine était opposée à la douceur de son amour (1). »

L'impression de ces miracles augmentée par l'éloquence de leur défenseur, fut éclatante et, malgré qu'ils en eurent, obligea les jésuites à modérer leurs attaques. La trêve ne dura point, toutefois, un demi-siècle.

A la suite d'incidents divers, dont nous ne pouvons donner le détail, Clément XI, sur la demande de Louis XIV, poussé lui-même par les jésuites, publia la Bulle: *Vineam Domini Sabaoth*, qui exigeait de tous les fidèles une reconnaissance de bouche et de cœur de l'existence, dans Jansénius, des idées résumées dans les cinq propositions.

On ne pouvait manquer de porter la bulle à signer

---

(1) Pascal. *Ibid.*, p. 310.

aux Religieuses de Port-Royal. Animées de l'esprit de Sœur Euphémie Pascal qui écrivait jadis à Sœur Angélique de Saint-Jean : « Puisque les évêques ont des courages de filles, les filles doivent avoir des courages d'évêques. Mais si ce n'est pas à nous de défendre la vérité, c'est à nous de mourir pour la vérité », toutes refusèrent. Une bulle de mars 1708 demandait du roi et obtint la suppression du *nid de l'hérésie*. Un coup de force fut la réponse définitive de l'Eglise aux miracles de la sainte Epine.

En 1713, Clément XI crut devoir insister sur la Bulle précédente et donner la fameuse bulle *Unigenitus*, qui condamnait *in globo* cent et une propositions littéralement extraites cette fois d'un ouvrage du P. Quesnel. La résistance fut acharnée, il se créa un parti ayant à sa tête quatre prélats qui en appelèrent au concile et fit donner aux jansénistes le nom d'appelants. L'habile abbé Dubois sut en 1720 déterminer environ quarante évêques à souscrire cette bulle, mais les appelants déclarés ne se rendirent point. Le Ciel, de nouveau, n'allait-il point parler en leur faveur ? du moins, vivaient-ils en cette espérance.

Les miracles ne tardèrent pas à reprendre. Il s'en opéra à Châlons-sur-Marne, sur le tombeau du dernier évêque de cette ville, Mgr Vialard, janséniste notoire. A Paris, le 21 mai 1725, une dame de Lafosse est guérie d'une perte de sang à la procession du Saint-Sacrement de la paroisse Sainte-Marguerite, dont le curé était appelant. A Amsterdam, le 6 janvier 1727, une dame Agathe Leenders Stoutendel, affligée depuis plus de douze ans de plusieurs maladies jugées incurables, est guérie subitement en communiant des mains de l'archevêque d'Utrecht, dont tous les successeurs sont restés, jusqu'à ce jour, fidèles à Jansenius.

Ce n'était là que des préludes. Le 1ᵉʳ mai 1727, mourait un saint selon le type si souvent consacré par l'Eglise, austère et rude envers lui-même jusqu'à la barbarie, aussi charitable qu'un Saint Martin ou qu'un Vincent de Paul, entièrement épris de la pauvreté du Christ. Resté diacre, parce qu'il s'était jugé indigne du sacerdoce, il avait nom François de Pâris.

Mais avant de mourir, le diacre Pâris, tel est le nom sous lequel l'histoire l'a adopté, voulut encore exposer sa manière de voir sur la bulle. « *Comme on ne peut trop s'expliquer sur sa foi*, dit-il, à l'abbé Pommard qui lui présentait le saint viatique, *je crois devoir déclarer, au sujet des troubles qui agitent l'Eglise, que je persiste toujours dans les mêmes sentiments, et qu'il m'a toujours paru que la Constitution* UNIGENITUS *était contraire...* » Mais l'abbé Pommard l'interrompit, en lui disant qu'il ne lui était pas nécessaire de s'expliquer davantage et que ses sentiments étaient assez connus. Il voulut insister et lire ses motifs d'opposition, le curé lui répéta que l'on connaissait parfaitement ses sentiments (1). »

Il communia alors, et, disait plus tard un témoin oculaire, mourut comme mourraient les anges si les anges pouvaient mourir.

Les miracles éclatèrent aussitôt. Le 3 mai 1727, jour de son enterrement, Madeleine Bégney atteinte d'une paralysie au bras fut guérie par son intercession. Elle avait beaucoup connu le saint diacre et se rendit à sa maison, au moment de la mise en bière. Poussée par une puissante confiance intérieure elle baisa ses pieds en lui adressant ces paroles : « Bienheureux, priez le Seigneur qu'il me guérisse, si c'est sa volonté que je

---

(1) P. F. Mathieu. *Histoire des Miraculés et des Convulsionnaires de Saint Médard*. Paris, 1864, in-12, p. 85.

reste sur la terre. » Ce miracle a été depuis bien et dûment certifié par attestations d'hommes de l'art rédigées par devant notaires royaux.

Puis, commence alors toute la série des miracles qui s'opérèrent à son tombeau et sont pour un grand nombre consignés, authentiqués et certifiés dans l'admirable livre de Carré de Montgeron (1).

La relation de la guérison opérée dans la personne de Dom Alphonse Palacios atteint d'une atrophie musculaire de l'œil et d'une inflammation des chairs, fut présentée par vingt-deux curés de Paris avec douze autres analogues à leur archevêque, le 4 octobre 1731 (2). Mais Sa Grandeur déclara que ce n'était là qu'*un tissu de faussetés, de duplicité, de supercheries et de mensonges.*

C'est ainsi que raisonna pendant longtemps l'incrédulité à la Homais au sujet des miracles de Lourdes (3).

La seconde relation nous rapporte la guérison d'une demoiselle Thibaut, âgée de 65 ans, monstrueusement hydropique, de plus atteinte d'une ankylose et d'ulcères de la main gauche. Elle est attestée par les autorités les plus considérables, tant médicales qu'ecclésiastiques. Mgr l'Archevêque de Sens répond qu'il s'agit là d'attestations de gens de parti, concluant ainsi contre la réalité du miracle, au nom de la doctrine.

---

(1) *La vérité des miracles opérés par l'intercession de M. de Pâris, démontrée contre M. l'archevêque de Sens*, par M. de Montgeron. Utrecht, 1737-1741, 2 volumes in-4°. Il existe une édition posthume considérablement augmentée qui parut en 1745 et comporte 3 vol. in-4°.

(2) Cf. Septième pièce justificative de la première démonstration, t. I, p. III.

(3) L'attitude de nombreux savants est malheureusement encore celle-là; mais cependant un mouvement contraire se dessine. Cf. D F. Regnault. *Les Miracles de Lourdes*, dans *Les Documents du Progrès*, février 1909, p. 179-188.

Carré de Montgeron lui répond avec force : Oui, ce sont des gens du parti de la vérité (1).

A la guérison de Marie-Anne Couronneau, subitement débarrassée d'une paralysie du côté gauche, M. l'Archevêque de Sens objecte qu'il n'y avait là qu'un prodige naturel dû à une frayeur qu'elle aurait éprouvée et que c'est par méchanceté et sectarisme qu'on en a fait honneur au diacre hérétique. Et ce prélat n'hésite pas à supposer une lettre qui ne lui a jamais été écrite (2), afin de nier l'éclatante vérité des témoignages établissant qu'elle fut guérie au tombeau du saint.

La guérison de la Duchesne, jadis hydropique et affligée d'une infinité de maux, dont une hémorrhagie quotidienne, ayant fait grande impression, le parti des jésuites essaie de faire croire que la disparition de l'enflure est la suite d'un accouchement public en plein cimetière de Saint-Médard, et cela encore à l'encontre de la plus assurée vérité, parce qu'il faudrait supposer au dire même des calomniateurs de la dite demoiselle, qu'elle a été enceinte pendant quatre ans (3).

Philippe Sergent guéri par miracle d'une cruelle paralysie est poursuivi par la haine des Jésuites qui, n'ayant pu le séduire et obtenir qu'il rétractât son propre témoignage, s'efforcent de le faire jeter en prison (4).

Je pourrais continuer cette revue lamentable sans trouver de nouveaux arguments. Le 27 janvier 1732, un nouveau coup de force vint mettre un terme aux miracles qui s'opéraient au tombeau du diacre Pâris.

---

(1) Troisième démonstration, t. I, p. 68.
(2) Troisième démonstration, t. I, p. 43.
(3) Quatrième démonstration, t. I, p. 64-65.
(4) Après ces cinq miracles, Carré de Montgeron en étudie encore trois autres avec le même soin minutieux. Chaque cas comporte plus de 50 pages de démonstration et autant de pièces justificatives.

Un janséniste charbonna alors sur les murs du cimetière interdit :

> De par le roi, défense à Dieu
> De faire miracle en ce lieu.

Il se produisit bien encore çà et là des guérisons erratiques, mais les deux grandes séries des miracles jansénistes étaient closes et du même coup le jansénisme était vaincu.

Voici donc une doctrine qui, s'il faut en juger par ceux qui la professèrent, poussait l'homme à une hauteur morale non commune. Nul ne saurait oublier que Pascal et le diacre Pâris furent jusqu'aux moelles infectés de l'hérésie janséniste et que le jansénisme eut ses confesseurs tant parmi les évêques que parmi les filles de Port-Royal. Cependant les miracles, ou si vous le préférez les assurées guérisons merveilleuses qui appuient cette doctrine sont tous rejetés par le catholicisme officiel précisément parce qu'ils favorisent le jansénisme. En présence d'un miracle indubitable comme la guérison de Pierre Gautier qui avait eu un œil crevé par une alêne, les jésuites imaginèrent une réponse tout à fait suggestive. « Ils obtinrent un ordre qui obligea M. l'intendant de la province d'envoyer, le 4 décembre 1734, son hoqueton avec la maréchaussée pour enlever un homme dont la vue, en décriant la Bulle, était selon eux un scandale public. »

Tous ces miracles sont de faux miracles, impostures des hommes ou prestiges du diable parce qu'ils décrient la Bulle, telle est la réponse des jésuites, mais Pascal de protester :

> « Un miracle parmi les schismatiques n'est pas tant à craindre; car le schisme qui est plus visible que le miracle, marque visiblement leur erreur. Mais quand il n'y a pas de schisme et que l'erreur est en dispute, le miracle discerne...

Les miracles ne sont plus nécessaires, à cause qu'on en a déjà. Mais quand on n'écoute plus la tradition, quand on ne propose plus que le pape, quand on l'a surpris et qu'ainsi ayant exclu la vraie source de vérité, qui est la tradition et ayant prévenu le pape qui en est le dépositaire, la liberté n'a plus de liberté de paraître : alors les hommes ne parlant plus de la vérité, la vérité doit parler elle-même aux hommes. C'est ce qui arriva au temps d'Arius (1). »

Pascal avait pour lui la vérité des faits (2), et cependant rien n'y fit. L'Eglise, guidée par la Compagnie de Jésus, se montra infiniment dédaigneuse de tous ces miracles bien qu'ils fussent apportés en preuve d'une doctrine religieuse qui a suscité une lignée de héros, ou plutôt précisément pour cette raison même.

Il semble donc bien que nous voici amenés invinciblement à renoncer à ce dernier critérium de discernement : Les vrais miracles sont les faits merveilleux qui se produisent en l'honneur d'une doctrine religieuse propre à étayer les mœurs. Les faux miracles sont les faits merveilleux qui appuient une doctrine religieuse favorable au relâchement des mœurs. La casuistique de la Compagnie de Jésus en triomphant des Provinciales, renversait à tout jamais ce dernier refuge des partisans de la valeur apologétique du miracle. Et nous conclurons d'une pensée ferme et d'une plume assurée : Le miracle ne peut jamais être pris ou donné en preuve d'une vérité théologique.

(1) Pascal. *Pensées*.
(2) Le D᷉ Le Rouge qui écrivit contre les Jansénistes est cependant obligé de reconnaître la réalité des guérisons merveilleuses opérées au tombeau du diacre Pâris. *Traité dogmatique sur les faux miracles*, p. 156-158, et il est ainsi conduit à admettre qu'il y a des miracles de séduction en faveur de l'erreur. *Id.*, p. 199-200.

CONCLUSION

DU ROLE RELIGIEUX DU MIRACLE DANS L'AVENIR

Le miracle serait-il donc, comme on l'a dit parfois, quelque chose d'impensable et d'inintelligible ? (1)

Il faut nécessairement l'avouer si l'on entend par miracle, soit un fait contraire aux lois de la nature, soit même quelque chose d'objectivement discernable par les sens ou la raison. On peut, il est vrai, le définir de façon toute subjective, le sentiment du divin jaillissant dans l'homme au spectacle de quelque évènement sensible et merveilleux. C'est le monde matériel vu non plus avec nos yeux de chair ou les lumières de notre raison, mais contemplé avec les yeux de la foi. « Le miracle à le bien prendre, écrivait l'abbé Loisy, est le train du monde et de la vie, contemplé par la foi qui seule en pénètre l'énigme. » On pourrait appliquer cette même définition à la Providence. Le train courant des choses n'ébranle pas notre imagination ou notre sensibilité, comme le fait quelque évènement insolite ; mais il n'en est pas moins dans la main de Dieu. Le miracle est une intention de la Providence rendue plus sensible par une surprise de nos sens.

Un auteur catholique écrivait récemment : « Nous croyons plutôt malgré le miracle quand nous

(1) Stallo le déclare inconcevable. Cf. *La matière et la Physique moderne*, P., s. d., in-8°, p. 109.

croyons (1). » Peut-être outrait-il aussi sa pensée et cependant n'est-on pas tenté d'y voir comme un écho de cette éloquente protestation de F. Pécaut :

« Souffririons nous aujourd'hui, je le demande à votre bonne foi, qu'on recommandât une doctrine à notre confiance au nom d'un grossier miracle, d'une exhibition de force matérielle ?... Assurément non... Nous croyons donc à la réalité et à la moralité de l'ordre. De plus, avertis par le sentiment religieux, nous croyons que Dieu préside à cet ensemble de lois, à cet enchaînement de causes et d'effets ; que Dieu est dans cet ordre, théâtre de notre laborieuse activité ; que c'est là qu'il se manifeste ; que notre vocation religieuse consiste précisément à voir Dieu dans l'ordre naturel et en particulier dans la condition qui nous est faite, à l'y servir, à y réaliser la loi humaine. Dès lors comment ne serions-nous pas choqués, indignés, scandalisés comme d'une profanation si un messager divin se présentait à nous, appuyé sur des prodiges qui seraient la négation, le bouleversement de ce même ordre que nous tenons à la fois pour moral, c'est-à-dire, pour approprié à l'éducation de l'homme, et pour divin, c'est-à-dire pour pénétré de Dieu ? La seule apologie qui nous paraisse digne de la sainteté du messager divin et de notre propre nature, c'est la preuve morale, à savoir la supériorité, l'excellence du message lui-même et du messager. Si la doctrine se recommande par elle-même, si elle répand la lumière dans nos esprits et la paix dans nos cœurs ; si le héraut est un vrai médecin de l'âme, un pacificateur spirituel, un illuminateur de l'intelligence, c'est assez, nous n'en demandons pas davantage, nous n'avons

---

(1) A. Leclère. *Esquisse d'une Apologétique*, dans *Annales de Philos. chrét.*, sept. 1906, p. 575.

pas besoin d'un miracle, nous nous inclinons, nous croyons (1). »

Certes le miracle découle presque nécessairement des idées fondamentales de la croyance spiritualiste et de la conscience chrétienne. Si l'on admet qu'il y a un Dieu personnel et que notre vie et notre pensée s'orientent vers lui, il est difficile d'empêcher l'esprit de croire que Dieu lui aussi vient à nous, par toutes sortes de voies plus ou moins obscures et situées sur d'autres plans que ceux où se développe la perception sensible et l'induction scientifique. Mais cela accordé, même en cette hypothèse d'un Dieu personnel, il n'en reste pas moins vrai que tous les critères de discernement du miracle qui nous ont été présentés tour à tour par l'histoire et la science, par la philosophie et la théologie sont irrécevables.

L'historien qui affirme la vérité d'un fait ne peut en porter de jugement de valeur, ne peut l'interpréter qu'au nom de la science ou de la philosophie ou enfin de la théologie. Or, il est à noter que jusqu'ici l'œuvre de la critique historique n'a guère servi qu'à démontrer l'irréalité de la plus grande partie des faits miraculeux. Une fois le terrain ainsi déblayé ; nous avons vu que le savant en face de faits assurés mais inexpliqués, ne pouvait au nom de la science que s'efforcer d'en chercher l'explication, qu'elle doive lui être fournie par la découverte d'une loi encore inconnue ou par celle de quelque force cachée rendue enfin expérimentale. Pour le savant, il n'y a que des faits qui, merveilleux ou non, doivent un jour ou l'autre rentrer dans le cadre des classifications et des explications

---

(1) F. Pécaut. *Le Christianisme libéral et le miracle*, Paris, 1869, In-8°, p. 53-55.

scientifiques. Il n'a pu nous fournir les critères d'un jugement de valeur.

Les Philosophes qui ont cru devoir s'employer à cette besogne abandonnée des savants, ne nous ont rien fourni de solide. La Philosophie, cette phénoménologie du conscient, ne connaît aucun critère qui nous permette, en présence d'un fait dont la production semble avoir été guidée par une intention consciente qui nous permette, dis-je, d'affirmer que ce fait relève non point des intentions générales de la Providence, mais d'une intention particulière de Dieu. Nous ne pouvons vous fournir un tel critère, finissent-ils par conclure, mais l'intuition religieuse et la théologie s'en chargeront.

Ici nouvelle et décisive faillite. Ce n'est pas que les critères qu'on nous offre ne soient pas nombreux ; mais ce sont des critères de moralité. Cet acte est spécialement de Dieu car il est bon, disent-ils. Est-ce à dire que les autres actes de la Providence ne le seraient pas ? Ils en sont enfin réduit à dire, cet acte est spécialement de Dieu car il nous apparaît comme particulièrement bon ; et nous voici en plein subjectivisme. Les critères de moralité comme les témoins de moralité peuvent sans doute impressionner favorablement une âme déjà convaincue de la puissance miraculeuse de son Dieu, mais ils ne sauraient établir une démonstration qui contraigne l'esprit et lui fasse dire : Dieu a évidemment opéré de tels actes pour établir la vérité de telle religion ou de telle doctrine.

Enfin le jugement de valeur que les théologiens portent sur les miracles, qui sont faits pour ou contre leur doctrine portent la marque d'une partialité criante. Critères de moralité sollicités par des gens de parti, voilà à quoi se ramène toutes les démonstrations apologétiques basées sur le miracle.

L'intuition religieuse peut continuer d'affirmer non seulement l'existence de Dieu ; mais déclarer qu'en tel cas donné, elle reconnaît plus particulièrement son action, ce ne sera jamais qu'une affirmation sans portée générale. L'homme pieux attestant ainsi son propre sentiment, demeure infiniment respectable ; pourquoi ne s'en tient-il point à ce humble et sincère attitude et prétend-il, s'il est prêtre ou apologiste, nous imposer à tous, non pas une raison ou une preuve, mais un sentiment tout individuel ? Abus de zèle sans doute, et d'un zèle indiscret qui tôt ou tard ruinera le temple au lieu de l'édifier.

FIN

Table des Matières

INTRODUCTION : Le fait miraculeux et ses divers aspects 5

PREMIERE PARTIE

LE MIRACLE ET LA CRITIQUE HISTORIQUE. 10
CHAPITRE I. — Histoire et critique.............. 11
CHAPITRE II. — La critique textuelle et les principes *a priori* : inspiration et vraisemblance.... 15
CHAPITRE III. — La critique de provenance. La valeur des compilations, des ouvrages anonymes et des ouvrages apocryphes...... 33
CHAPITRE IV. — La critique d'interprétation. — 1° *Du genre littéraire des livres historiques qui racontent des miracles*.............. 44
CHAPITRE V. — La critique d'interprétation. — 2° *De l'idée que les rédacteurs de récits miraculeux se sont faits de l'histoire*........ 53
CHAPITRE VI. — La critique réelle. — 1° *La critique de sincérité*. Théorie de Hume.......... 62
CHAPITRE VII. — La critique réelle. — 2° *La critique d'exactitude*. Objections de Renan.. 69
CHAPITRE VIII. — De l'utilisation des témoignages miraculeux ou de leur exposition historique et critique : L'attitude théologique, l'attitude naturaliste, l'attitude critique....... 79
CONCLUSION. — Le miracle, preuve de la vraie religion ? 94

DEUXIEME PARTIE

LE MIRACLE ET LA CRITIQUE SCIENTIFIQUE 97
PRÉLIMINAIRE : Le miracle et l'esprit scientifique. 99
CHAPITRE I. — Le fait scientifique.............. 102

§ 1. Le fait scientifique est-il nécessairement un fait expérimental...................... 102
§ 2. Les qualités de l'observation scientifique. 106
§ 3. De l'observation des faits rares et du préjugé que l'on tire de leur invraisemblance. 111
CHAPITRE II. — Le miracle et les lois scientifiques. 123
§ 1. Les lois scientifiques inconnues.......... 123
§ 2. Des lois scientifiques conçues comme arbitraires et indépendantes les unes des autres 128
§ 3. Des lois scientifiques conçues comme rigoureusement déterminées et respectées par Dieu même........................... 134
§ 4. Des lois considérées comme des constructions subjectives de l'esprit.............. 140
CHAPITRE III. — Les divisions et les limites de la nature 146
§ 1. Des classifications et de l'invariabilité des espèces 146
§ 2. Les limites des ordres de la nature sont-elles infranchissables................... 151
   a) De l'inorganique à l'organique.......... 151
   b) Du règne végétal au règne animal...... 152
   c) De la brute à l'homme................. 159
§ 3. Les limites de la nature universelle...... 162
CHAPITRE IV. — L'évolution des idées de nature, de science et de surnaturel............. 167
§ 1. L'état d'esprit théologique; *a)* L'animisme ou la confusion primitive ; *b)* Le polythéisme spiritual ; *c)* Le monarchisme divin 169
§ 2. La recherche des causes abstraites. — L'état d'esprit métaphysique............ 175
§ 3. L'état d'esprit positiviste. — La recherche des conditions des phénomènes.......... 179
CONCLUSION 185

TROISIEME PARTIE

LE MIRACLE ET LA CRITIQUE PHILOSOPHIQUE 187
PRÉLIMINAIRE : Qu'est-ce que la Philosophie ?..... 189
CHAPITRE I. — Comment discerner l'action d'une

conscience extra-humaine dans les faits extraordinaires ? 192
CHAPITRE II. — Le diagnostic populaire, le caractère moral ou justicier des miracles...... 198
   a) Des bienfaits et des récompenses dits miraculeux en raison de leur à-propos...... 199
   b) Des punitions et des châtiments dits miraculeux en raison de leur opportunité...... 202
   c) Besoin d'une providence morale......... 209
CHAPITRE III. — Théories des coïncidences à caractère religieux : 1° Théorie de M. Bros : La foi, condition permissive du miracle, peut seule nous en indiquer l'agent....... 216
CHAPITRE IV. — Théories des coïncidences à signification religieuse : 2° Théorie de M. Le Roy. La foi est l'agent naturel et surnaturel du miracle...................... 230
CHAPITRE V. — Des prodiges physiques qui fournissent eux-mêmes leur propre interprétation 238
   a) Y a-t-il une typologie divine ?......... 238
   b) Peut-il y avoir des médiums de la pensée divine 241
   c) Dieu pourrait-il se manifester sous forme de fantôme............................ 247

QUATRIEME PARTIE

LE MIRACLE ET LA THÉOLOGIE POSITIVE. 251

PRÉLIMINAIRE : La Théologie; sa définition et ses limites 253
§ 1. Les postulats de l'intuition............. 253
§ 2. L'intuition et la métaphysique......... 257
§ 3. Les limites de la théologie............. 258
§ 4. La théologie et le miracle............. 260

Première Section

LE MIRACLE DANS LES DIVERSES RELIGIONS.......... 263
CHAPITRE I. — Des miracles de force dans l'Ancien Testament et dans les religions étrangères au judaïsme : miracles astronomiques et géologiques 263

Chapitre II. — Des miracles de vie dans le Nouveau Testament et, en particulier, des résurrections 273
Chapitre III. — Les miracles de guérisons dans toutes les religions.................... 284

Deuxième Section

LES CRITÈRES RELIGIEUX DU MIRACLE. — LES SOLUTIONS HISTORIQUES DU PROBLÈME.......... 297
Chapitre I. — Le miracle, œuvre des inspirés ou des envoyés de Dieu................... 297
Chapitre II. — Les miracles des initiés.......... 304
  § 1. Les prestiges des prêtres ; la physique des sanctuaires...................... 304
  § 2. La Théurgie liturgique. — La maîtrise des bons et des mauvais esprits.......... 308
Chapitre III. — Les miracles des Saints en faveur d'une doctrine sainte.................. 320
  § 1. Des miracles qui appuyèrent ou contredirent le dogme de l'Immaculée Conception 322
  § 2. Des miracles qui appuyèrent la doctrine de Jansénius 337
Conclusion. — Du rôle religieux du miracle dans l'avenir 348

P. SAINTYVES

Les Vierges Mères
et les Naissances Miraculeuses

ESSAI DE MYTHOLOGIE COMPARÉE

1 vol. in-12 de 280 pages...................................... 3 50

Revue historique

M. Saintyves a fait un livre vivant, où la gravité du langage et la convenance du ton sont à l'abri de tout reproche, et qui se montre fécond en aperçus nouveaux sur une des questions capitales des origines chrétiennes.
Ch. GUIGNEBERT, *prof. à la Sorbonne.*

Revue du clergé français

« Les légendes de naissances miraculeuses et de vierges-mères forment une végétation fleurie, qui naquit sur la couche des anciennes pratiques de fécondations et des vieilles croyances qui les expliquèrent tout d'abord » (p. 16); tout le livre de M. Saintyves se rattache à cette idée, et c'est ce qui en commande les divers chapitres sur les pierres, les eaux, les plantes fécondantes, les théogamies thériomorphiques, les fécondations météorologiques, les naissances dues à l'action du soleil, et enfin les théogamies anthropomorphiques. M. Saintyves a eu le mérite d'ordonner avec méthode l'ensemble de cette vaste matière, et l'on ne peut nier que la « distribution des pratiques fécondantes et les récits de naissances miraculeuses d'après la nature de l'agent fécondateur » les éclaire d'une lumière nouvelle. H. LEDUC.

Le Siècle

Le petit volume de M. Saintyves a deux grands mérites. Il est une collection très complète et aussi critique que possible de matériaux dispersés dans toutes sortes de livres anciens et modernes et de publications scientifiques que peu de personnes ont à leur disposition. Il est aussi un premier essai de synthèse qui rendra un précieux service : il orientera le grand public dans des études auxquelles les programmes ont oublié de le préparer, et il permettra de s'attaquer avec plus d'ordre et d'efficacité aux nombreuses énigmes dont les mythologies n'ont pas encore livré le secret. Il est écrit d'ailleurs avec toute la liberté d'esprit que requiert le travail scientifique, mais aussi avec une grande sérénité; et il y a quelque mérite à cela si ces questions ont causé les perturbations que l'on sait dans les églises anglicanes et protestantes, et si l'Eglise catholique, pour s'en débarrasser violemment, n'a pas hésité à rompre non seulement avec quelques-uns de ses enfants les plus illustres, mais avec toute la mentalité moderne et toute la critique contemporaine.
J. GRAUX.

Cœnobium

Nous tenons surtout à féliciter M. Saintyves de ce qu'il ne s'est pas laissé écraser par son sujet; le classement d'un si grand nombre de faits fait honneur à la netteté de son esprit. Nous sommes heureux de retrouver dans son travail ces qualités d'ordonnance et de clarté vraiment françaises trop souvent absentes de certains ouvrages d'érudition.

Revue de Synthèse historique

M. Saintyves développe sa thèse avec ses qualités habituelles : une vaste érudition, un talent de forme qui permet de le suivre sans fatigue à travers d'innombrables citations, enfin une sérénité scientifique précieuse pour qui aborde un sujet aussi délicat.
G. W.

P. SAINTYVES

Les Saints Successeurs des Dieux

Essais de Mythologie chrétienne

1 beau vol. in-8 de 416 pages franco .... 6 francs

Revue Universitaire, 15 décembre 1907. p. 419 :

Cette étude est divisée en trois parties : I. L'origine du culte des saints. — II. Les sources des légendes hagiographiques. — III. La mythologie des noms propres. Elle mérite sans doute d'être discutée par les spécialistes de l'histoire religieuse et de la mythologie. Mais la netteté de l'exposition, la multitude des exemples allégués, en font un excellent ouvrage de vulgarisation pour les profanes comme moi, qui sont curieux tout à la fois de voir un peu clair dans la floraison prodigieuse de la légende chrétienne et de savoir ce qu'un catholique libéral est disposé à en croire. C'est une lecture tout à fait amusante et dont la conséquence va loin, au delà même de ce que promet le titre.   G. LANSON, *professeur à la Sorbonne.*

Revue historique :

Dans ce volume, M. Saintyves étudie les saints engendrés par des mots; il le fait avec prudence et méthode. Il serait à désirer que les érudits locaux lussent un livre si propre à les guider dans la critique des légendes et à leur inspirer de fécondes monographies. Tel qu'il est (ce premier volume), nécessairement provisoire et incomplet, marque avec une force singulière cette vérité que les hommes n'ont pas modifié leurs procédés d'esprit en passant du paganisme au christianisme, que la *sainteté* chrétienne prolonge la *sagesse* païenne.

Ch. GUIGNEBERT, *chargé du cours d'histoire du christianisme à la Sorbonne.*

Revue du Clergé Français, 1er septembre 1907 :

Je n'ai pas besoin de dire qu'aucun catholique ne peut accepter la thèse de l'auteur. Cette réserve faite, on doit reconnaître que le livre de M. Saintyves témoigne d'une rare érudition et qu'il a une réelle valeur scientifique. On y trouve réunis une multitude de faits et de rapprochements que l'on chercherait vainement ailleurs; du reste, les références abondantes qu'il fournit le rangent dans la catégorie des instruments de travail.   Abbé J. TURMEL.

Revue de Synthèse historique, juin 1907 :

M. Saintyves traite les questions qu'il aborde avec une prodigieuse richesse de citations et d'exemples : ses références, toujours précises, montrent combien il est au courant de la science des religions. Pourvu d'un réel talent d'exposition, il permet au lecteur de le suivre sans fatigue à travers de multiples détails. Libre de tout parti-pris confessionnel, préoccupé uniquement de la vérité scientifique, son indépendance ne l'empêche pas de parler de phénomènes religieux avec une gravité respectueuse, comme le prouvent ces quelques lignes : « Le culte des héros, et plus encore le culte des saints, sont encore infiniment supérieurs à toutes les formes du naturalisme primitif. Protestation reconnaissante de ce que nous devons aux générations passées, ils témoignent d'une intuition profonde de ce qu'il y a de religieux dans le sentiment de l'humaine solidarité. »

Georges WEILL, *professeur d'histoire à l'Université de Caen.*

La Grande Revue :

Cet excellent livre intéressera certainement, non seulement le mythologue et l'historien des religions, l'anthropologue et le traditioniste, le philologue et le liturgiste, l'artiste et l'iconographe, mais aussi les plus fins lettrés.

L. ANCEL.

P. SAINTYVES

La Réforme Intellectuelle du Clergé et la liberté d'Enseignement

1 vol. in-12 de XI-341 p., franco.................................. 3 fr. 50

Studi Religiosi, gennaio-febbraio, 1904, p. 86-88.

Un des mérites du livre est le soin que l'auteur a pris de faire parler constamment les personnages compétents sur la matière : prêtres qui racontent la vie de séminaire, professeurs, évêques.

Revue Universitaire, 15 février 1904.

J'ai lu ce petit livre si vivant et si sincère avec beaucoup de plaisir. L'auteur est une de ces intelligences droites et libres qui, dans le catholicisme, supportent impatiemment ce que lui-même appelle le *cléricalisme* et qui, pour l'intérêt même de leur religion, réclament la liberté de s'instruire, de penser, de pratiquer les méthodes critiques et scientifiques, la liberté aussi de connaître et d'aimer l'esprit de leur temps... Ce qui fait pour moi l'importance de l'acte de M. Saintyves (car un tel livre est un acte), c'est qu'avec lui comme avec M. Houtin, comme avec tout ce petit groupe de foi certaine et fervente, nous autres libres-penseurs, nous nous sentons en sécurité entière et en union spirituelle. Quelle que soit leur foi, ces hommes-là ne demandent pour la défendre ou la répandre que les armes rationnelles.
G. LANSON.

Semaine Religieuse de Saint-Flour.

L'ouvrage que nous présentons aux lecteurs de la *Semaine* traite avec une sincérité voisine de l'audace cette délicate question d'une réforme intellectuelle du clergé. L'auteur s'abrite sous un pseudonyme. Je le soupçonne d'être un prêtre. Il est un peu triste que l'intolérance de quelques-uns oblige des esprits aussi vigoureux et aussi francs à se dissimuler.

Avec ses audaces, le livre de P. Saintyves est bienfaisant. Il a soulevé des polémiques. Ce n'est pas un mauvais signe : c'est la preuve que l'œuvre est vivante. Très instamment nous conseillons ce livre aux prêtres cultivés.
L'abbé M. L...

Le Siècle, 11 janvier 1904

Voici un ouvrage que j'ai pu lire jusqu'au bout en manquant à toutes sortes de petits devoirs. J'en connais peu d'aussi intéressants.
H. BRISSON, président de la Chambre.

L'Autorité, 13 janvier 1904.

En parcourant ces pages, on s'aperçoit tout de suite que l'auteur doit posséder à fond son sujet, être du bâtiment. Aussi peut-il dire : « Ce livre est d'abord un plaidoyer pour la liberté d'enseignement; mais, en même temps, une critique de l'enseignement clérical. Cette critique s'appuie à peu près uniquement sur des textes ecclésiastiques et beaucoup seront stupéfiés de voir ce que pensent les membres les plus intelligents du clergé de l'enseignement donné aux clercs... »
ED. PUECH.

Annales de Philosophie chrétienne, janvier 1904.

Je souhaite que le livre de M. Saintyves ne passe point inaperçu car il dénonce un péril grave et il nous propose des réformes excellentes.
J. FESIER.

Le Canada, 27 mars 1904.

Le livre de M. Saintyves offre au public catholique un intérêt singulièrement vif. Son orthodoxie est parfaite de même sa sincérité. Ses dernières pages peuvent, comme le dit l'auteur, rassurer ceux qui croiraient que l'esprit scientifique doive jamais amener la destruction du sentiment religieux.
B.-C. MORAS.

Journal de Genève, 5 février 1904.

Il est consolant au milieu des circonstances si tristes de l'heure présente, je me place en ce moment au point de vue purement chrétien et piétiste, d'entendre des voix aussi hautement inspirées que celle de M. Saintyves.
DE ROBERTY.

Les Idées de M. Bourrn, Paris 1904, p. 373.

J'ai là un livre que j'ai cité déjà et dont la préface est édifiante. Tous les républicains devraient le lire et le méditer.
J. PAYOT.

ŒUVRES DE M. A. LOISY
Professeur au collège de France

L'Evangile et l'Eglise
4ᵉ ÉDITION
1 vol. in-12, franco........................ 3 fr. 50

Autour d'un petit livre
2ᵉ ÉDITION
1 vol. in-12, franco........................ 3 fr. 50

Simples Réflexions
Sur le décret du Saint-Office : *Lamentabili* et sur l'Encyclique : *Pascendi*.
2ᵉ ÉDITION
1 vol. in-12, franco........................ 3 fr. 50

Quelques Lettres
Sur les questions actuelles et sur des évènements récents
1 vol. in-12, franco........................ 3 fr. 50

Les Evangiles synoptiques
Introduction, Traduction et Commentaires.
2 vol. gr. in-8 de 1014 et 15 pages, franco...... 30 fr.

Arnold VAN GENNEP

Directeur de la *Revue des Études Ethnographiques et Sociologiques*

Les Rites de Passage

ÉTUDE SYSTÉMATIQUE DES RITES

De la porte et du seuil, de l'hospitalité,
de l'adoption de la grossesse et de l'accouchement,
de la naissance, de l'enfance et de la puberté
de l'initiation, de l'ordination, du couronnement,
des fiançailles et du mariage,
des funérailles, des saisons, etc..., etc...

1 beau vol. in-8° br. sur papier vergé............   5 fr.

Quiconque s'est intéressé aux cérémonies qui accompagnent l'homme de sa naissance à sa mort, a dû se sentir comme perdu. C'est à donner un fil conducteur dans ce labyrinthe de pratiques et de coutumes qu'est destiné le volume de M. Van Gennep.

Il montre que ces cérémonies sont régulièrement constituées par trois phases : d'abord, on se sépare de son premier milieu ; dans la seconde, on vit comme dans une sorte de marge (noviciat, fiançailles, etc.) ; dans la troisième enfin, on se réunit, on s'agrège au milieu nouveau. L'ensemble des rites de séparation, de marge et d'agrégation, c'est là ce que l'auteur appelle les Rites de Passage.

Ce livre révolutionnaire ouvre ainsi des voies entièrement originales et sera, sans aucun doute, le point de départ d'une direction nouvelle dans l'étude comparée du folklore et des religions.

OCCASION

Quelques exemplaires seulement

Mgr L. DUCHESNE
*Directeur de l'École française de Rome,
Membre de l'Institut*

Les Origines du Culte Chrétien

5ᵉ ET DERNIÈRE ÉDITION 1909

1 beau vol. in-8° br. neuf (au lieu de 10 fr.)....... **6 fr**

Ch. I. Les Circonscriptions ecclésiastiques. — Ch. II. La Messe en Orient et la Liturgie alexandrine. — Ch. III. Les deux usages liturgiques de l'Occident latin. — Ch. IV. Formules et livres liturgiques. — Ch. V. Les anciens Livres de Liturgie latine ; livres romains ; livres gallicans. — Ch. VI. La Messe romaine. — Ch. VII. La Messe gallicane. — Ch. VIII. Les Fêtes chrétiennes : La Semaine ordinaire, les Quatre-Temps, la Semaine Sainte, les Fêtes mobiles, les Fêtes fixes. — Ch. IX. L'instruction chrétienne, le Baptême et la réconciliation des Hérétiques. — Ch. X. L'Ordination. — Ch. XI. Le Costume liturgique. — Ch. XIII. La Consécration des Vierges. — Ch. XIV. La Bénédiction nuptiale. — Ch. XV. La Réconciliation des pénitents. — Ch. XVI. L'Office divin. — Appendice et Table analytique.

ŒUVRES DE M. A. HOUTIN

La Crise du Clergé
2ᵉ ÉDITION
Revue, remaniée et augmentée
1 vol. in-12 br. de 330 pages, *franco*.......... **3 fr. 50**

La Question Biblique au XXᵉ siècle
2ᵉ ÉDITION, *revue et augmentée*
1 beau vol. in-8° de 331 pages, *franco*.......... **4 fr.**

L'Américanisme
Histoire d'une hérésie moderne
1 beau vol. in-12 br. de VII-497 p., *franco*..... **3 fr. 50**

Un dernier Gallican
HENRI BERNIER, chanoine d'Angers (1795-1859)
2ᵉ ÉDITION, *revue et augmentée*
1 vol. in-8° de 482 pages, *franco*................ **6 fr.**

Evêques et Diocèses
1ʳᵉ SÉRIE, 3ᵉ ÉDITION, *revue et augmentée*
1 vol. in-12 de 100 pages.................... **1 fr. 25**
Diocèses d'Autun, de Cambrai, de Clermont, de Tours.

Mes difficultés avec mon Evêque
1 brochure in-8° de 64 pages................ **1 fr. 50**

Les Origines de l'Eglise d'Angers
La Légende de Saint-René
1 vol. grand in-8° de 76 pages................ **2 fr.**

LA MAGIE

Dans l'Inde antique

PAR VICTOR HENRY

*Professeur de sanscrit et de grammaire comparée
des langues indo-européennes, à l'Université de Paris*

2ᵉ ÉDITION

1 vol. in-12 de XL-288 pages, franco.......... **3 fr. 50**

L'étude de la magie, dans les diverses religions, est à l'ordre du jour, aussi avons-nous cru rendre un véritable service à nombre de curieux et d'étudiants en donnant une seconde édition de l'excellent volume de V. Henry. Il n'existe aucun travail d'ensemble sur une magie déterminée comparable à celui-là; aucun qui soit aussi complet et soutenu d'aperçus aussi généraux.

Ch. I. *Notions générales sur la magie hindoue* : les sources écrites; les bénéficiaires; les opérateurs; les opérations; les ingrédients et accessoires. — Ch. II. *La Divination* : divination générale, épousailles et postérité, la prévision du temps, l'issue d'un combat, retrouver un objet perdu. — Ch. III. *Charmes de longue vie* : Sacrements, autres cérémonies, amulettes. — Ch. IV. *Charmes de prospérité* : La maison, le feu et l'eau, le bétail, l'agriculture, les voyages et le commerce, le jeu. — Ch. V. *Charmes sexuels* : L'amour et le mariage, les rivalités, la constance, les réconciliations, la virilité, la fécondité et la postérité mâle, la grossesse et l'accouchement. — Ch. VI. *Rites de la vie publique* : En paix; en guerre. — Ch. VII. *Rites antidémoniaques* : Nirṛti; la plèbe démoniaque; exorcismes par représailles; autres exorcismes. — Ch. VIII. *Charmes curatifs* : La fièvre; les vers intestinaux, les affections cutanées; les blessures, etc., etc. — Ch. IX. *Rites expiatoires*. — Ch. X. *Rites de Magie noire* : La liturgie démoniaque, l'imprécation pure et simple, les envoûtements, autres ensorcellements, le serment. — *Conclusions* : Magie et mythe, magie et religion, magie et science.

Librairie Critique E. NOURRY, 14, rue Notre-Dame-de-Lorette, Paris

P. SAINTYVES

Les Saints Successeurs des Dieux

Essais de Mythologie chrétienne

1 beau vol. in-8 de 416 pages franco . . . . 6 francs

Revue Universitaire, 15 décembre 1907, p. 419 :

Cette étude est divisée en trois parties. : I. L'origine du culte des saints. — II. Les sources des légendes hagiographiques. — III. La mythologie des noms propres. Elle mérite sans doute d'être discutée par les spécialistes de l'histoire religieuse et de la mythologie. Mais la netteté de l'exposition, la multitude des exemples allégués, en font un excellent ouvrage de vulgarisation pour les profanes comme moi, qui sont curieux tout à la fois de voir un peu clair dans la floraison prodigieuse de la légende chrétienne et de savoir ce qu'un catholique libéral est disposé à en croire. C'est une lecture tout à fait amusante et dont la conséquence va loin, au-delà même de ce que promet le titre.
G. LANSON, *professeur à la Sorbonne*.

Revue historique :

Dans ce volume, M. Saintyves étudie les saints engendrés par des mots ; il le fait avec prudence et méthode. Il serait à désirer que les érudits locaux fussent un livre si propre à les guider dans la critique des légendes et à leur inspirer de fécondes monographies. Tel qu'il est (ce premier volume), nécessairement provisoire et incomplet, marque avec une force singulière cette vérité que les hommes n'ont pas modifié leurs procédés d'esprit en passant du paganisme au christianisme, que la *sainteté* chrétienne prolonge la *sagesse* païenne.
Ch. GUIGNEBERT, *professeur d'histoire du christianisme à la Sorbonne*.

Revue du Clergé Français, 1er septembre 1907 :

Je n'ai pas besoin de dire qu'aucun catholique ne peut accepter la thèse de l'auteur. Cette réserve faite, on doit reconnaître que le livre de M. Saintyves témoigne d'une rare érudition et qu'il a une réelle valeur scientifique. On y trouve réunis une multitude de faits et de rapprochements que l'on chercherait vainement ailleurs ; du reste, les références abondantes qu'il fournit le rangent dans la catégorie des instruments de travail.
Abbé J. TURMEL.

Revue de Synthèse historique, juin 1907 :

M. Saintyves traite les questions qu'il aborde avec une prodigieuse richesse de citations et d'exemples : ses références, toujours précises, montrent combien il est au courant de la science des religions. Pourvu d'un réel talent d'exposition, il permet au lecteur de le suivre sans fatigue à travers de multiples détails. Libre de tout parti-pris confessionnel, préoccupé uniquement de la vérité scientifique, son indépendance ne l'empêche pas de parler des phénomènes religieux avec une gravité respectueuse, comme le prouvent ces quelques lignes : « Le culte des héros et plus encore le culte des saints, sont encore infiniment supérieurs à toutes les formes du naturalisme primitif. Protestation reconnaissante de ce que nous devons aux générations passées, ils témoignent d'une intuition profonde de ce qu'il y a de religieux dans le sentiment de l'humaine solidarité. »
Georges WEILL, *professeur d'histoire à l'Université de Caen*.

La Grande Revue

Cet excellent livre intéressera certainement, non seulement le mythologue et l'historien des religions, l'anthropologue et le traditioniste, le philologue et le liturgiste, l'artiste et l'iconographe, mais aussi les plus fins lettrés.
L. ANCEL.

www.ingramcontent.com/pod-product-compliance
Lightning Source LLC
Chambersburg PA
CBHW050251170426
43202CB00011B/1646